Peter Janssen
Klaus Tänzler

Drachenfliegen

Ein Lehrbuch für Flugunterricht und Prüfungsvorbereitung

WILHELM HEYNE VERLAG
MÜNCHEN

HEYNE RATGEBER
Nr. 08/9054

Genehmigte Taschenbuchausgabe
Printed in Germany 1986
Umschlagfoto: Willi Tacke, München
Umschlaggestaltung: Atelier Ingrid Schütz, München
Gesamtherstellung: Presse-Druck Augsburg

ISBN 3-453-41708-9

Inhalt

Einführung

Wer heute fliegt, fliegt eigentlich nicht. Moderne Flugzeuge mit zehn komfortablen Sitzreihen nebeneinander, Bordbar und Filmvorführung sehen innen eher aus wie gigantische Omnibusse. Die Passagiere reisen mit dem Flugzeug – daß sie sich dabei durch die Luft bewegen, ist fast Nebensache –, und der gute Service läßt das Fliegen oft völlig vergessen.
Auch der Kapitän eines solchen Jumbos ist eigentlich kein Flieger mehr. Er überwacht nur noch Instrumente und Computerdaten, genauso wie es die Leute in einer Steuerzentrale am Boden machen.
Das ursprüngliche Gefühl, zu fliegen wie ein Vogel, sich mit eigener körperlicher Geschicklichkeit in der Luft zu bewegen, hat man heute im Flugzeug nicht. Dabei ist es gerade das, wovon die Menschen seit Jahrtausenden träumen.
Dieser Traum vom Vogelmenschen ist – obwohl die Fliegerei schon fast ein Jahrhundert alt ist – erst vor kurzem wahr geworden: durch das Drachenfliegen. Mit einem Minimum an Aufwand, einem Bündel Aluminiumrohr, ein paar Stahldrähten und 15 bis 20 Quadratmeter Segeltuch, alles zusammen vielleicht 25 Kilogramm schwer, schwebt man durch die Luft, frei, allein, den Wind auf der Haut spürend. Man betrachtet die Erde, die Landschaft, die Menschen plötzlich aus einer Perspektive, die man nie vorher hatte. Und dieses scheinbar schwerelose Gleiten hoch über der Erde mit Flügeln, die beinahe wie angewachsen sind, ist ein Erlebnis, wie man es auf keine andere Weise im Leben bekommt. Der frühe schweizerische Drachenpilot Paolo Lehner beschrieb das Gefühl beim Drachenfliegen: »Es ist jedesmal so, wie wenn man das erste Mal verliebt ist.«
Dabei ist der Drachen ein Gerät, das praktisch jeder Mensch bedienen kann, ähnlich wie ein Fahrrad oder ein Ruderboot. Man braucht zum Fliegen kaum Kraft, allerdings eine Menge Übung und theoretisches Wissen. Man kann im Sommer und im Winter fliegen, in Hoch- und Mittelgebirgen, an den Dünen und

Klippen und neuerdings – dank Schlepptechnik – sogar im Flachland. Der Drachen läßt sich zusammenlegen und leicht auf jedem Autodach transportieren, das bedeutet, daß man beinahe überall dort fliegen kann, wo man will. Vor allem aber: Die einengenden Vorschriften sind gering, anders als beim Segel- oder Motorfliegen.
Um diesen faszinierenden Sport zu erleben, braucht man allerdings zwei wichtige Voraussetzungen: eine gründliche Ausbildung und ein sicheres Fluggerät. Die Ausbildung liefert die Schule. Etwa 60 solcher Drachenflugschulen existieren allein in der Bundesrepublik (die Adressen finden Sie im Anhang). Der Grundkurs in einer Schule dauert mindestens sechs Tage. Hier lernt man die Konstruktion, die Steuerung des Gerätes kennen, man macht die ersten Hüpfer mit dem Drachen, dann Geradeausflüge und leichte Kurven im Schulungsgelände. Am Ende der Schulung erhält der Schüler den Lernausweis für Hängegleiterpiloten. Erst danach sollte man daran denken, sich einen eigenen Drachen zu kaufen. Weiterführende Kurse bis zum Befähigungsnachweis B und für Überlandflüge liefern ebenfalls die anerkannten Drachenflugschulen.
Es gibt bisher schon Tausende von Menschen, die einen solchen Kurs absolviert haben, und jedes Jahr kommen etwa tausend hinzu. Dieses Buch ist nach dem offiziellen Lehrplan gestaltet. Es soll die Ausbildung begleiten, das in der Schule Gelernte vertiefen und es später wieder in Erinnerung rufen. Die zweite Voraussetzung für sicheres Drachenfliegen ist ein einwandfreies Fluggerät. Die technische Prüfung für Drachen führt in Deutschland der Deutsche Hängegleiterverband (DHV) durch, Fachverband der Drachenflieger.
Die Entwicklung des Drachens war besonders abhängig von den Materialien, die zum Bau des Hängegleiters – so die amtliche Bezeichnung des Drachens – verwendet wurden. Sie mußten leicht und dennoch sehr stabil sein. Und deshalb ist die Entwicklungsgeschichte stark an die des Flugzeugbaus und der Weltraumfahrt gekoppelt. Kein Wunder also, daß der Erfinder des modernen Drachens ein Mann der Weltraumfahrt war: Francis Melvin Rogallo, ein Amerikaner italienischer Abstammung, entwickelte das Gerät im Auftrag der NASA. Es sollte im zusammengefalteten Zustand möglichst wenig Platz in An-

spruch nehmen und dennoch in der Lage sein, nach dem Entfalten einen tonnenschweren Körper aus einer Erdumlaufbahn in die Atmosphäre zurückzubringen. Dabei mußte das Raumfahrzeug von 5000 km/h auf etwa 100 km/h abgebremst werden, eine schwierige Aufgabe. Francis Rogallo arbeitete jahrelang, bis er sein Gerät von der Form des früheren Standard-Drachens 1948 zum Patent anmeldete.
Die NASA entschloß sich dann doch nicht für sein Weltraum-Rückkehrsystem. Der Todesstoß für den Rogallo-Flügel? Nein, denn Bill Moyes griff die Idee in den 60er Jahren wieder auf, baute in seinem Heimatland Australien einen Schleppdrachen ähnlicher Konstruktion und ließ sich damit auf Wasserskiern hinter einem Motorboot herziehen. Und Bill Moyes flog. Das Sportgerät Drachen war geboren. Der nächste Schritt zum frei fliegenden Drachen war nicht mehr groß. Die Pioniere in Hawaii und Kalifornien probierten zwar noch jahrelang mit Geräten aus Bambusstangen und Plastikfolie herum, wobei sie ohne Gurtzeug mit den Armen frei im Gestell hängend flogen, aber Ende der 60er Jahre gab es dann den Hängegleiter in heutiger Form.

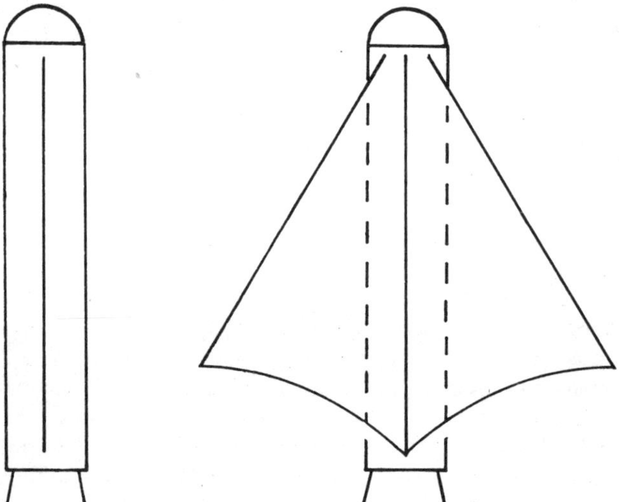

Historisches Foto: Otto von Lilienthal 1894

Vor dieser Entwicklung hatte es außer den kühnen Versuchen des Ikarus und des Schneiders von Ulm und einigen Zeichnungen des Leonardo da Vinci keine Ansätze im Drachenfliegen gegeben. Otto von Lilienthals Hanggleiter hatte zwar Ähnlichkeit mit manchen der heutigen Drachen, aber er ließ sich kaum steuern. Der Mann, der das Drachenfliegen in Europa populär machte, ist ein Amerikaner. Mike Harker – ein junger Mann mit indianischem Blut – schaffte es, mit einem Schlag berühmt zu werden, als er am 15. April 1973 mit seinem Standard-Drachen von der Zugspitze ins österreichische Ehrwald flog. Dabei brach er sämtliche Rekorde: Er flog 12 Kilometer weit, überwand einen Höhenunterschied von 1980 Metern und war insgesamt 11

Minuten und 51 Sekunden in der Luft! Sämtliche Zeitungen berichteten über diesen damals noch wagemutigen Superflug, und so wurde das Drachenfliegen in Deutschland bekannt.
Heute werden in den Alpen Strecken von mehr als 200 Kilometer geflogen, und die Weltbestleistungen aus den Thermik-Eldorados wie Owens-Valley in USA nähern sich bereits der 400-Kilometer-Marke. Die Flugdauer spielte früher eine große Rolle; die Piloten aus Hawaii starteten von einer 400 m hohen Klippe über dem Waimanolo-Beach, an der stetiger Wind vom Meer senkrecht nach oben umgelenkt wird. In diesem starken Aufwindband sollen die Piloten von Hawaii schon über 14 Stunden gesegelt sein, und nur das Essen und Schlafen habe sie zum Landen gezwungen.
Natürlich gibt es inzwischen auch Wettbewerbe im Drachenfliegen. Die erste – allerdings noch inoffizielle Weltmeisterschaft – wurde im Frühjahr 1975 in Kössen (Tirol) abgehalten. Der Erfolg war riesig: Über 300 Teilnehmer zeigten vor etwa 30000 Zuschauern, was sie konnten. Seither findet wechselweise jedes Jahr eine Weltmeisterschaft oder eine Europameisterschaft statt. Die Weltmeisterschaft 1983 fand in Deutschland am Tegelberg statt. Ausrichter war der Deutsche Aero Club (DAeC) zusammen mit den Allgäuer Drachenfliegern. Wer einfach nur Spaß daran hat, sich mit anderen Piloten im Wettbewerb zu messen, der kann auch an einem der zahlreichen Pokalflüge oder auch an den Landesmeisterschaften und an der Deutschen Meisterschaft – die jährlich stattfinden – teilnehmen.
Noch ein Wort zu den Unfällen, die beim Drachenfliegen passieren: Drachenfliegen ist kein gefährlicher Sport, wenn der Pilot die Sicherheitsregeln beachtet; dies hat das deutsche Bundesarbeitsgericht in einem Grundsatzurteil entschieden. Trotzdem haben schon zu viele ihr Leben lassen müssen, in der heutigen Zeit jedoch fast ausschließlich durch menschliches Versagen. Die Piloten sind bei erkennbar widrigen Wetterbedingungen geflogen, oder sie hatten ihren Drachen und ihr Gurtzeug nicht kontrolliert oder sie hatten sich einfach zu viel zugetraut. Der amerikanische Drachenflieger Dave Cronk sagte: »Nicht das Drachenfliegen ist gefährlich, sondern viele Piloten.«
Drachenfliegen ist ein Sport für charaktervolle, sorgfältige Menschen, die sich selbst in der Disziplin haben, für Menschen, die

den Schneid haben, trotz sensationslüsterner Zuschauer ihr Gerät wieder abzubauen und zu Fuß den Berg hinunterzugehen, wenn z. B. der Wind zu stark ist.
Drachenfliegen verzeiht keine groben Fehler. Wer etwa beim Skifahren seine Sicherheitsbindung nicht korrekt eingestellt hat, bricht sich vielleicht die Knochen. Wer aber seinen Drachen nicht richtig zusammenbaut und durchcheckt, stürzt mit großer Wahrscheinlichkeit ab. Und das endet meist schlimmer als mit einem Beinbruch.
Wir hoffen, daß Sie in Zukunft auch einmal den Dialog führen werden, den schon fast jeder Drachenflieger einmal hatte. Sie stehen am Hang, der Drachen ist aufgebaut, und ein Zuschauer kommt zu Ihnen:
»Sagen Sie, was wiegt dieses Gerät eigentlich?«
»Na, so etwa 25 kg.«
»Hmmm, und wieviel kostet das?«
»Etwa 4000 Mark.«
»Ja, sagen Sie, ist denn das nicht gefährlich, damit zu fliegen?«
»Es kann gefährlich sein, wenn man nicht aufpaßt.«
»Warum machen Sie es dann?«
»Weil es so wunderschön ist.«

Dieses Buch soll vor allem auch dazu beitragen, daß Sie, lieber Leser, unfallfrei fliegen und diesen herrlichen Sport ohne Angst genießen können.

Gerätekunde

Die Grundkonstruktion

Heutige moderne Drachen weisen eine Vielzahl von Sonderkonstruktionen auf, die der Steigerung von Flugsicherheit und Flugleistung gelten. Die Grundkonstruktion ist dagegen im wesentlichen unverändert geblieben, und sie entspricht nach wie vor dem ursprünglichen Rogallo-Standard.

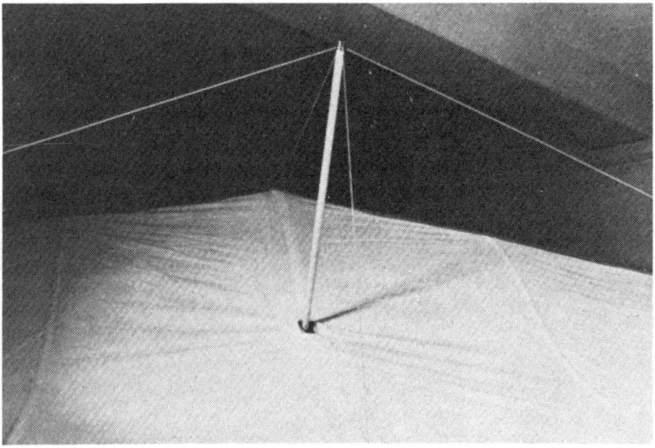

Turm

Flügelgestänge

Das Flügelgestänge trägt das Segel. Das Gestänge besteht aus Kielrohr, linkem Flügelrohr, rechtem Flügelrohr und Querrohr. Die Nasenplatte verbindet die vorderen Enden des Kielrohrs und der Flügelrohre miteinander.

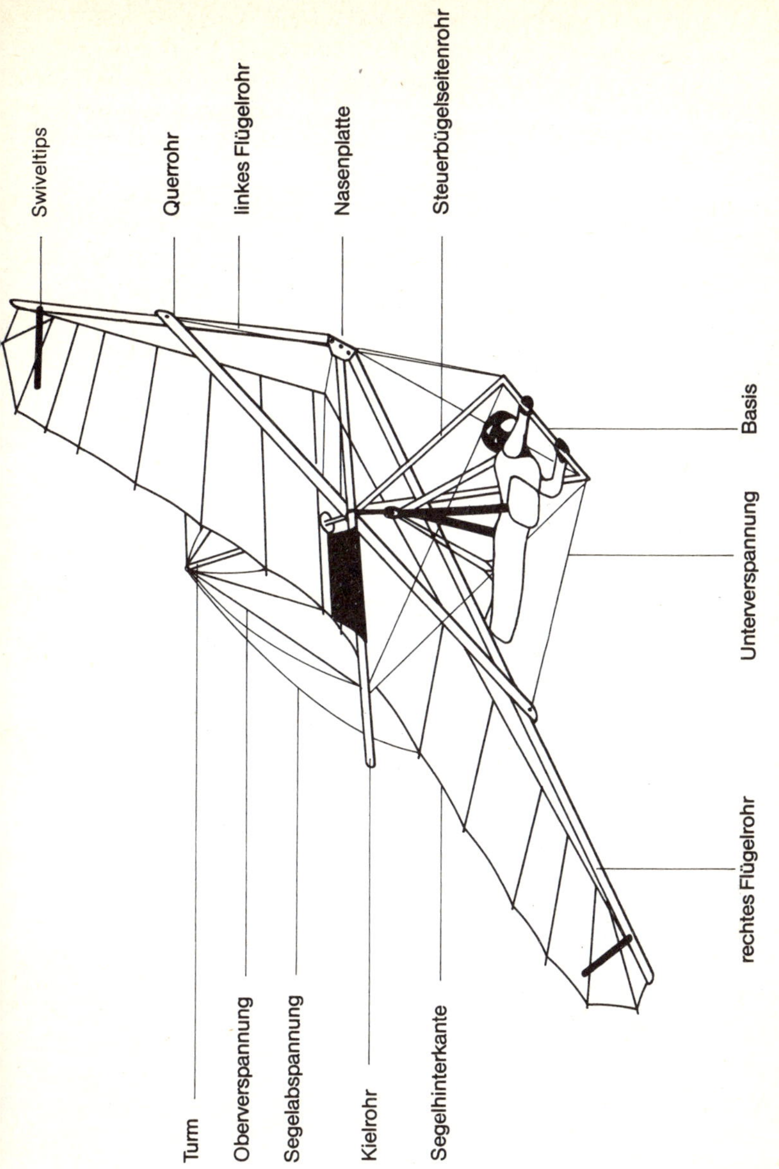
Swiveltips
Querrohr
linkes Flügelrohr
Nasenplatte
Steuerbügelseitenrohr
Basis
Unterverspannung
rechtes Flügelrohr
Turm
Oberverspannung
Segelabspannung
Kielrohr
Segelhinterkante

Das Querrohr spreizt die beiden Flügelrohre auseinander und fixiert den Abstand der Flügelrohre zum Kielrohr. Kielrohr und Querrohr sind durch den Herzbolzen verbunden. Im Flug sind die beiden Flügelrohre hauptsächlich auf Biegung belastet, das Querrohr auf Druck.

Steuerbügel

Der Steuerbügel, auch Trapez genannt, besteht aus Basisrohr und zwei Seitenrohren. Die Steuerbügelhalterung verbindet den Steuerbügel mit dem Kielrohr.
Im Flug dient der Steuerbügel der Festigkeit des Flügels und – wie der Name sagt – der Steuerung. Von den beiden Enden des Basisrohrs verzweigt sich die Unterverspannung zum Flügel und versteift ihn im Flug. Dabei sind die Steuerbügelseitenrohre auf Druck belastet, das Basisrohr auf Zug.
Bei Anfängergeräten müssen an der Steuerbügelbasis Räder angebracht sein, und die Steuerbügelseitenrohre sollen gepolstert sein.

Der Turm

Der Turm besteht aus dem Turmrohr, dem Turmkopf als Verbindung zur Oberverspannung und dem Turmfuß, auch Turmschuh, als Befestigung am Kielrohr.
Ähnlich wie der Steuerbügel dient der Turm der Versteifung des Flügels, freilich nur dann, wenn der Flügel einer Belastung von oben ausgesetzt ist, in erster Linie am Boden bei Windeinwirkung. Dann ist der Turm auf Druck belastet.

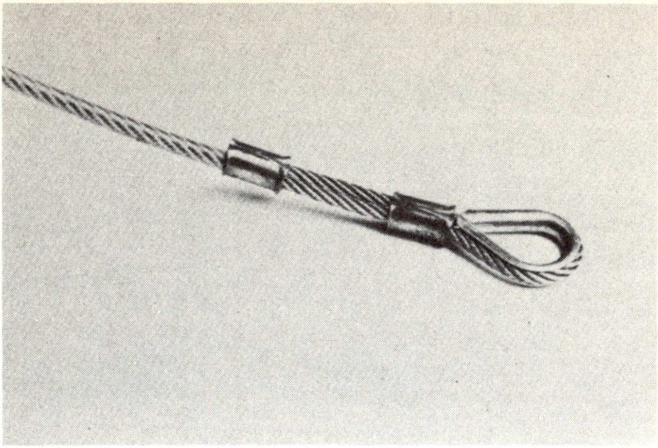

Verspannung

Die Unterverspannung als Verbindungselement zwischen Steuerbügel und Flügelgestänge hat im Flug die gesamte Belastung auszuhalten, im Gegensatz zur Oberverspannung, die normalerweise im Flug belastungsfrei ist. Die Belastung der Unterverspannung erhöht sich mit der Belastung im Flug, also in Kurven, Turbulenzen und beim Abfangen.
Das Ende eines jeden Seils ist um eine Kausche gezogen und mittels zwei Preßhülsen mit dem Hauptseil verpreßt. Zum Schutz des Piloten ist die Unterverspannung kunststoffummantelt.

Beschläge

Die Befestigung der Bauteile des Drachens aneinander erfolgt mittels der Beschläge, insbesondere

- Bolzen
- Muttern
- Schrauben
- Laschen
- Spanner
- Lochleisten
- Sattelstücke
- Schäkel
- Sicherungsringe
- Quick-pins.

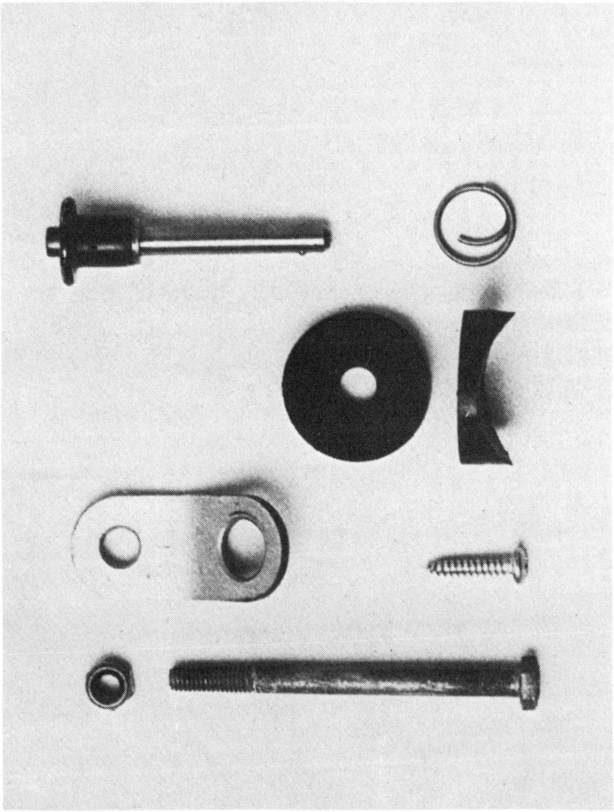

(von oben nach unten) Lochleiste, Schäkel, Klappspanner, Schraubenspanner

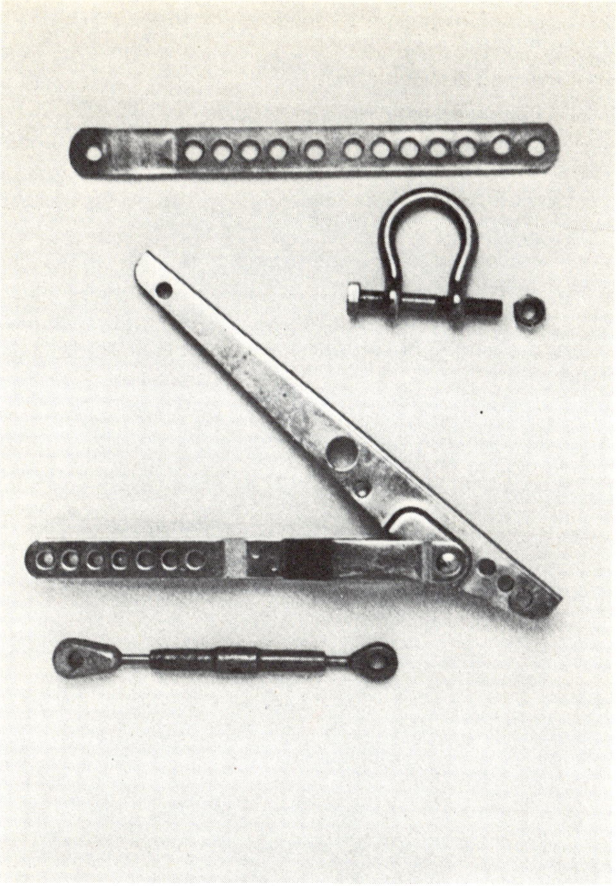

◁ *(von oben nach unten) Quick-pin, Sicherungsring, Sattelstücke, Lasche, Schraube, Mutter, Bolzen*

Das Segel

Das Segel ist die Tragfläche des Drachens. Es besteht aus einzelnen ca. 1 m breiten Bahnen, die aneinandergenäht sind und eine Gesamtfläche von 15 bis 20 qm ergeben. Die tragenden Nähte sind doppelt und in Zick-Zack-Stichen ausgeführt. Die Befestigung des Segels am Flügelgestell erfolgt durch Segeltaschen, in die das Kielrohr und die Flügelrohre eingeschoben werden. Diese Taschen heißen Kieltasche und Flügeltasche. An den Enden der eingeschobenen Rohre wird das Segel fixiert.

Um die Form des Segels zu stabilisieren und um es nicht flattern zu lassen, wird das Segel durch Segellatten versteift. Die Segellatten werden in Segellattentaschen, die über die Segelfläche verteilt sind, eingeschoben und an der Hinterkante des Segels befestigt.

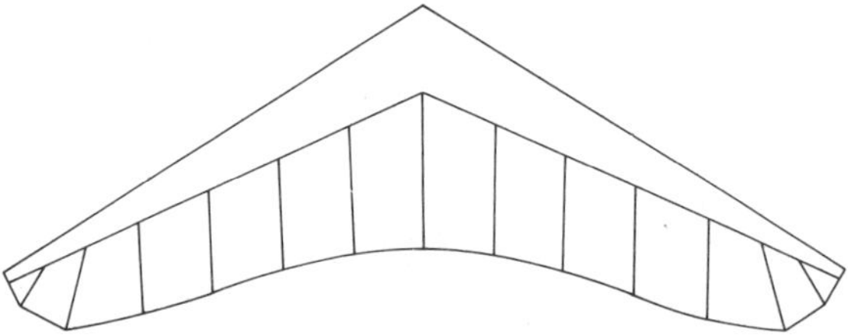

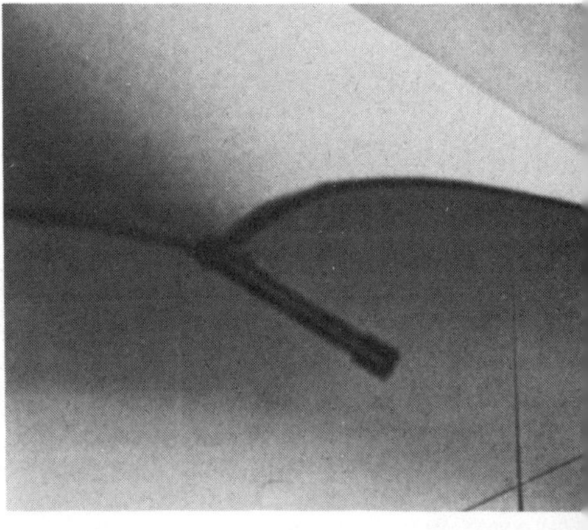

Segellatten

Materialien

Rohre bestehen aus Aluminiumlegierung in geprüfter Qualität. Wandstärken und Rohrdurchmesser hängen ab vom jeweiligen Zweck. Die Rohroberflächen sind außen eloxiert (Korrosionsschutz).

Verspannungen sind aus rostfreiem VA-Edelstahlseil, gebündelt aus Einzelfasern und vorgereckt. Die Stärke der Unterverspannung liegt bei 2,5 bis 3,00 mm, die Oberverspannung ist schwächer.

Preßhülsen an den Seilverspannungen sind aus Kupfer, meist mit einem Korrosionsschutz überzogen. Aluminiumhülsen scheiden aus, da sie sich in Verbindung mit VA-Stahlseil zersetzen.

Beschlagteile sind üblicherweise aus rostfreiem Edelstahl oder Aluminium, Sattelstücke aus verschleißfestem Kunststoff. Segel bestehen aus Kunststoffgewebe, meist Dacron. Genäht wird mit einem Faden aus demselben Kunststoff.

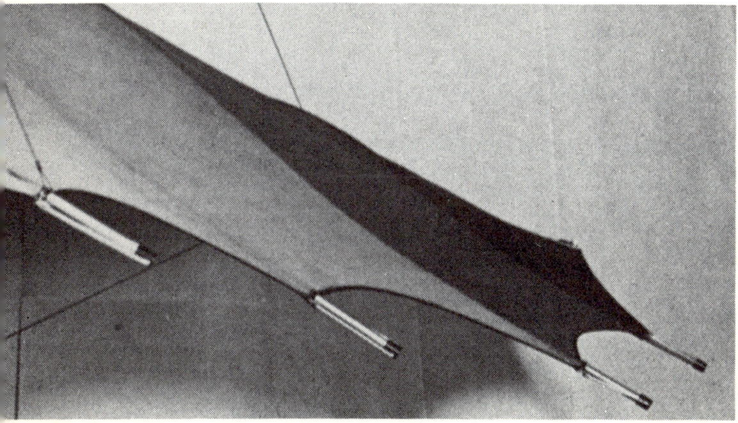

Flügelform und Meßgrundlagen

Entscheidend für die Flugstabilität und Leistungsfähigkeit des Drachens, aber auch dafür, ob der Drachen dem Könnensstand und dem Gewicht des Piloten entspricht, ist die Flügelform. Die Beschreibung der Flügelform erfolgt anhand der Meßgrundlagen.

Pfeilung und Nasenwinkel

Die Pfeilung findet ihren Ausdruck im Nasenwinkel. Je größer der Nasenwinkel, desto geringer ist die Pfeilung des Drachens. Der Nasenwinkel wird von den beiden Flügelrohren in flugfertigem Zustand gebildet. Er wird in Grad gemessen.

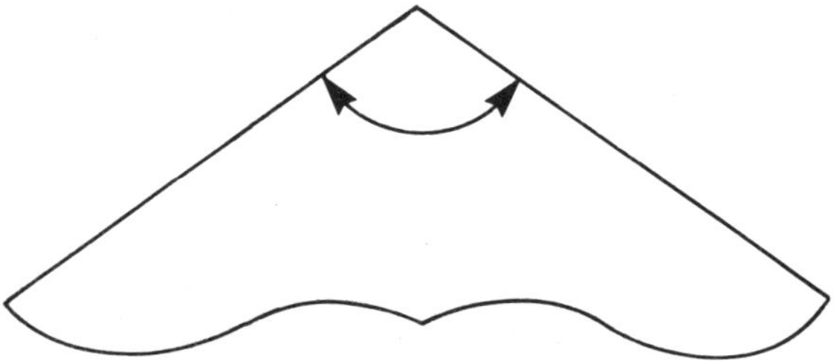

Projizierte Fläche und Tunnel

Als Segelfläche zählt nicht diejenige Fläche, die das Segel bei flachem Ausbreiten hat, sondern die projizierte Fläche. Gemäß dem Wortlaut entspricht die projizierte Fläche der Schattenprojektion des fliegenden Drachens auf dem Erdboden. Beim vereinfachten Bodenmeßverfahren erfolgt die Messung anhand der fertig montierten und flach am Boden liegenden Fläche.
Die Tunnelwölbung entsteht durch den Segelüberlapp. Darunter ist die Gradzahl zu verstehen, um die das ausgebreitete Segel über die projizierte Fläche – also über die Flügelrohre – hinausragt. Ein großer Segelüberlapp führt zu einem großen Tunnel.

Beispiel: Die Flügelrohre des Drachens bilden einen Winkel von 100 Grad, die Seitenkanten des ausgebreiteten Segels einen Winkel von 104 Grad. Der Segelüberlapp beträgt gesamt 4 Grad bzw. pro Tunnel 2 Grad.

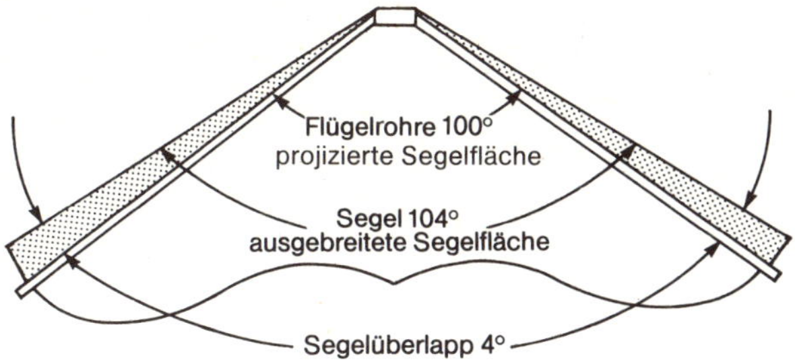

Bei modernen Geräten ändert sich die Gradzahl des Segelüberlapps im Verlauf der Flügelrohre, um den Segelschnitt an die Biegung der flugbelasteten Flügelrohre anzugleichen.

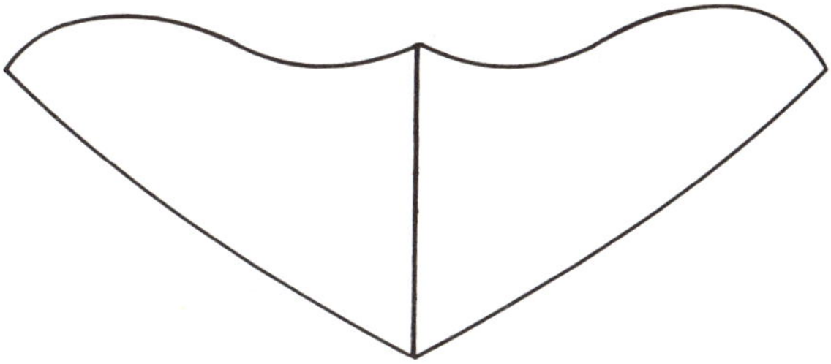

Flächenbelastung

Die Flächenbelastung bezeichnet das Verhältnis von Startgewicht in Kilogramm zur projizierten Segelfläche. Das Startgewicht setzt sich zusammen aus dem Gewicht des Drachens und des Piloten nebst Ausrüstung.

$$\textbf{Flächenbelastung} = \frac{\textbf{Gesamtgewicht}}{\textbf{Fläche}}$$

Beispiel: Gewicht des Drachens 30 kg. Gewicht des Piloten 90 kg. Gewicht der Ausrüstung 10 kg. Segelfläche 20 m^2.

$$\textbf{Flächenbelastung}\quad \frac{30\ \text{kg} + 90\ \text{kg} + 10\ \text{kg}}{20\ \text{m}^2} = 6{,}5^{\text{kg}}/\text{m}^2$$

Streckung

Die Streckung beim Drachen gibt das Verhältnis der Spannweite im Quadrat zur projizierten Segelfläche an.

$$\text{Streckung} = \frac{(\text{Spannweite})^2}{\text{Fläche}}$$

Beispiel: Spannweite 10 m, Fläche 20 m^2.

$$\text{Streckung} = \frac{10\,\text{m} \cdot 10\,\text{m}}{20\ \text{m}^2} = 5$$

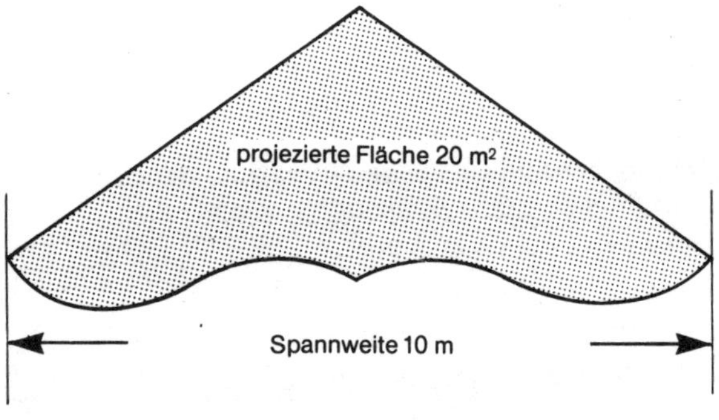

Segelprofil

Das Profil des Segels entsteht hauptsächlich dadurch, daß das Segel durch die Flügelrohre und das Kielrohr untengehalten wird und sich von dort aus hochwölbt. Dabei entstehen zwei Wölbungsrichtungen. In Querrichtung heißt die Wölbung Tunnel, in Längsrichtung heißt sie Profil.

Tunnel

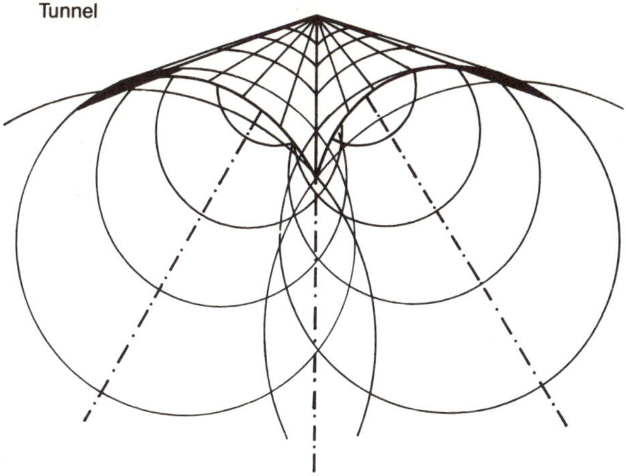

Dargestellt wird das Profil durch Längsschnitte der im Flug befindlichen Fläche. Die Verbindungslinie von unterer Vorder- und Hinterkante eines jeden Segellängsschnitts heißt Profilsehne.

Profil

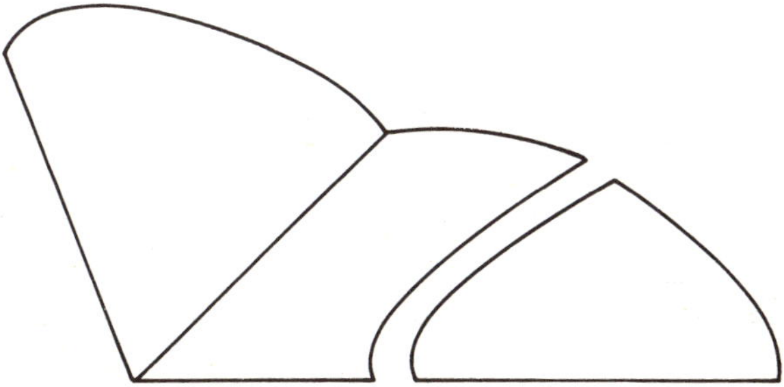

Schränkung

Schränkung im Flugzeugbau heißt Verwindung des Flügels. Beim Drachen ergibt sich die Schränkung hauptsächlich durch die Ausbildung des Tunnels.
Die Schränkung findet ihren Ausdruck in der Winkeldifferenz der einzelnen Profilsehnen, gemessen in Grad. Je größer diese Differenz ist, desto größer ist die Schränkung.

Die Tunnelwölbung bildet sich nur in Normalfluglagen aus, bei Anströmung von oben – z. B. in extremen Turbulenzen – fällt der Tunnel ein. Um den Tunnel zu stabilisieren sind zusätzliche Bauelemente erforderlich, z. B. Wingtips und Swiveltips.

V-Form

V-Form des Drachens heißt, daß die Außenteile der Segelfläche im Flug höher liegen als der Mittelteil im Bereich des Kielrohrs. Bei Geräten neuerer Bauart ist die V-Form verringert.

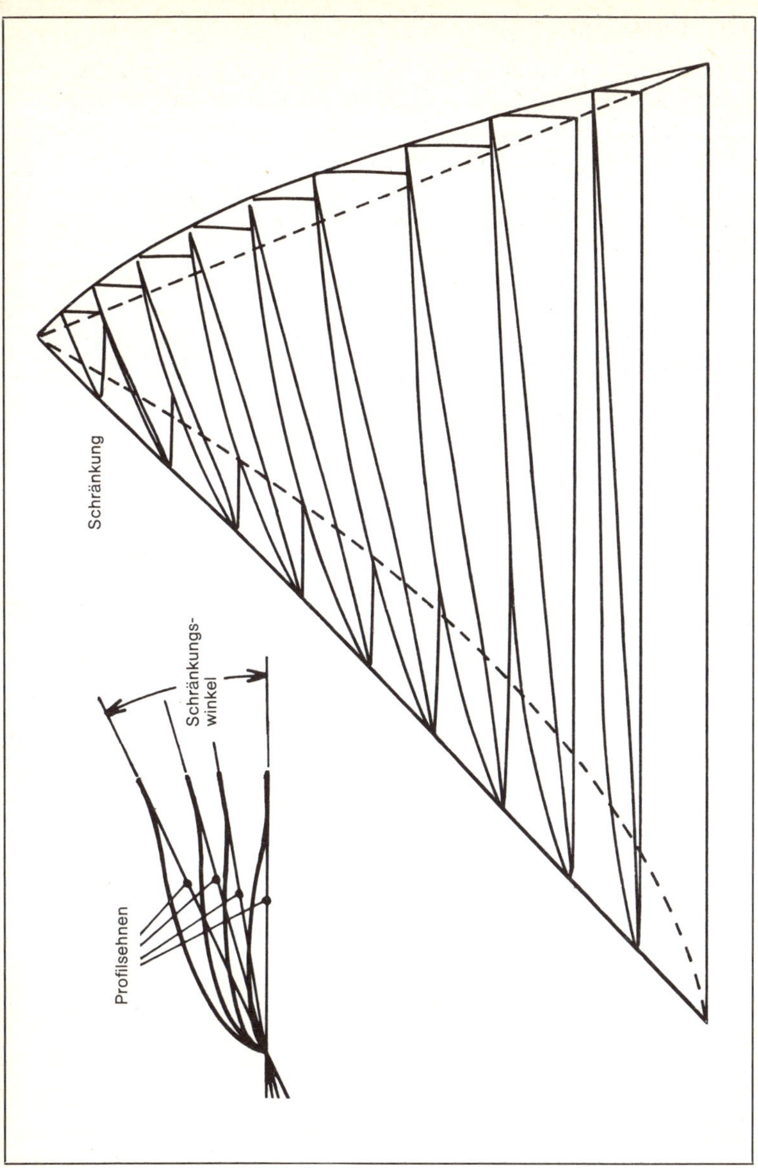
Schränkung
Schränkungs-
winkel
Profilsehnen

Sonderkonstruktionen

Die Geräteentwicklung hat zahlreiche Sonderkonstruktionen hervorgebracht, sei es zur Erhöhung der Flugstabilität, zur Steigerung der Leistungsfähigkeit, zur Verbesserung des Handlings oder zur Vereinfachung des Aufbaus. Eine vollständige Darstellung der Sonderkonstruktionen ist hier nicht möglich, nur die wesentlichsten sind herausgegriffen.

Outrigger versteifen die Flügelrohre im Flug und verhindern das Vergrößern des Tunnels hinter der Querstange. Wenn pro Flügelrohr nur ein einziger Outrigger verwendet wird, so steht dieser schräg nach außen und unten, tangential zur Tunnelwölbung.

Wingtips sind kurze Alumiuniumrohre, die an den Enden der Flügelrohre sitzen, in das Segel eingeschlauft sind und den hinteren Teil des Segels spannen. Wingtips sind zumeist klappbar angebracht. Das Segel erhält an den Wingtips eine nichtveränderbare Schränkung.

Swiveltips unterscheiden sich von den Wingtips dadurch, daß das Segel nur am Durchschlagen nach unten blockiert wird, das freie Spiel des Segels nach oben jedoch nicht behindert ist. Swiveltips – auch Swivels genannt – sind meist aus Aluminiumrohr gefertigt und kurz vor Ende des Flügelrohrs montiert.

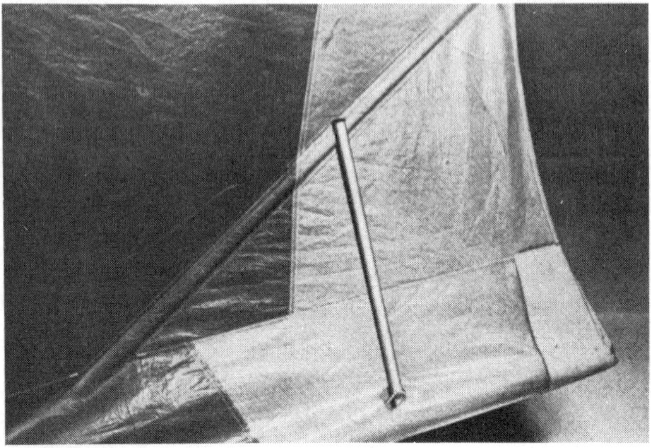

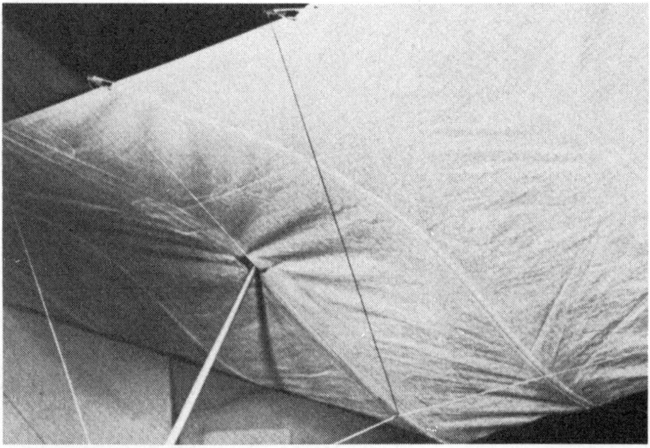

Segelabspannung zieht die hintere Segelkante hoch, im Flug sind die Spannseile entlastet. Die Segelabspannung wirkt als Höhenleitwerk, wenn das Segel einfällt.

Geräte ohne Querrohr haben ein über das Kielrohr hinausragendes Nasenrohr. Der Nasenwinkel wird durch ein Seil fixiert, das von einem Flügelrohr nach vorn über den Kopf des Nasenrohrs und zurück zum anderen Flügelrohr läuft.

Zentralfaltgelenk ist eine Konstruktion zur Beschleunigung des Auf- und Abbaus. Die Teilung der Querstange in der Mitte erspart das Montieren bzw. Lösen der meisten Seil- und Rohrverbindungen.

Overdrive ist eine Seilvorrichtung am Kielrohr, die dem Piloten während des Fluges die Veränderung des Nasenwinkels und damit eine Veränderung der Spannweite und des Tunnels ermöglicht.

Optimierte Anströmkante dient der Verbesserung der Strömungsverhältnisse an der Flügelvorderkante durch Glättung und Versteifung.

Doppelsegel heißt, daß die Segelfläche sich aufteilt in ein Obersegel und ein Untersegel, die das Querrohr einschließen und miteinander vernäht oder mit Bändern verbunden sind. Das Untersegel ist je nach Gerätetyp verschieden weit nach hinten gezogen. Die Untersegelfläche im Vergleich zur Obersegelfläche wird in Prozent ausgedrückt (Bild: Innenansicht).

Steuerhilfen sind Vorrichtungen an der Pilotenaufhängung, die den Weg der Schwerpunktverlagerung verlängern und die Wirksamkeit der Schwerpunktverlagerung erhöhen. Steuerhilfen können in Längsrichtung, in Querrichtung oder in beide Richtungen wirken. ▷

Winglets sind senkrechte Segelflächen, die außen an den Flügelspitzen angebracht sind und den Randwiderstand mindern sollen.

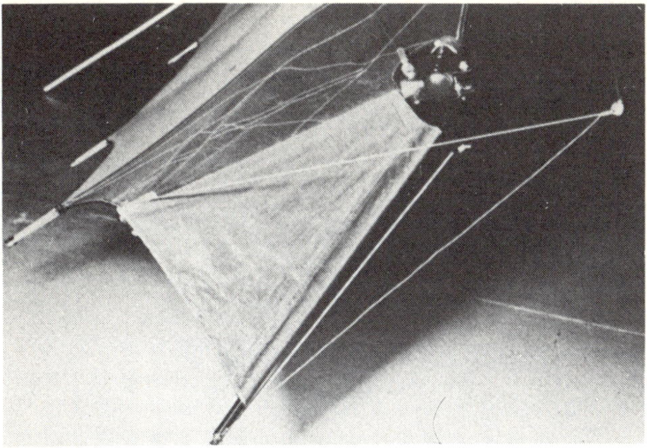

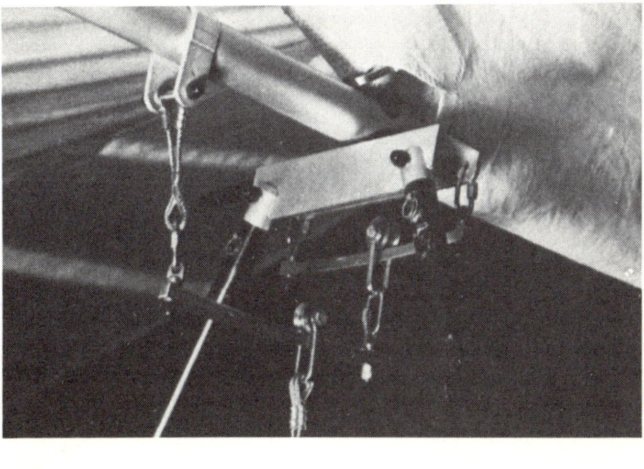

Speedbar ist eine besonders geformte Steuerbügelbasis, die durch eine Ausbuchtung nach vorn im Schnellflug das weitere Durchziehen des Steuerbügels und im Normalflug eine bequeme Armhaltung des Piloten ermöglicht.

Geräte ohne Turm sind auf eine starre Verbindung zwischen Steuerbügel und Querrohr statt der üblichen Seilverbindung angewiesen. Die Verbindungsstrebe wird nicht nur auf Zug belastet, sondern wegen des Fehlens der Oberverspannung auch auf Druck. Die Segelabspannung ist ersetzt durch Abstützungen vom Kielrohr aus. ▷

Segelperforation soll den Strömungsabriß dämpfen, indem sie der Segeloberseite Luft zuführt. ▷

Schwimmendes Kielrohr bedeutet, daß zwischen Quer- und Kielrohr keine starre Verbindung besteht, sondern daß das Kielrohr seitlich auswandern kann. Verbunden sind die beiden Rohre normalerweise durch ein Stahlseil, das gleichzeitig den Weg des Kielrohrs begrenzt.

Starrflügler sind Hängegleiter, bei denen die Flügelkonstruktion weitgehend starr ist. Die Schränkung entsteht weniger durch den Tunnel, mehr durch Verwindung des Flügels. Meist werden Starrflügler um die Hochachse mittels Steuerklappen gesteuert, um die Querachse durch Schwerpunktverlagerung.

Das Gurtzeug

Der Pilot hängt im Gurtzeug, daher auch die Bezeichnung Pilotenaufhängesystem. Das Gurtzeug muß ebenfalls den Sicherheitsstandard der Gütesiegelforderungen erfüllen, und es soll bei längeren Flügen Bequemlichkeit und Kälteschutz bieten. Bei Start und Landung darf das Gurtzeug den Piloten nicht behindern.

Hängegurt

Die Drachenflugausbildung beginnt mit dem Hängegurt. Der Pilot ist an Hüfte und Schultern aufgehängt, die Beine sind frei. Die Verstellbarkeit des Hängegurts ermöglicht die Positionsänderung des Piloten von aufrechter Haltung über schräge Vorlage bis fast zur liegenden Position.

Liegegurt

Die Liegeposition ist die aerodynamisch günstigste. Es gibt verschiedene Bau- und Funktionsweisen dieser häufig verwendeten Gurtzeugart.

Beim **Kniehängergurt** ist der Pilotenkörper an Schulter, Hüfte und Knie aufgehängt. Der Positionswechsel von der aufrechten Starthaltung zur liegenden Flughaltung und wieder zurück zur aufrechten Landehaltung erfolgt mittels einer am Karabiner angebrachten Umlenkrolle. Über die Umlenkrolle läuft ein Verbindungsseil von der Schulter zum Knie.

Beim **Beinstreckergurt** fehlen die Knieaufhängung und die Umlenkrolle. In Flugposition ist der Körper nur an der Schulter und im Oberschenkelbereich gehalten. Nach dem Start tritt der Pilot in den Beinstrecker, streckt den Gurt und gelangt dabei in die Liegeposition.

Der **Schlafsackgurt** ist eine Weiterentwicklung des Streckerprinzips. Statt des Beinstreckers reicht der Schürzenteil bis zu den Füßen. Der Schlafsackgurt ist komfortabel für längere Flüge, beim Start erfordert er Vorsicht und Erfahrung.

Die **Verkleidung** des Piloten und der Seile sind Weiterentwicklungen des Schlafsackgurts, und sie dienen der zusätzlichen Widerstandsminderung.

Sitzgurt

Der Sitzgurt ist in der Konstruktion ähnlich dem Hängegurt, mit der Abweichung, daß die Haupttragseile von der Hüfte aus vor den Schultern des Piloten nach oben laufen.

Supinegurt

Mit dem seltenen Supinegurt fliegt der Pilot in Rückenlage, die Beine zeigen nach vorn. Aufgehängt ist der Pilot an Oberkörper und Hüfte bzw. Oberschenkel. Nach dem Start streckt der Pilot das Gurtzeug mit einem Beinstrecker und gelangt dabei in die Rückenlage.

Das Rettungssystem

Parallel zur Entwicklung des Drachenfliegens hat es auch verschiedene Entwicklungen von Rettungssystemen gegeben. Die meisten beschränkten sich mit unterschiedlichem Erfolg auf die Rettung bei einem Flattersturz, sogenannte Flattersturzbremsen. Lediglich das Fallschirmrettungssystem bietet Rettungschancen auch in anderen Notsituationen. Das Fallschirmrettungssystem für Hängegleiter unterscheidet sich vom normalen Fallschirm dadurch, daß es auf die speziellen Bedürfnisse, Betriebsbedingungen und Notsituationen beim Drachenfliegen zugeschnitten ist.

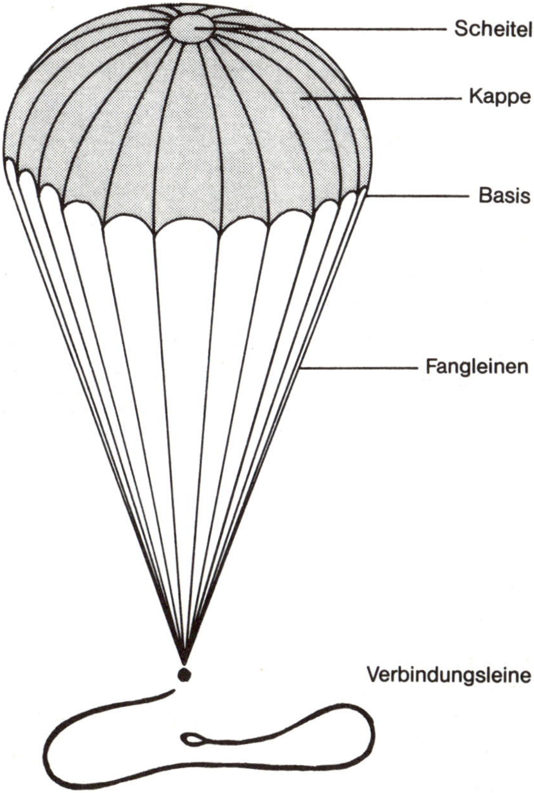

Außencontainer

Wurfcontainer

Bestandteile

Hauptteile des Fallschirmrettungssystems sind Kappe, Fangleinen, Verbindungsleine und Container.

Die **Kappe** ist aus leichtem und hochfestem Kunststoffgewebe gefertigt. Sie ist in einzelnen Bahnen vernäht, die am unteren Ende durch das Basisband, am oberen Ende durch das Scheitel-

band begrenzt sind. Die Scheitelöffnung ist in ihrer Größe abgestimmt auf Schirmgröße und Gewebequalität und sie verhindert bzw. mindert den Entfaltungsstoß und Pendelbewegungen.

Die **Fangleinen** verlaufen vom Basisband zum zentralen Verbindungspunkt mit der Verbindungsleine.

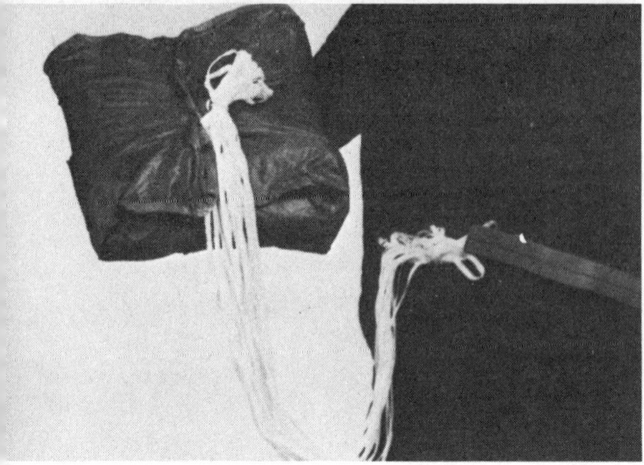

Innencontainer

Die **Verbindungsleine** verbindet den Fallschirm mit dem Aufhängekarabiner und dem Gurtzeug. Sie hat die Aufgabe, im Auslösefall etwaige Drehbewegungen des Gerätes aufzunehmen und das Verdrehen der Fangleinen und der Kappe zu verhindern.

Der **Außencontainer** hat die Aufgabe, den Rettungsschirm sicher und geschützt aufzubewahren.

Der **Innencontainer** hält die Schirmkappe zusammen und sorgt dafür, daß im Auslösefall die Kappe erst öffnet, wenn sie außerhalb des Geräte- und Verwirbelungsbereichs gelangt ist.

Der **Wurfcontainer** ist vom Zweck her ein Innencontainer, der mittels eines speziellen Griffs vom Piloten aus dem Gerätebereich geschleudert werden kann.

Funktion

Nach der Auslösung des Rettungssystems strafft sich zunächst die Verbindungsleine. Dadurch öffnet sich der Verschluß des Innencontainers und gibt die Schirmkappe frei. Der Luftstrom streckt die Fangleinen und die Kappe und füllt die Kappe vom

Scheitel her auf. Der Füllvorgang erfolgt schlagartig und äußert sich im Entfaltungsstoß. Pilot, Hängegleiter und Fallschirm bleiben miteinander verbunden und sinken als Einheit zu Boden.

Üblicherweise erfolgt die Auslösung des Rettungssystems nur durch die Armkraft des Piloten und ohne mechanische Hilfen. Daneben gibt es Rettungssysteme, bei denen die Kappe mittels

eines Hilfsschirms oder mittels einer Rakete aus dem Container gezogen und zur Streckung gebracht wird.

Anbringung

Die gebräuchlichen Rettungssysteme werden am Körper des Piloten angebracht. Der Auslösegriff muß in jeder Lage für den Piloten zu betätigen sein.
Beim Hängegurt trägt der Pilot den Schirm an der Brust oberhalb des Steuerbügels. Beim Liegegurt ist der Container auf dem Bauchteil des Gurtzeugs befestigt: dabei ist darauf zu achten, daß der Container nicht durch das Körpergewicht des Piloten und durch die Spannung des Gurtzeugs aufplatzt. Beim Sitzgurt ist der Container am Rücken oder auf der Brust angebracht. Beim Supinegurt bleibt nur die Anbringung am Rücken. Bei der Anbringung ist darauf zu achten, daß der Container

- den Piloten nicht bei Start und Landung behindert
- die Steuerbügelbewegungen nicht beeinträchtigt
- beim Betätigen sich nicht vom Gurtzeug löst

Die Verbindungsleine wird doppelt befestigt, Hauptbefestigung am Karabiner und zusätzliche Sicherheitsbefestigung am Gurtzeug. Der Pilot darf sich bei Start und Landung nicht in der Verbindungsleine verfangen.

Saphir

Verbindungselemente

Ein hoher Anteil der Unfälle ist auf mangelhafte Verbindungselemente zwischen Gurtzeug und Gerät zurückzuführen. Dieser »Kleinkram« hat im Festigkeitsverband entscheidende Bedeutung. Während beim Zerbrechen des Hängegleiters noch die Auslösung des Rettungssystems möglich bleibt, gibt es beim Bruch des Karabiners keine Rettung, es sei denn, der Pilot hat die zusätzlichen Verbindungselemente angebracht.

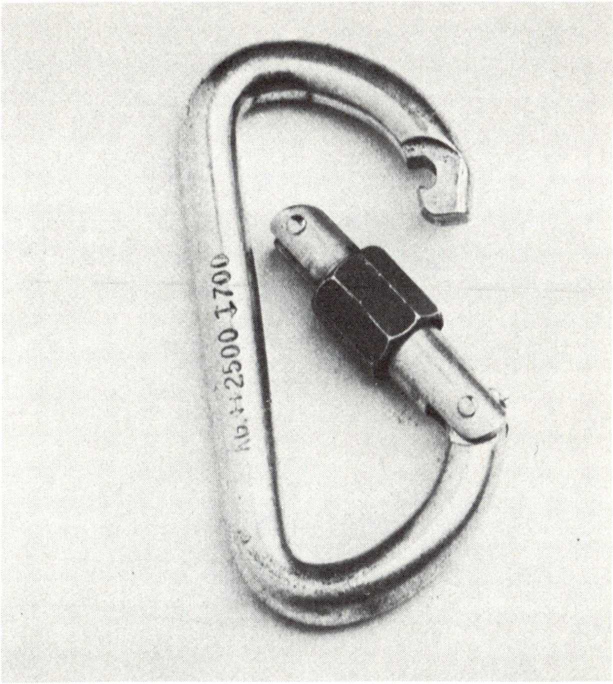

Der Karabiner

Der Pilot hängt sich mit Hilfe des Karabiners in die Aufhängeschlaufe des Drachens ein. Der Karabiner besteht aus Stahl oder Aluminium. Die Belastbarkeit hat dem Entfaltungsstoß des Rettungssystems standzuhalten. Die Mindestbelastung in Längsrichtung muß daher bei 2000 kp liegen. Die Karabinerzunge wird durch einen Federmechanismus geschlossen und durch eine Schraub- oder Schiebehülse gesichert. Mehrere Karabiner sollten nicht aneinandergehängt werden. Sie könnten sich ineinander verhaken und bei längerem Gebrauch sich gegenseitig durch Reibung schwächen.

Aufhängeschlaufe

Die Aufhängeschlaufe gehört zum Hängegleiter, und sie stellt über den Karabiner die Verbindung zum Gurtzeug her. Das Material der Aufhängeschlaufe ist Kunstfasergurtband. Material und Verarbeitung müssen einer Belastung von 1300 kg stand-

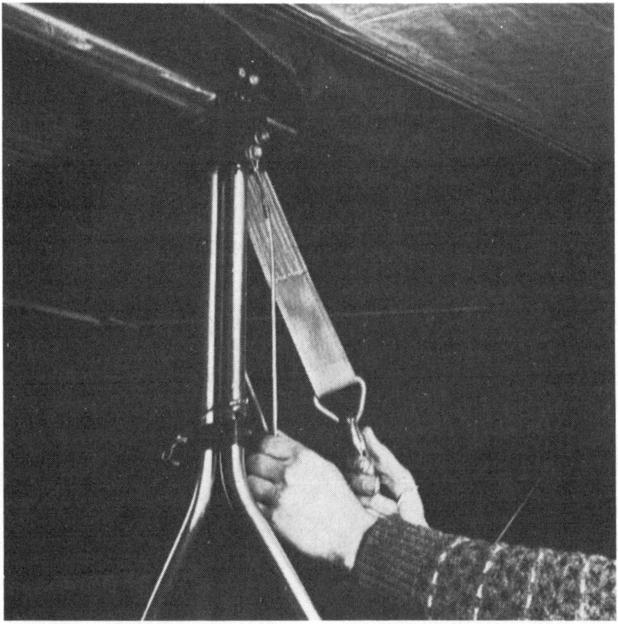

Aufhängeschlaufe und Doppelaufhängung

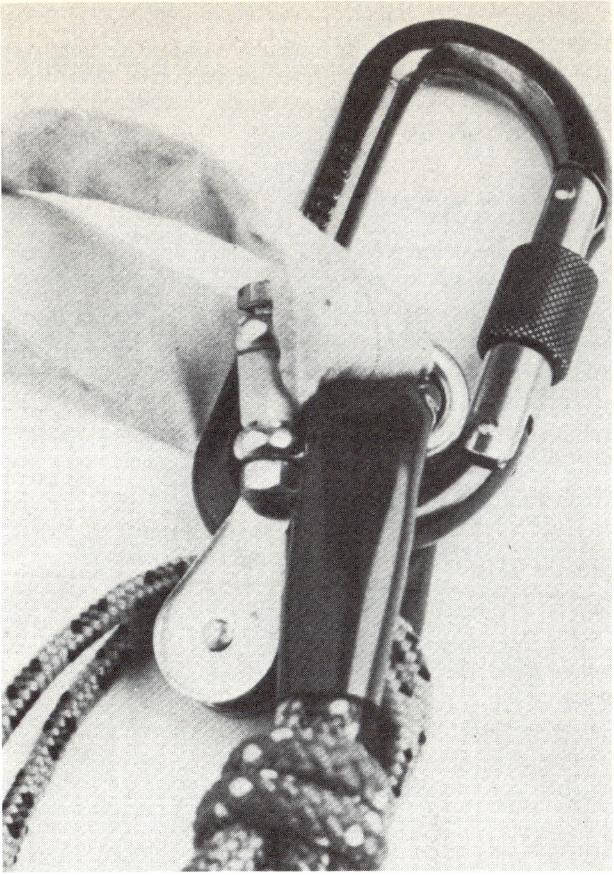

halten, bezogen auf das Gewicht von Pilot und Ausrüstung. Schlaufen aus Stahlseil können bei Dauergebrauch zu Abrieb am Karabiner führen.

Schirm-Gurt-Verbindung

Die Endschlaufe des Fallschirms ist nicht nur im Karabiner eingeschlauft, sondern zusätzlich mit dem Gurtzeug verbunden. Zweck ist die Schirmrettung des Piloten bei Öffnung oder Bruch des Aufhängekarabiners. Das Verbindungselement – meist Schäkel oder Karabiner – muß dem Entfaltungsstoß standhalten und darf beim Entfaltungsstoß das Gurtzeug oder die Schlaufe nicht durch Kanten oder zu geringen Materialdurchmesser durchtrennen.

Doppelaufhängung

Alle Verbindungselemente werden durch die Doppelaufhängung überbrückt, das Versagen eines einzelnen Verbindungselementes wird aufgefangen. Die Doppelaufhängung ist meist eine Reepschnur mit derselben Mindesttragfähigkeit wie die Aufhängeschlaufe. Die Reepschnur verbindet das Kielrohr des Drachens mit dem Gurtzeugkarabiner (kurze Doppelaufhängung) oder mit dem Gurtzeug (lange Doppelaufhängung). Sie wird durch Knoten geschlossen oder mittels eines weiteren Karabiners ans Gurtzeug angeschlossen.

Seilknoten

Knoten im Bereich der Pilotenaufhängung haben mehrere Kriterien zu erfüllen, sie sollen

- längengleich bleiben, d. h. bei Belastung bleibt die Seillänge unverändert
- für Seilmaterial aus Kunstfaser taugen, insbesondere Nylon, durch Bekneifen
- für das Legen wenig Seilmaterial erfordern
- auch nach starker Belastung wieder zu öffnen sein – wichtig für Änderungen an der Seillänge und für Notfälle.

Diese Eigenschaften vereinigen – je nach Verwendungszweck – der Palstek und der Weberknoten. Der Palstek dient zur Befestigung eines Seilendes, z. B. am Gurtzeug, der Weberknoten zur Verbindung zweier Seilenden, z. B. bei der Doppelaufhängung. Bei festgezogenem Knoten dürfen die freien Enden nicht kürzer sein (gemessen in Zentimetern cm) als der Durchmesser des verwendeten Seils (gemessen in Millimetern mm).

Palstek

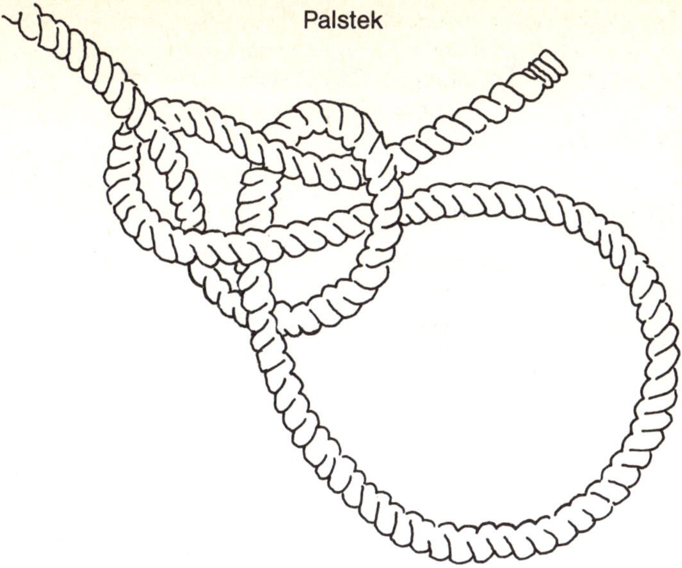

Weberknoten

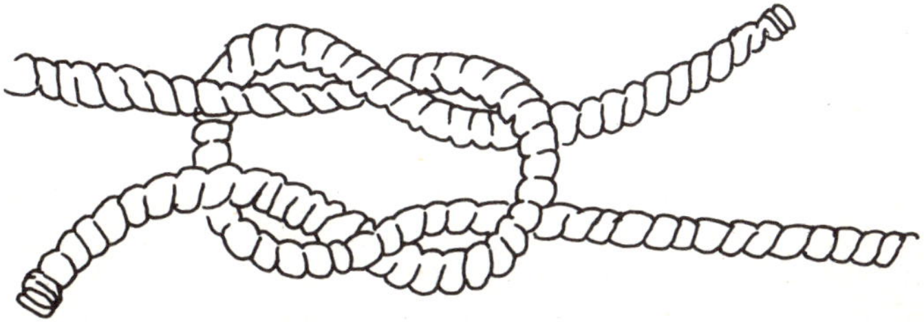

Einstellung und Trimmung

Mitentscheidend für die Flugleistung des Gerätes ist die richtige Einstellung und Trimmung von Gurtzeug und Gerät. Fehler können zusätzlich die Manövrierfähigkeit des Gerätes und überhaupt die Betriebssicherheit beeinträchtigen.

Gurtzeug und Pilot

Der Körper des Piloten soll im Flug möglichst wenig Widerstand erzeugen. In Liegendposition empfiehlt es sich, die Beine geringfügig höher aufzuhängen als den Oberkörper. Kniehänger dürfen den Piloten beim Anlauf nicht behindern. Der Oberkörper soll ein geringes Übergewicht gegenüber dem Unterkörper haben, um die Liegendposition zu stabilisieren.

Gurtzeug und Gerät

Beim Flug in Liegendposition soll der Steuerbügel unterhalb der Schultern liegen. Dies gewährleistet den besten Wirkungsgrad der Arme beim Steuern. Der Abstand zwischen Steuerbügel und Fallschirm soll einerseits möglichst gering sein, damit der Schwerpunkt tief liegt, andererseits muß der Steuerbügel in jeder Flugposition frei beweglich bleiben.

Beim Flug in Sitzposition liegt der Steuerbügel eine Unterarmlänge vor dem Pilotenkörper in Höhe der Ellenbogen. Dabei hängen die Oberarme senkrecht nach unten, und die Unterarme weisen waagrecht nach vorn. Die Steuerbügelposition der heutigen Geräte ist normalerweise für Liegegurte eingerichtet. Bei Verwendung eines Sitzgurtes muß die Steuerbügelbasis ca. 20 cm weiter hinten sein, bei manchen Gerätetypen ist die Unterverspannung auszutauschen.
Für Hängegurte gelten analog die Einstellregeln für Liegegurte, für Supinegurte analog die Regeln für Sitzgurte.

Gerät und Pilot

Die meisten Drachen verfügen über eine Verstelleinrichtung im Kielrohrbereich, die ein Verlegen des Aufhängepunktes und damit des Gewichtsschwerpunktes nach vorn und nach hinten ermöglicht. Ziel des Trimmens ist ein neutrales Flugverhalten des Gerätes im Gleitflug. Ist der Drachen schwanzlastig, d. h. nimmt er bei losgelassenem Steuerbügel die Nase hoch, wird beim Trimmen der Aufhängepunkt nach vorn verlegt, bei Kopflastigkeit nach hinten.

Diese Trimmung durch Verlegen des Aufhängepunktes ist nur dann richtig, wenn die Kopf- oder Schwanzlastigkeit auf fehlerhafter Gewichtsverteilung beruht. Sie ist nicht richtig, wenn die Ursache in der Form des Flügels liegt, z. B. wegen fehlender Outrigger oder wegen überdehntem Segel.
Durch Koppelungen verschiedenartiger Ursachen wird deren Erkennung erschwert. Im Zweifel ist das Gerät dem Hersteller zur Überprüfung zu übergeben.

Pflege und Wartung

Wie für Aufbau und Betrieb des Drachens und des Zubehörs sind auch für Pflege und Wartung spezielle Vorschriften des Herstellers in der Betriebsanleitung vorrangig zu beachten.

Segel sind in ihrer Haltbarkeit kaum empfindlich. Kleine Risse mit Textilklebeband oder mit Nummerntuch schließen. Größere Risse und beschädigte Nähte im Fachbetrieb reparieren lassen. Nasse Segel nicht längere Zeit im geschlossenen Packsack lagern. Unnötige Sonnenbestrahlung wegen UV-Belastung meiden. Wegen Leistungserhalt knitterfrei einrollen und verpacken. Reinigung geradflächig mit Wasser oder mit dünner Seifenlauge.

Segellatten sind empfindlich gegen Verformung. Bei vorgeformten Latten routinemäßig die Form überprüfen, zusätzlich nach starker Belastung. Beschädigte Latten ersetzen. Auf Funktionstüchtigkeit der Lattenbefestigung achten.

Rohre sind schadensanfällig. Bei jeder Art der Verformung auswechseln, keinesfalls zurückbiegen. Ebenfalls auswechseln bei Überdehnung, erkennbar an blinder Oberfläche. Bei Kontakt mit Streusalz oder Meerwasser sofort mit klarem Wasser abspülen.

Seile sind knickempfindlich. Bereits bei Bruch einer einzelnen Seilfaser auswechseln, ebenso bei Überdehnung. Die Einlaufstellen der Seile in Verpressung und Kauschen gezielt kontrollieren. Unterverspannung alle zwei Jahre routinemäßig erneuern. Beim Verpacken Knicke vermeiden, nicht eng aufrollen.

Beschlagteile sind crashempfindlich. Verbogene Bolzen auswechseln, nicht zurückbiegen. Selbstsichernde Muttern nur einmal verwenden. Verdeckte Schraubverbindungen routinemäßig kontrollieren.

Gesamtgerät nach Crash oder extremer Flugbelastung gründlich untersuchen, bei Flügelbelastung austuchen. Gerätesymmetrie prüfen. Routinemäßige Untersuchung mit Austuchen mindestens einmal im Jahr, alle zwei Jahre Generalüberholung durch den Hersteller.

Transport des Fluggerätes auf dem Autodach mit gepolstertem und stabilem Dachträger. Schwingungsfrei lagern, eventuell mit zusätzlicher Abstützung. Verkehrsrechtliche Vorschriften für Dachlast und Überstände beachten. Bei Auto- und Seilbahn-

transport möglichst nicht mehrere Geräte übereinanderschichten. Bei Sesselifttransport Gerät in Seilrichtung halten.
Gurtzeug trocken lagern. Routinemäßig die Nähte, Knoten und Beschläge überprüfen. Bei Gurtbändern und Seilen auf Scheuerstellen achten, besonders bei der Haupttrageschlaufe, Klettverschlüsse sauber und verschlossen halten. Reparaturen im Fachbetrieb. Reinigung mit Seifenlauge.
Rettungssystem erfordert besondere Sorgfalt. Vor Nässe und Feuchtigkeit schützen. Nassen Schirm lüften und von ausgebildetem Packer neu packen lassen, sowie regelmäßig jedes Vierteljahr. Alle zwei Jahre zur Hauptuntersuchung an Hersteller oder linzensierten Schirmprüfer übergeben. Freiliegenden Teil der Verbindungsleine besonders an der Austrittsstelle aus dem Container und an der Verbindungsschlaufe routinemäßig auf Schäden untersuchen. Klettverschlüsse sauber und verschlossen halten. Auf Funktionsfähigkeit der Verschlußsplinte achten. Befestigung am Gurtzeug kontrollieren, besonders nach Crash.

DHV-Gütesiegel

Das Gütesiegel ist die wichtigste Form des Betriebstüchtigkeitsnachweises. Der Deutsche Hängegleiterverband e. V. (DHV) ist für die Prüfung und Erteilung des Gütesiegels für Hängegleiter, Gurtzeuge und Rettungssysteme zuständig. Die technischen Anforderungen sind in den Gütesiegelforderungen des DHV enthalten. Die technischen Prüfungen erfolgen auf Antrag des Herstellers. Die mit dem geprüften Mustergerät identischen Seriengeräte werden vom Hersteller mit der Gütesiegelplakette gekennzeichnet.

Gütesiegel für Hängegleiter

Das Prüfverfahren unterteilt sich in fünf wesentliche Schritte:

- Beim Flugmechaniktest auf dem Flugmechaniktestwagen werden alle erdenklichen Fluglagen beim Geradeausflug simuliert, also auch jene Geschwindigkeits- und Anstellwinkelbereiche, die nur unter besonderen Umständen – beispielsweise in Turbulenzen – auftreten können. Die auf dem Testwagen gewonnenen Meßwerte für Auftrieb, Widerstand

Bruchtest 1

Bruchtest 2

Flugmechanikmeßfahrt

▽ *Computermeßschrieb*

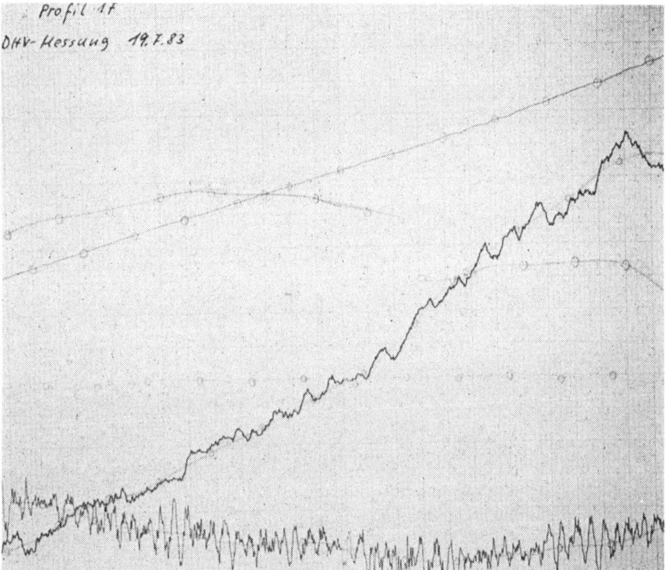

und aufrichtendes Moment werden mit Hilfe eines besonderen Computerprogramms ausgewertet, und das abschließende Gutachten gibt Aufschluß über die aerodynamische Stabilität des Gerätes, insbesondere darüber, ob Flattersturzneigung besteht.

- Beim Festigkeitstest wird die Flugbelastung ebenfalls mit Hilfe eines Testfahrzeugs simuliert. Grundsätzlich muß jedes Gerät einer Bruchbelastung von 6 g bei positiver Anströmung (von unten) und von 3 g bei negativer Anströmung (von oben) standhalten. 1 g ist die einfache Erdanziehungskraft. Sie wird bezogen auf die höchstzulässige Zuladung (Pilot mit Ausrüstung).
- Beim Abwurftest muß das Gerät zeigen, daß es nach spätestens 50 m Höhe aus der senkrechten Abwurflage mit frei pendelndem Gewicht, das den Piloten ersetzt, in die horizontale Fluglage zurückkehrt. Der Abwurftest stellt die Urform der flugmechanischen Untersuchung dar. Im Vergleich mit der modernen Flugmechanikuntersuchung auf dem Testwagen zeigt der Abwurftest nur ein schmales Spektrum an möglichen Fluglagen auf.
- Bei den Flugversuchen wird das Flugverhalten des Gerätes um alle Achsen geprüft. Dazu gehören die Kurvenflugeigenschaften, das stall-Verhalten, die Schnellflugeigenschaften, das Handling und die Start- und Landefähigkeit.
- Die abschließende Stückprüfung gilt der Identifikation des Mustergeräts und der eingereichten Musterunterlagen, der Beurteilung von Verarbeitung, Betriebsanleitung und Beschriftungen sowie der Überprüfung der verwendeten Materialien.

Nach Abschluß des Prüfverfahrens erhält der Hersteller das Gütesiegelzeugnis des DHV sowie die Berechtigung zur Verwendung der Gütesiegelplaketten.

Gütesiegel für Rettungssysteme

Die Prüfung der Hängegleiter-Rettungssysteme erfolgt in sechs Stufen:

- Die Festigkeit des gesamten Rettungssystems muß einer Auslösung bei einer Geschwindigkeit von 150 km/h stand-

Abwurftest

Integriertes Rettungssystem

halten. Der Versuch wird vom Flugzeug aus mit einer 100 kg schweren Puppe durchgeführt.

- Ebenfalls durch Flugzeugabwurf wird die Sinkgeschwindigkeit geprüft, die einschließlich aller Toleranzen 7,5 m/sec nicht übersteigen darf.
- Durch Abwurfversuch ist nachzuweisen, daß der Öffnungsvorgang nach einer Fallstrecke von längstens 80 m ausgehend von Geschwindigkeit Null abgeschlossen ist und die Fallschirmkappe trägt.
- Beim Funktionstest muß die Öffnungszeit weniger als 3 Sekunden betragen, bei einer Auslösegeschwindigkeit von höchstens 50 km/h.
- Beim Auslöseversuch muß der Container mit einer Kraft von mindestens 5 und höchstens 12 kg in einem Zug und mit einer Hand geöffnet werden können.
- Die Stückprüfung gilt der Identifikation, der Beurteilung von Verarbeitung und Betriebsanleitung sowie der Überprüfung der verwendeten Materialien.

Im Verlauf der Prüfungen werden mitbeurteilt die Störanfälligkeit, z. B. durch zu kurze Verbindungsleine, sowie die Sinkeigenschaften, z. B. schädliche Pendelbewegungen.

Fallschirmkappen dürfen als integrierte Systeme in Kombination mit einem Gurtzeug nur dann benutzt werden, wenn die Kombination für den speziellen Gurtzeugtyp vom DHV geprüft ist:

- Der Auslöseversuch ist mit dem Gurtzeug zu wiederholen.
- Das Gurtzeug muß durch einen weiteren Abwurf erweisen, daß bei maximaler Flugbelastung (6 g) keine unbeabsichtigte Selbstöffnung des Schirmcontainers erfolgt.

Gütesiegel für Gurtzeuge

Das Gurtzeug, in den Gütesiegelforderungen als Hängegleiterpiloten-Aufhängesystem bezeichnet, wird in zwei Schritten geprüft.

- Bei den Abwürfen mit einer 100 kg schweren Puppe wird die Festigkeit des Gurtzeuges in verschiedenen Lagen geprüft. Die Prüfbelastung entspricht dem größtmöglichen Entfal-

Gurtzeug im Zerreißtest

tungsstoß bei Auslösung des Rettungssystems. Neben der Festigkeit muß das Gurtzeug auch gewährleisten, daß der Pilot beim Entfaltungsstoß nicht herausfallen oder sich verletzen kann.

- Die Stückprüfung gilt der Funktionsfähigkeit des Gurtzeuges, der Identifikation, der Beurteilung von Verarbeitung und Betriebsanleitung sowie der Überprüfung der verwendeten Materialien.

Instrumente

Zur Erhöhung der Flugsicherheit und der Flugleistung werden Bordinstrumente verwendet.

Der **Geschwindigkeitsmesser** zeigt die Eigengeschwindigkeit des Drachens an. Nach ihrer Funktionsweise werden mechanische und elektronische Systeme unterschieden.

Das **Variometer** zeigt das Steigen und das Sinken des Drachens an. Es gibt mechanische und elektronische Systeme. Die Anzeige erfolgt optisch, bei elektronischen Systemen auch akustisch.

Der **Höhenmesser** zeigt die Höhe des Drachens an. Die Funktions ist mechanisch oder elektronisch. Die Anzeige hängt vom Luftdruck am jeweiligen Ort ab und muß daher vor jedem Start eingestellt werden.
Der **Kompaß** zeigt die Himmelsrichtung an. Am Drachen ist der Kompaß nur beschränkt verwendbar. Ausreichende Anzeigegenauigkeit besteht nur im beschleunigungs- und schiebefreien Geradeausflug. Die störende Einwirkung besonders elektronischer Instrumente muß kompensiert sein.

Aerodynamik

Warum fliegt der Drachen? – Auf diese Frage antwortet die Aerodynamik, die Lehre von den Kräften an einem von Gas umströmten Körper. Jedes Fluggerät – also auch der Drachen – ist den Gesetzen der Aerodynamik unterworfen.
Die Ausführungen zu diesem komplizierten Sachgebiet der Physik beschränken sich auf die für das Begreifen des Drachenflugs notwendigen Teilbereiche. Formeln und Fachausdrücke werden nur insoweit verwendet, als sie zum Verständnis – und zur eigenen Sicherheit – erforderlich sind. Komplizierte Zusammenhänge sind vereinfacht dargestellt, einzelne Ungenauigkeiten lassen sich dabei nicht vermeiden. Die Ausführungen kreisen im wesentlichen um untenstehende Schemazeichnung, die Strich um Strich später aufgenommen, erläutert und ergänzt wird.

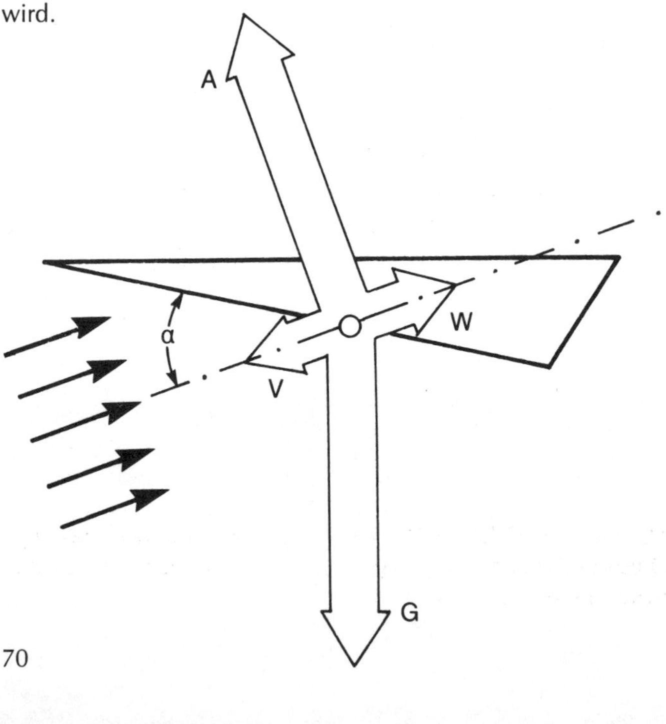

Die Kräfte beim stationären Geradeausflug

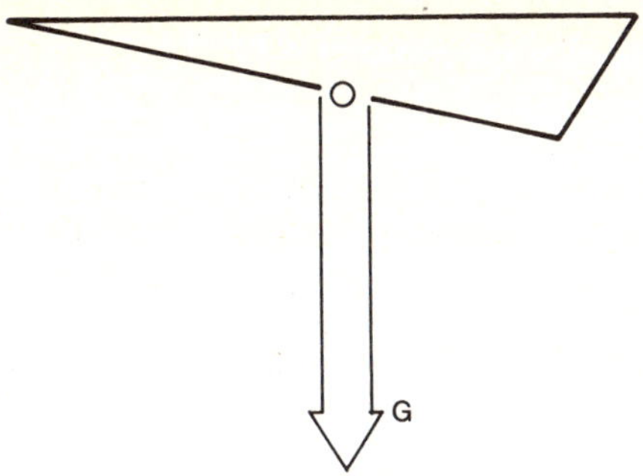

Die **Erdanziehung** zieht den Drachen mit der Kraft G senkrecht nach unten. G ist das Gewicht des Drachens, des Piloten nebst Ausrüstung, das sogenannte Startgewicht.

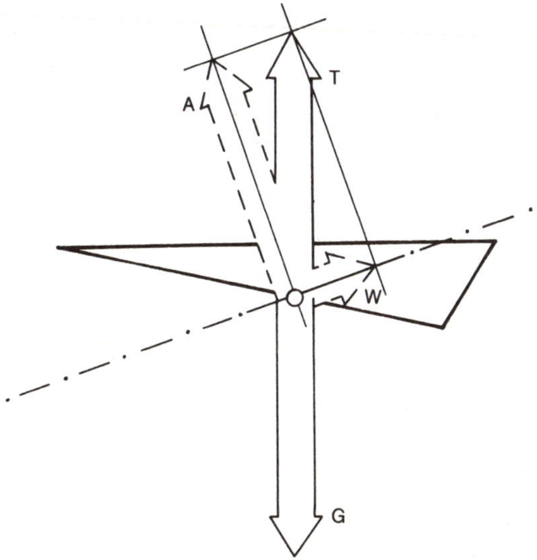

Das Gewicht G wird kompensiert durch die **Totale Luftkraft** T. Diese bildet zugleich die resultierende Kraft aus Auftrieb und Widerstand.

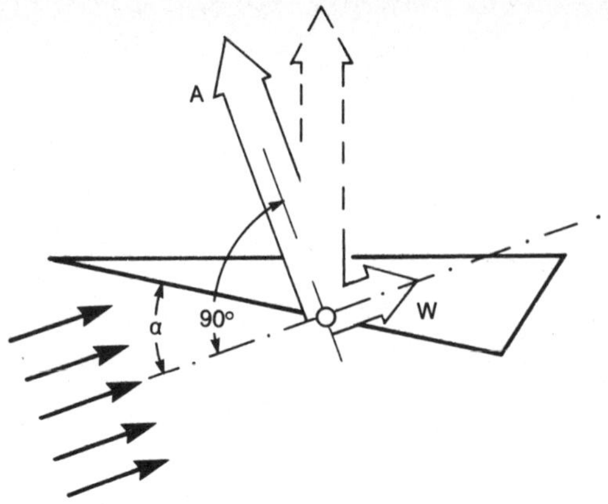

Der **Auftrieb** A zieht den Drachen gleichzeitig nach oben und nach vorn. Er wirkt senkrecht zur Strömungsrichtung, d. h. zu der Richtung, aus der die Luftteilchen auf den Drachen treffen.

Der **Widerstand** W bremst den Drachen ab, er wirkt in Strömungsrichtung. Ebenso wie der Auftrieb steht er in engem Zusammenhang mit dem Anstellwinkel α, der beim flexiblen Drachen vereinfacht definiert ist als Winkel zwischen Strömungsrichtung und Kielrohr.

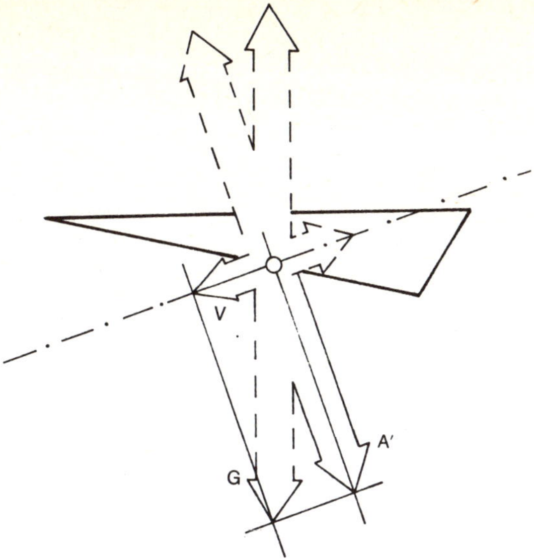

Der **Vortrieb** V ist die eine Komponente der Gewichtskraft, die andere heißt Auftriebsgegenkraft A. Für die Erzeugung des Vortriebs muß der motorlose Drachen Höhe opfern: Höhe (potentielle Energie) wandelt sich um in Bewegung (kinetische Energie) und kompensiert die Bremswirkung des Widerstands.

Der Auftrieb

Dem Auftrieb verdanken wir das Fliegen. Durch den Auftrieb unterscheidet der Drachen sich vom konventionellen Fallschirm.

Strömung

Grundvoraussetzung für den Auftrieb ist, daß am Flügel Strömung anliegt; Luftteilchen und Drachen gleiten aneinander vorbei. Dabei spielt es keine Rolle, ob

- die Luftteilchen ruhen und sich der Drachen bewegt (Windstille)
- Luft und Drachen sich gegeneinander bewegen (mäßiger Gegenwind)
- Luft und Drachen zwar dieselbe Bewegungsrichtung haben, der Drachen aber schneller ist (Rückenwind)
- der Drachen »steht« und sich nur die Luft bewegt (starker Gegenwind bei ca. 40 km/h) oder
- der Drachen über Grund rückwärts fliegt (stürmischer Gegenwind).

Es kommt lediglich darauf an, daß die Luftteilchen von vorn nach hinten und mit ausreichender Geschwindigkeit am Segel entlanggleiten.

Geschwindigkeit

Entscheidend in der Aerodynamik ist die Eigengeschwindigkeit des Drachens (air speed). Eigengeschwindigkeit ist die Schnelligkeit, mit der sich der Drachen durch die Luft bewegt, d. h. die Schnelligkeit, mit der die Luftteilchen am Flügel vorbeiströmen. Die Eigengeschwindigkeit wird auch als Strömungs- oder als Fluggeschwindigkeit bezeichnet.
Besondere Geschwindigkeitswerte der Eigengeschwindigkeit sind

- die Abreißgeschwindigkeit, bei der die tragfähige Strömung vom Flügel abreißt,
- die Startgeschwindigkeit, bei der das Gerät abhebt,

- der Gleitgeschwindigkeitsbereich, bei dem die Strömung zuverlässig am Flügel anliegt,
- die Höchstgeschwindigkeit, unter der die zulässige Höchstgeschwindigkeit zu verstehen ist; bei Überschreitung droht Geräteversagen.

Die besonderen Geschwindigkeitswerte sind abhängig von der Bauweise des Gerätes.
Von der Eigengeschwindigkeit strikt zu trennen ist die Geschwindigkeit über Grund (ground speed), die die Schnelligkeit des Drachens über dem Erdboden – »über Grund« – angibt und keine Bedeutung für die Aerodynamik hat. Ausgehend von einer konstanten Eigengeschwindigkeit im Flug verringert sich bei Gegenwind die Geschwindigkeit über Grund; bei Rückenwind erhöht sie sich; dies hat besondere Bedeutung für Start und Landung.

Das Segel als Profil

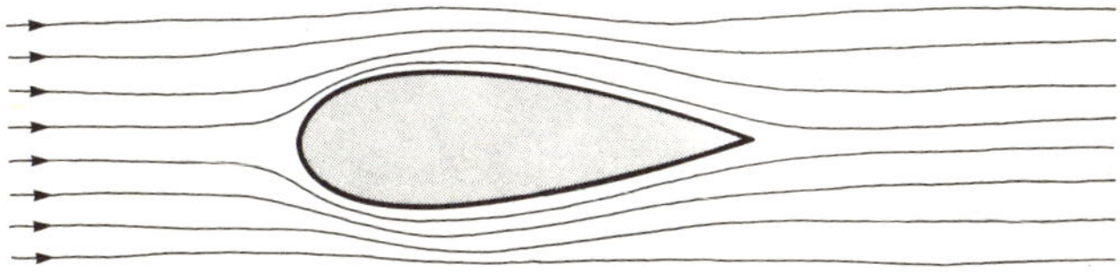

Strömung, die auf ein symmetrisches Profil trifft, teilt sich vor dem Profil und schließt sich dahinter wieder.

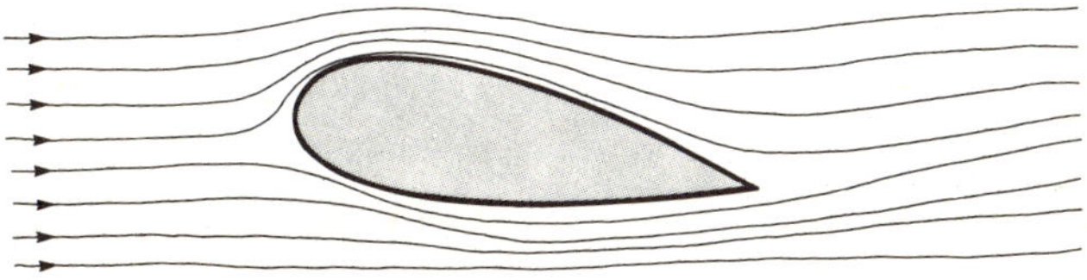

Gibt man dem symmetrischen Profil einen Anstellwinkel, so hat die Strömung z. B. auf der Oberseite einen längeren Weg zurückzulegen als auf der Unterseite. Gleichzeitig wird die

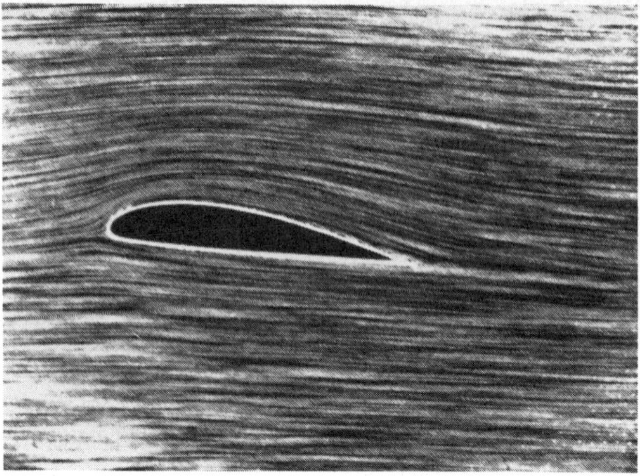

Profil im Strömungskanal

Geschwindigkeit der Luftteilchen auf der Oberseite größer als auf der Unterseite.
Beim asymmetrischen Profil ist der längere Weg auf der Profiloberseite »eingebaut«.

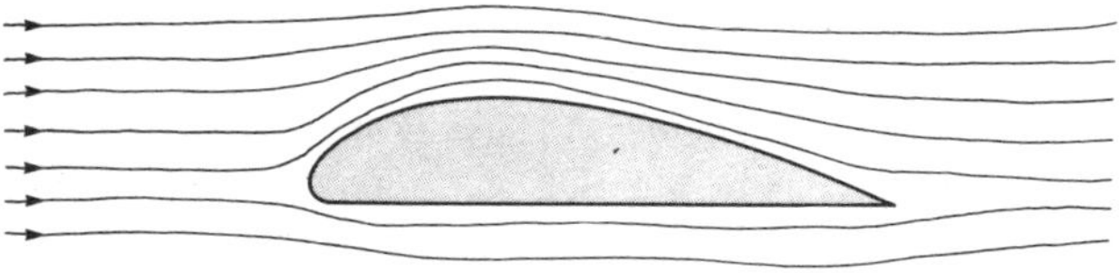

Die größere Geschwindigkeit auf der Oberseite hat zur Folge, daß die Luftteilchen dort dünner gelagert sind als auf der Unterseite, wo die Luftteilchen zusammengepreßt werden.

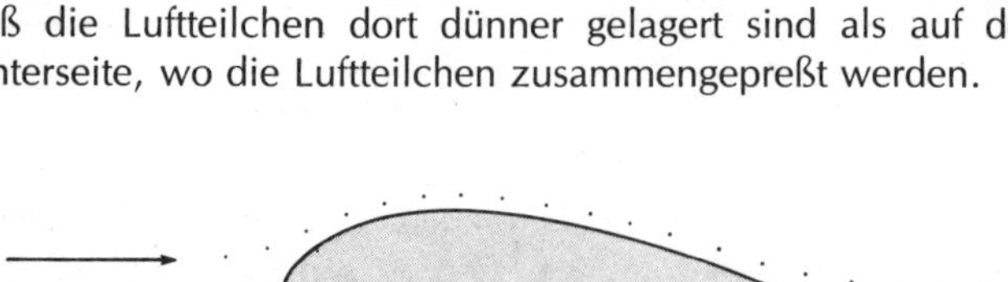

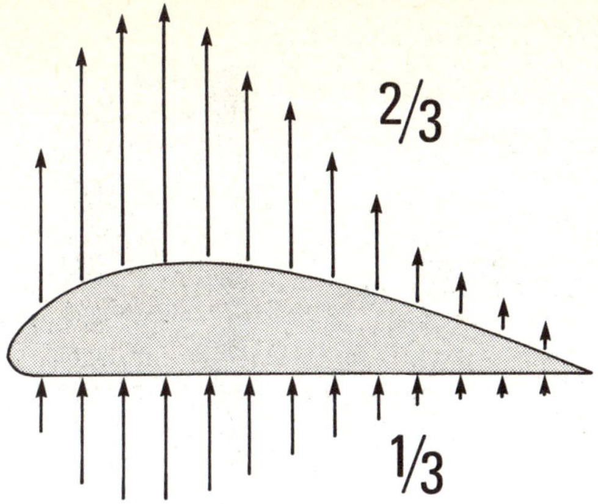

Auf der Oberseite entsteht dabei ein Unterdruck (Sog), auf der Unterseite ein Überdruck, die beide gemeinsam Auftrieb erzeugen. An der Auftriebserzeugung ist der Sog mit etwa 2/3beteiligt, der Überdruck mit 1/3.

Beim Drachen mit einfachem Segel übernimmt die hochgewölbte Segelfläche die Aufgabe der Profiloberfläche.

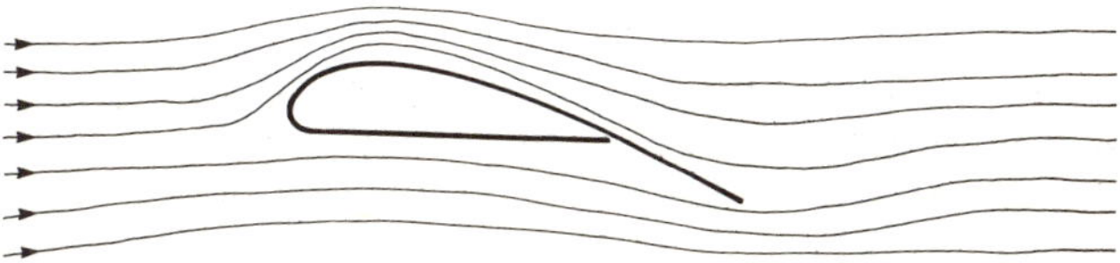

Bei Drachen mit Doppelsegeln ist auch die Unterseite des Profils geschlossen. Dies verbessert den Strömungsverlauf auch auf der Unterseite des Segels.

Auftriebsformel

$$\textbf{Auftrieb } A = c_A \cdot \frac{\varsigma}{2} \cdot v^2 \cdot F$$

c_A = Auftriebswert; abhängig von der Profilform, von der Flügelform und vom Anstellwinkel
ς = Luftdichte
v = Eigengeschwindigkeit
F = projizierte Segelfläche

Die Auftriebsformel bedeutet:
- Je größer die Fläche, desto größer der Auftrieb; Auftriebsvergrößerung linear zur Flächenvergrößerung.
- Je größer die Geschwindigkeit, desto größer der Auftrieb; Auftriebsvergrößerung quadratisch zur Geschwindigkeitserhöhung.
- Je geringer die Luftdichte, desto geringer Auftrieb; Auftriebsverringerung linear zur Verringerung der Luftdichte.

Auftriebsverteilung am Flügel

Der Auftrieb ist im vorderen Drittel des Flügelprofils besonders ausgeprägt. Die Auftriebsverteilung über die Spannweite konzentriert sich beim Drachen auf den Mittelbereich.

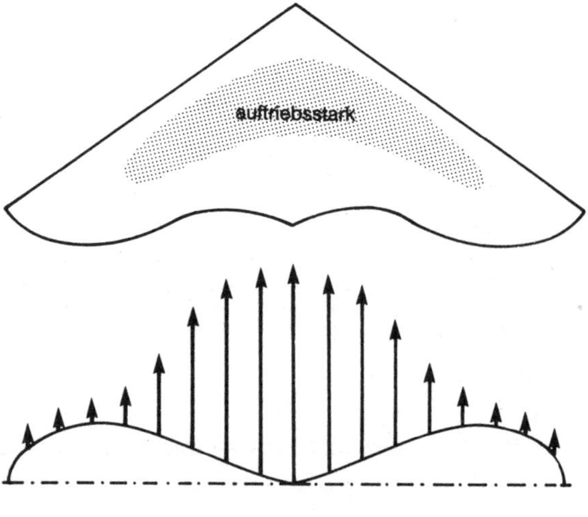

Der Widerstand

Widerstand bremst den Drachen und kostet Leistung. Die Geräteentwicklung gilt daher in erster Linie der Widerstandsminderung. Trotzdem ist beim Drachenflug auch Widerstand notwendig, bei der Landung. Drei Widerstandsarten sind beim Drachen wesentlich: Formwiderstand, Randwiderstand und Restwiderstand. Eine weitere Rolle spielen der Grenzschichtwiderstand, verursacht durch die Unebenheiten des Segelmaterials, und der Interferenzwiderstand aus der gegenseitigen Beeinflussung verschiedenartiger Strömungen und Verwirbelungen.

Formwiderstand

Der Formwiderstand wird durch die auftriebserzeugenden Teile verursacht, beim Drachen durch den Flügel. Er wächst linear mit der Vergrößerung der in Strömungsrichtung projizierten Fläche, also mit der Erhöhung des Anstellwinkels.

Randwiderstand

Der Randwiderstand – auch als induzierter Widerstand bezeichnet – entsteht an den Flügelrändern. In ihrem Bestreben, die Druckunterschiede zwischen Ober- und Unterseite auszugleichen, entweicht die Unterluft über die seitlichen und hinteren Flügelränder und bildet widerstandsreiche Wirbelzöpfe. Infolge des Druckausgleichs gehen gleichzeitig die äußeren Flügelteile für die Auftriebserzeugung verloren. Eine große Streckung vergrößert das für die Auftriebserzeugung verbleibende Mittelteil der Segelfläche.

Der Bodeneffekt verringert den Randwiderstand. Der nahe Erdboden hindert die Luft teilweise daran, auf die Flügeloberfläche zu entweichen.

Restwiderstand

Der Restwiderstand wird durch die an der Auftriebserzeugung nicht mitwirkenden Teile verursacht. In erster Linie entsteht er

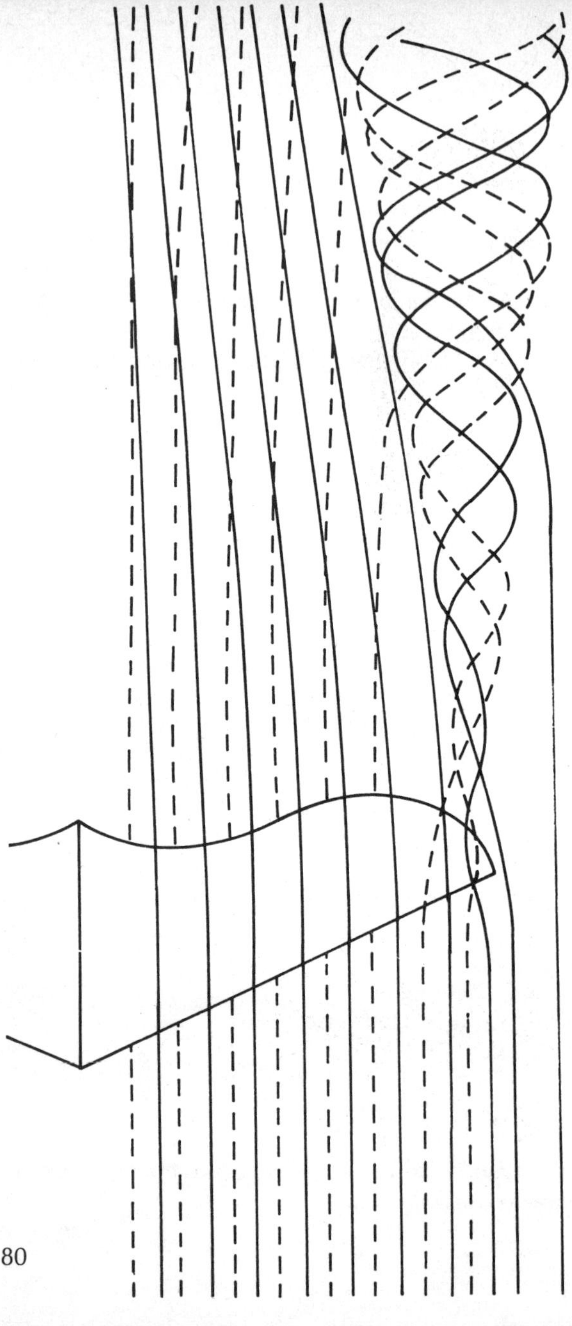

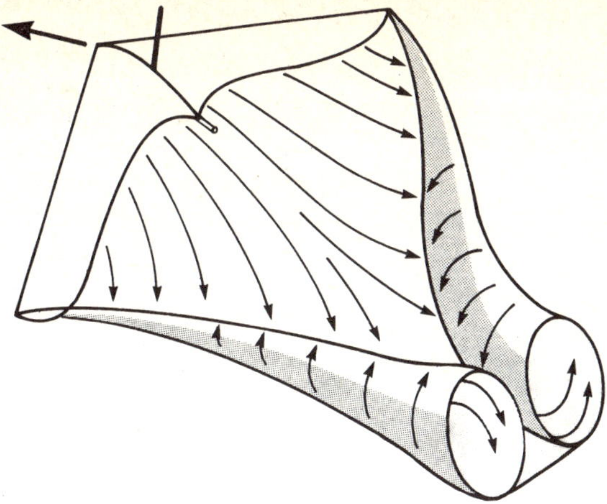

am Körper des Piloten sowie an den freiliegenden Rohren und Seilen.

Gegenüber der Sitzposition des Piloten ist die Liegeposition widerstandsärmer. Umgekehrt erhöht das Aufrichten des Piloten vor der Landung in erwünschter Weise den Restwiderstand.

Widerstandsmindernd wirkt sich die tropfenförmige Verkleidung der Rohrteile und des Piloten aus. Die Tropfenform – zu erkennen auch im Segelquerschnitt und dort den Formwiderstand beeinflussend – ist die widerstandsärmste Form eines angeströmten Körpers.

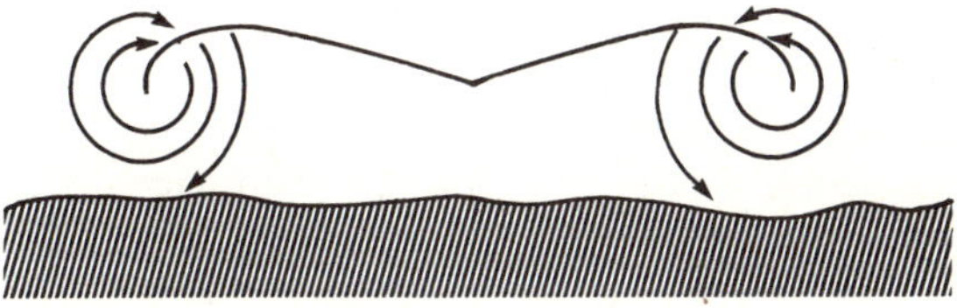

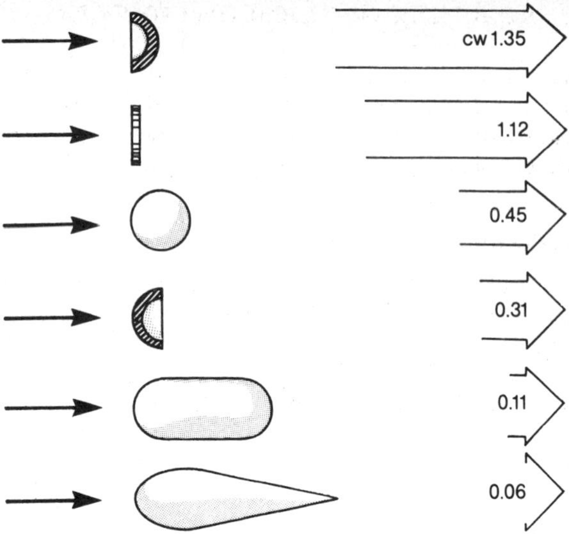

Widerstandsformel

$$\textbf{Widerstand } W = c_W \cdot \frac{\varsigma}{2} \cdot v^2 \cdot F$$

c_W = Widerstandswert; abhängig von der Form der widerstandserzeugenden Teile und vom Anstellwinkel
ς = Luftdichte
v = Eigengeschwindigkeit
F = projizierte Segelfläche

Die Widerstandsformel bedeutet:

- Je größer die Fläche, desto größer der Widerstand; Widerstandsvergrößerung linear zur Flächenvergrößerung.
- Je größer die Geschwindigkeit, desto größer der Widerstand; Widerstandsvergrößerung quadratisch zur Geschwindigkeitserhöhung.
- Je geringer die Luftdichte, desto geringer der Widerstand; Widerstandsverringerung linear zur Verringerung der Luftdichte.

Die Steuerung der Geschwindigkeit

Die Genialität des Drachens als Fluggerät zeigt sich auch in der Einfachheit der Steuerung. Ohne aufwendige Mechanik beschleunigt bzw. verlangsamt der Pilot seine Geschwindigkeit nur durch Ziehen oder Drücken am Steuerbügel.

Druckpunkt

Die aus Auftrieb und Widerstand resultierende Totale Luftkraft hat ihren Ansatzpunkt im Druckpunkt D. Seine jeweilige Lage wird durch das Kräfteverhältnis von Auftrieb und Widerstand bestimmt.
Da beim Gleitflug der Auftrieb den Widerstand um ein Vielfaches überwiegt und der Auftrieb im Bereich der vorderen Flügelteile besonders ausgeprägt ist, liegt beim Gleitflug auch der Druckpunkt in der vorderen Hälfte der Flügelfläche.

Pilotenschwerpunkt

Um im Gleitflug ein neutrales Flugverhalten ohne Steuerbügeldruck zu erreichen, d. h. den Drachen weder nach vorn noch

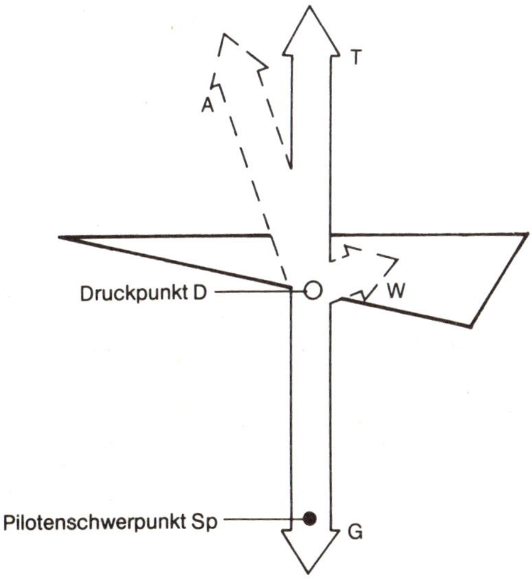

nach hinten abkippen zu lassen, ist von der Konstruktion der Geräte her die Aufhängung des Piloten dort angeordnet, wo sich im Gleitflug auch der Druckpunkt befindet: Im ausgetrimmten Gleitflug hängt der Pilot mit seinem Schwerpunkt unter der vorderen Hälfte der Flügelfläche genau unterhalb des Druckpunktes.

Schwerpunktverlagerung

Zum Beschleunigen des Gerätes verlagert der Pilot seinen Schwerpunkt nach vorn, indem er sich mittels seiner Armkraft nach vorn »zieht«.
Sobald der Schwerpunkt vorverlagert ist und damit vor dem Druckpunkt liegt, entsteht ein Drehmoment, das die Drachennase senkt. Dies führt zur Verkleinerung des Anstellwinkels und zur Geschwindigkeitserhöhung.
Zum Abbremsen aus dem Gleitflug »drückt« der Pilot seinen Schwerpunkt am Steuerbügel nach hinten bis hinter den Druckpunkt und erzeugt dadurch ein Drehmoment, das die Drachennase hebt. Der Anstellwinkel vergrößert sich, und die Geschwindigkeit sinkt.

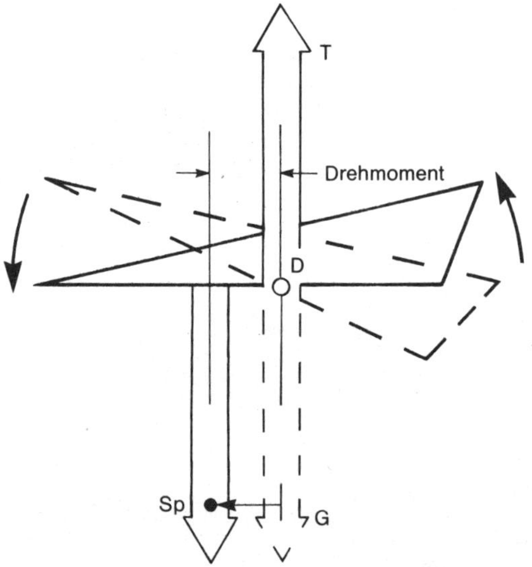

Der Strömungsabriß

Gleitflug erfordert eine tragfähige Strömung am Flügel. Wenn die Strömung wegen eines zu großen Anstellwinkels und zu geringer Eigengeschwindigkeit sich nicht mehr am Flügel halten kann, reißt sie ab.

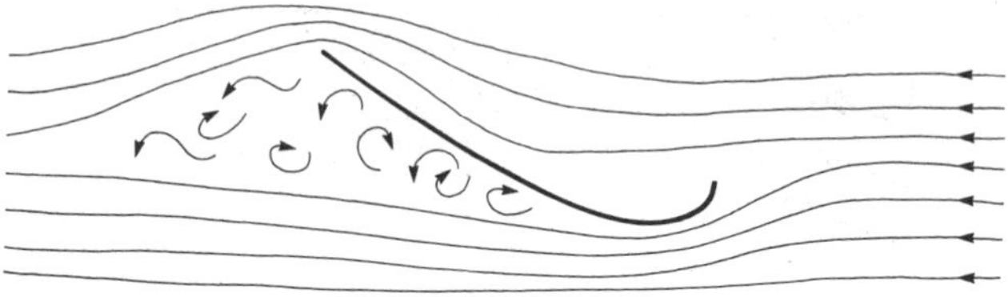

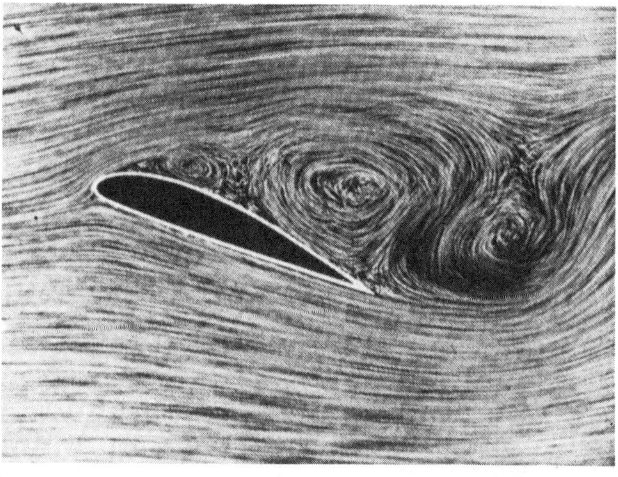

Strömungsabriß im Strömungskanal

Druckpunktwanderung

Beim Strömungsabriß bricht der Auftrieb zusammen. Gleichzeitig wächst der Formwiderstand, da die in Strömungsrichtung projizierte Fläche sich entsprechend der Vergrößerung des

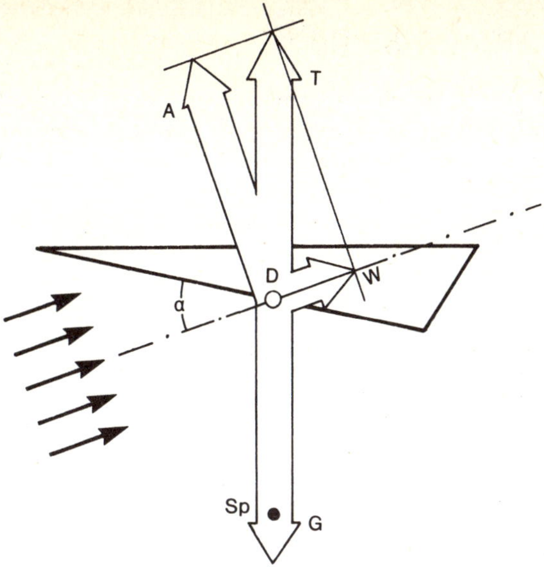

Anstellwinkels ebenfalls vergrößert hat. Die Totale Luftkraft wird dann weniger vom Auftrieb bestimmt, sondern überwiegend vom Formwiderstand mit seinem Zentrum in der Mitte der Flügelfläche. Demzufolge verändert sich auch die Lage des Ansatzpunktes der Totalen Luftkraft, des Druckpunktes: Der Druckpunkt wandert nach hinten zur Mitte der Flügelfläche hinter die Aufhängung des Piloten. Als Folge daraus entsteht ein Drehmoment. Der Pilot zieht mit seinem eigenen Körpergewicht die Drachennase nach unten. Der Drachen kippt nach vorn ab.

Strömungsabriß und Schränkung

Bei einem völlig geraden Flügel würde der Strömungsabriß schlagartig einsetzen. Der Pilot würde vom Strömungsabriß überrascht und hätte keine Möglichkeit zu frühzeitigen Korrekturen.

Die Schränkung des Flügels mit den unterschiedlichen Anstellwinkeln im Kielrohrbereich (größere Anstellwinkel) und in den äußeren Flügelbereichen (kleinere Anstellwinkel) sorgt dafür, daß der Abreißvorgang sich verteilt:

- Zunächst reißt die Strömung im Kielrohrbereich ab und zuletzt im Außenbereich der Flügel.
- Der Abreißvorgang tritt nicht plötzlich ein, sondern verteilt sich auf eine Geschwindigkeits- und eine Zeitspanne.
- Der Drachen kippt nach vorn über die Nase und üblicherweise nicht seitlich über eine Fläche ab.

Jede Landung ist ein gewollter Strömungsabriß. Die Schränkung erleichtert mit ihrer dämpfenden Wirkung den Landevorgang.

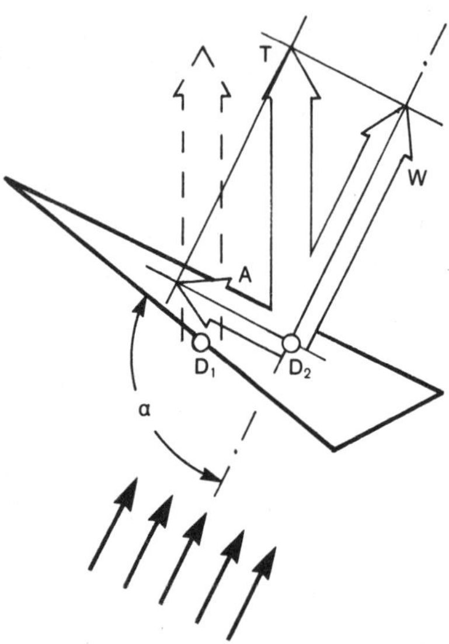

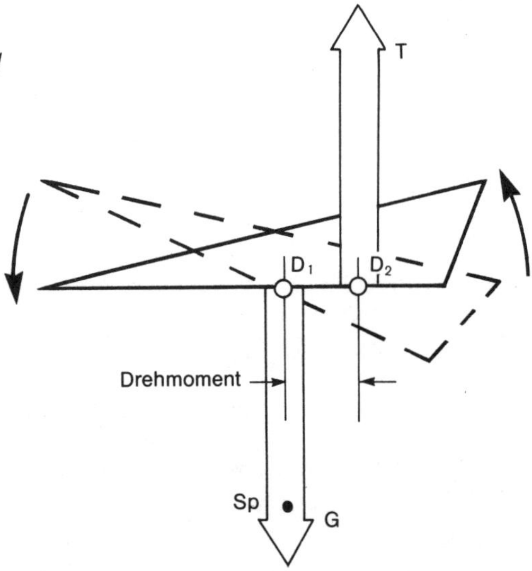

Der Kurvenflug

Kein anderes Flugzeug läßt sich so einfach und mit so wenig Aufwand kurven wie der Drachen. Trotz dieser Einfachheit bietet kein anderes Flugzeug einen so engen Kurvenradius und eine solche Beweglichkeit.

Kräfte beim stationären Kurvenflug

Für eine stationäre Kurve – d. h. ohne Einleit- und Ausleitphase – müssen Kurvenradius, Schräglage, Geschwindigkeit und Gewicht aufeinander abgestimmt sein.

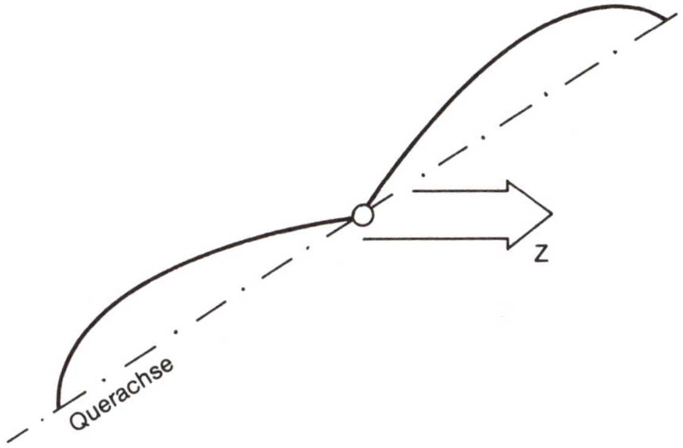

Geschwindigkeit, Kurvenradius und Gewicht (Startgewicht) ergeben die horizontal nach außen gerichtete Zentrifugalkraft Z.

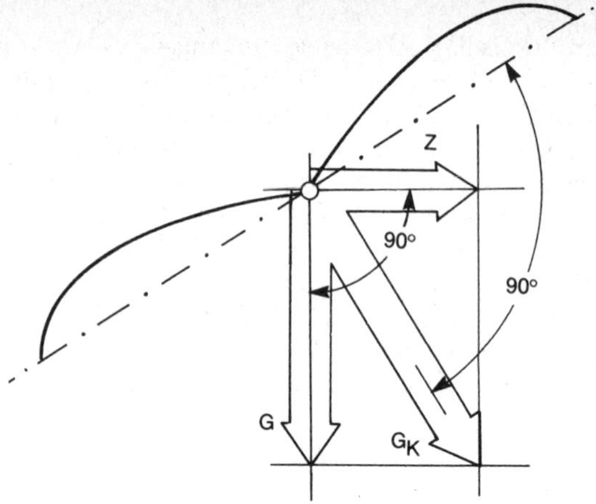

Aus der Zentrifugalkraft Z und dem Gewicht G resultiert das senkrecht zur schräggestellten Querachse wirkende Kurvengewicht G_K.

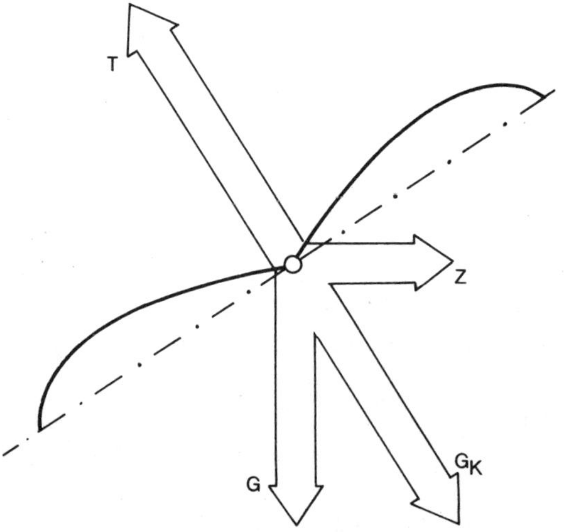

Das Kurvengewicht G_K wird kompensiert durch die Totale Luftkraft T.

Das beim Kurvenflug auftretende Kurvengewicht G_K ist größer als das einfache Gewicht G_K. Dementsprechend ist die Totale Luftkraft als Gegenkraft beim Kurvenflug größer als beim Geradeausflug. Der Zuwachs der Totalen Luftkraft wird durch erhöhte Geschwindigkeit erzeugt und bedeutet gleichzeitig einen Zuwachs für Widerstand und Auftrieb. Der Zuwachs des Widerstandes kostet weitere Energie und bringt Höhenverlust.
Durch das höhere Kurvengewicht G wird das Gerät je nach Kurvenlage stärker belastet, bei 60 Grad Schräglage doppelt so stark wie im stationären Geradeausflug.

Steuerung der Kurve

Die Kurvensteuerung erfolgt durch seitliche Schwerpunktverlagerung. Der Pilot verschiebt seinen Körper am Steuerbügel in die Richtung, in die er die Kurve einleiten will.
Sobald der Schwerpunkt aus der Gerätemitte nach einer Seite verlagert ist, entsteht ein Drehmoment, das den einen Flügel senkt und den anderen hebt.

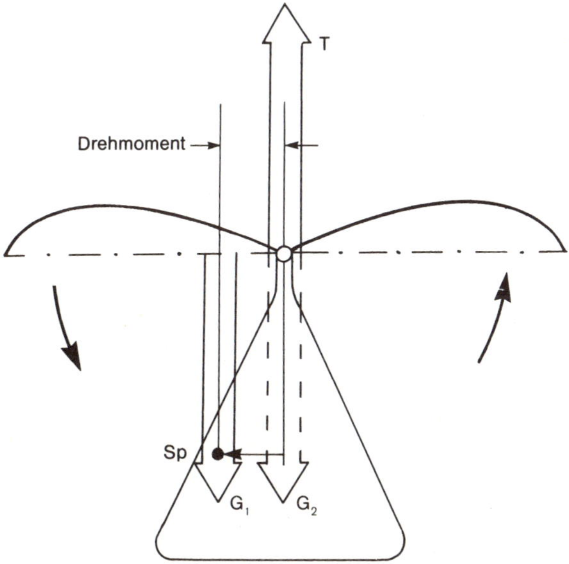

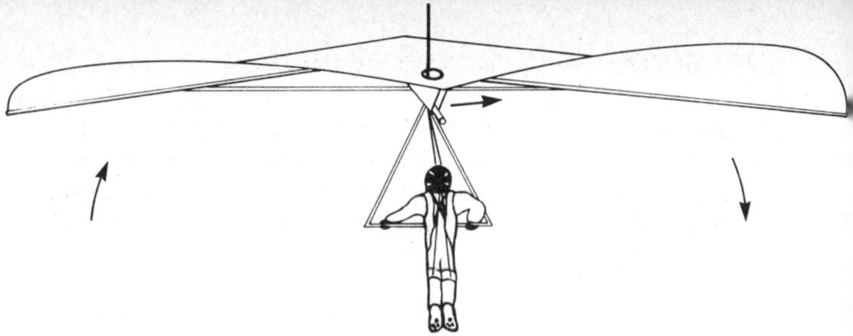

Dabei erhöht sich der Tunnel auf der belasteten Seite und verflacht sich auf der entlasteten Seite, unterstützt durch die Kieltasche und gegebenenfalls das schwimmende Kielrohr.

Im Anschluß an das Einleiten der Kurve, d. h. dann, wenn die Zentrifugalkraft zu wirken beginnt, wandert der Pilotenschwerpunkt wieder zurück zur Steuerbügelmitte. Das Gerät befindet sich im stationären Kurvenflug.

Die Schräglagensteuerung in der stationären Kurve erfolgt durch Drücken, wobei dieses Drücken bei einer weiten Kurve gering ist und in einer steilen Kurve ausgeprägt. Der Flügel wirkt in der Kurve zugleich wie ein Seitenruder und das Drücken bewirkt den Seitenruderausschlag.

Zur Ausleitung der Kurve schiebt der Pilot seinen Körper am Steuerbügel in die Gegenrichtung und erzeugt damit ein Drehmoment, das den Drachen wieder aufrichtet.

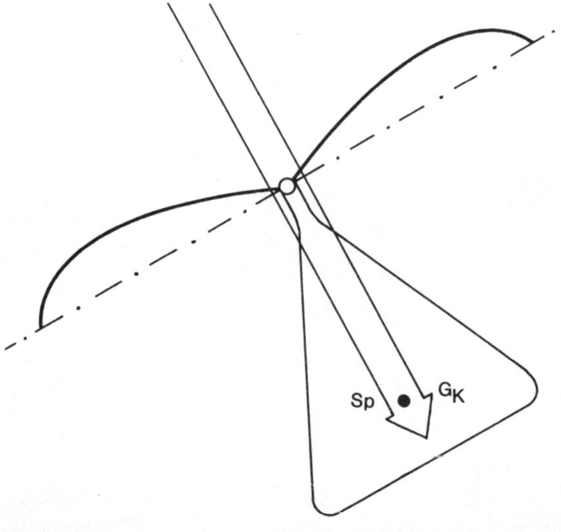

Die aerodynamische Stabilität

Die Stabilität in der Aerodynamik ist zu trennen von der Stabilität im Sinne von Bruchfestigkeit. Ein technischer Zusammenhang besteht jedoch dadurch, daß ein aerodynamisch instabiles Gerät in unkontrollierte Flugzustände geraten kann und dort einer erhöhten Bruchgefahr ausgesetzt ist.

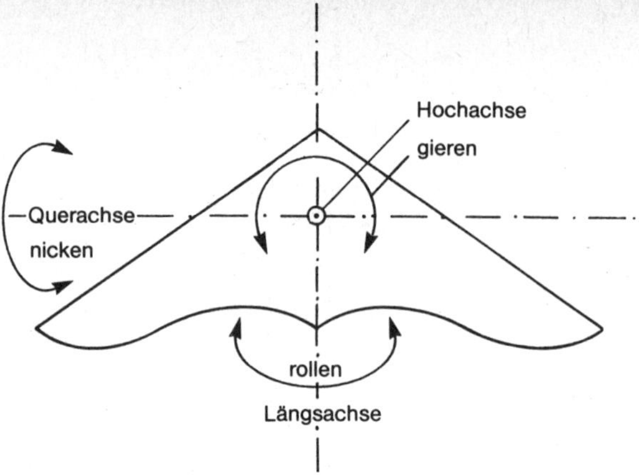

Drehbewegungen und Drehachsen

Die Drehbewegungen des Drachens sind in der Luftfahrt einheitlich benannt:

Rollen um die Längsachse
Nicken um die Querachse
Gieren um die Hochachse

Die Drehachsen entsprechen den senkrecht zueinander stehenden Drachenrohren:

- die Längsachse dem Kielrohr
- die Querachse dem Querrohr
- die Hochachse dem Turm.

Häufigste Bewegungen sind das Rollen beim Einleiten einer Kurve und das Nicken beim Beschleunigen und Bremsen. Drehbewegungen um verschiedene Achsen können auch miteinander verknüpft sein (Koppelung).
Den Drehbewegungen wirkt die aerodynamische Stabilität entgegen.

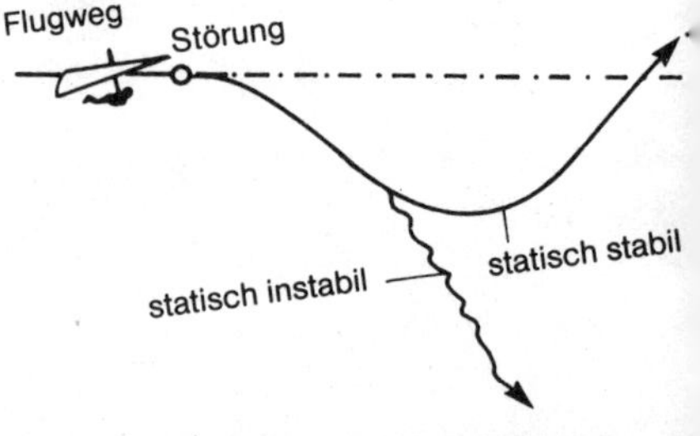

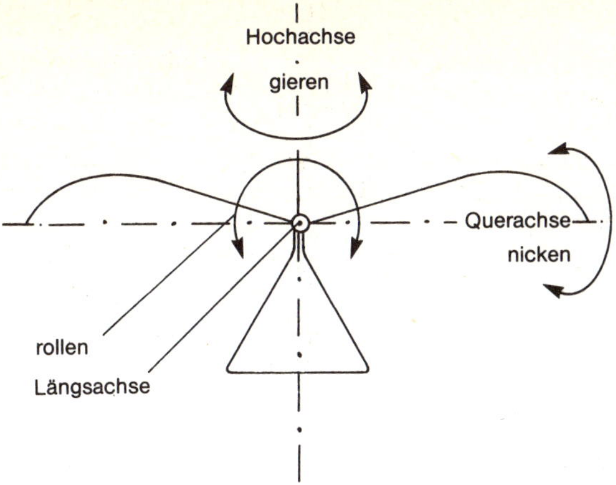

Statische und dynamische Stabilität

Die Aerodynamik kennt zwei ihrem Charakter nach unterschiedliche Stabilitätsformen, die statische und die dynamische Stabilität.
Statische Stabilität bezeichnet die Tendenz des Drachens, nach einer Auslenkung – z. B. durch Turbulenzen – selbständig ohne Einwirken des Piloten in den vorgegebenen stationären Geradeaus- oder Kurvenflug zurückzukehren.
Dynamische Stabilität bezeichnet die Fähigkeit des Drachens, die durch statische Stabilität hervorgerufene Rückkehrbewegung zu dämpfen. Der Drachen schaukelt nicht auf.

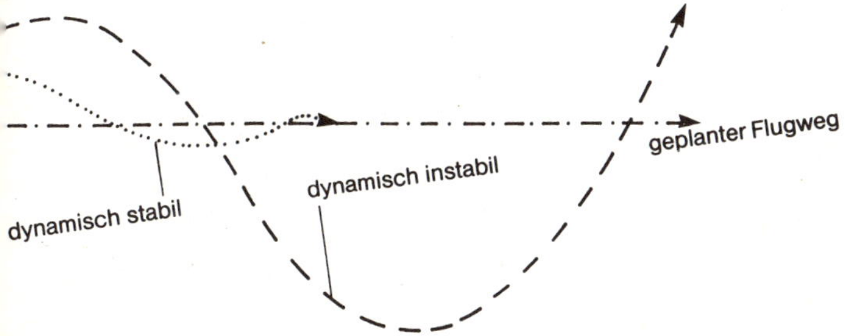

Gierstabilität und Rollstabilität

Die Gierstabilität, auch Richtungsstabilität genannt, sorgt dafür, daß der Drachen nach einer Drehung um die Hochachse in eine Fluglage zurückkehrt, bei der die Luft wieder in Längsrichtung die Segelfläche umströmt.
Der Randwiderstand erhöht die Gierstabilität. Verschiedene Baumerkmale kommen der Gierstabilität zugute:

- hoher Tunnel und Kieltasche
- große Flächenbelastung
- spitzer Nasenwinkel, Pfeilung
- ausgeprägte Schränkung
- Kiellänge des Segels.

Die Rollstabilität, auch Querstabilität genannt, kennzeichnet das Bestreben des Drachens, nach einer Drehung um die Längsachse – etwa beim Kurvenflug – die Tragfläche wieder horizontal zu stellen.

Verschiedene Baumerkmale kommen der Rollstabilität zugute:

- hoher Tunnel
- tiefe Schwerpunktlage des Piloten
- große Flächenbelastung
- ausgeprägte Schränkung
- V-Form.

Bei jedem Kurvenflug vollführt der Drachen gleichzeitig eine Roll- und eine Gierbewegung. Die einzelnen Stabilitätsformen sind einer gegenseitigen Abhängigkeit unterworfen, genannt Koppelung.

Nickstabilität und Pitch-up

Die Nickstabilität, auch Längsstabilität genannt, kennzeichnet das Bestreben des Drachens, nach einer Drehung um die Querachse in seine ursprüngliche Fluglage zurückzukehren. Fehlende Nickstabilität führt zu Flattersturz oder Überschlag. Ursache dafür ist die Verformung des Segels in bestimmten Anstellwinkel- und Geschwindigkeitsbereichen.
Das Rückstellmoment (englisch: Pitch-up), das die Nickstabilität gewährleistet, beruht auf

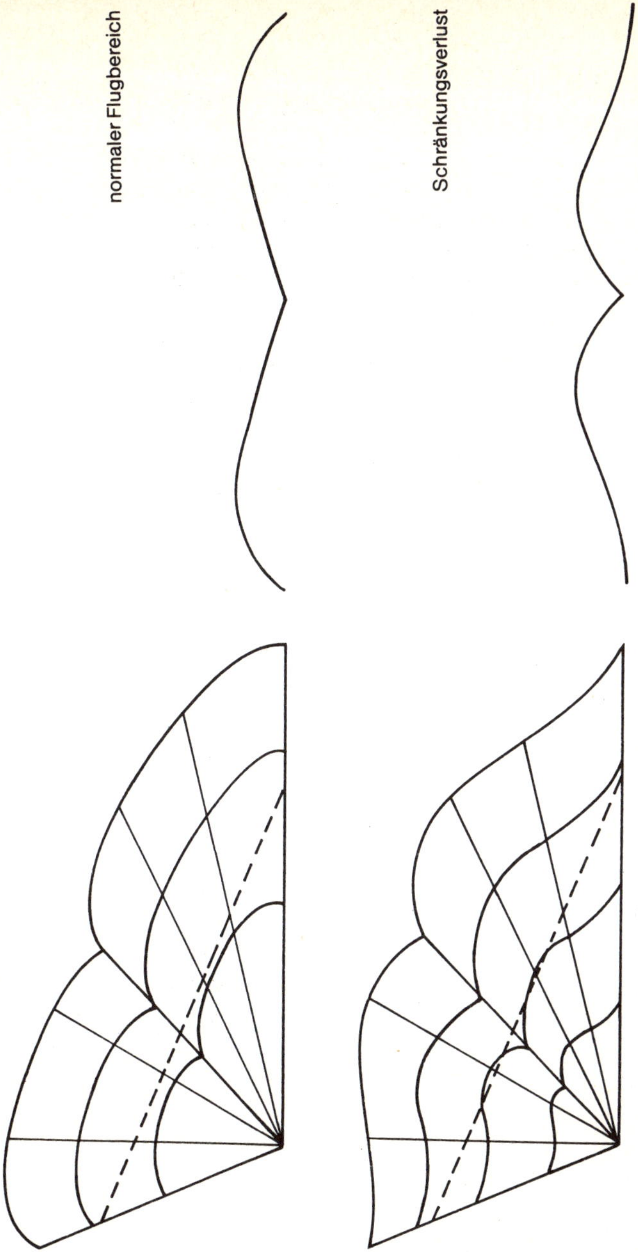
normaler Flugbereich
Schränkungsverlust

- Schränkung und Pfeilung
- Segelabspannung.

Während in der Normalfluglage die Schränkung und damit das Pitch-up bereits durch den Tunnel bestehen, muß in extremen Fluglagen mit Flattersturz- oder Überschlagstendenz die Schränkung durch besondere bauliche Maßnahmen stabilisiert sein. Hauptgefahr droht dadurch, daß in Bereichen mit niedrigen oder gar negativen Anstellwinkeln die Tunnelschränkung durch die frontal oder von oben auftreffende Luft eingedrückt wird.
In diesem Fall sorgt die durch Wingtip oder Swiveltip stabilisierte Schränkung in Verbindung mit der als Hebel wirkenden Pfeilung für eine rückstellende Kraft. Ebenfalls rückstellend wirken Segelabspannung und S-förmig gebogene Segellatten, die einem Höhenleitwerk vergleichbar sind.

Die Polare

Die Geschwindigkeitspolare des Drachens gibt für jeden Geschwindigkeitsbereich den zugehörigen Sinkwert an. Sie muß für jeden Gerätetyp erflogen werden. Das jeweilige Pilotengewicht läßt sich, wenn man die gewichtsbedingte Flügelverformung außer acht läßt, in die Polare einrechnen.

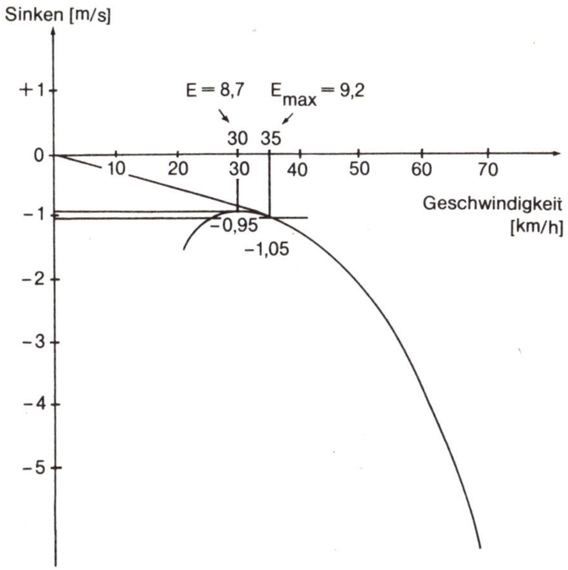

Der höchste Punkt der Polarenkurve bezeichnet den geringsten Sinkwert und die zugehörige Geschwindigkeit. Geringstes Sinken drückt den minimalen Höhenverlust in Metern pro Sekunde aus. Die Geschwindigkeit des geringsten Sinkens liegt nahe der Abreißgeschwindigkeit.

Höher liegt die Geschwindigkeit des besten Gleitens. Sie ermittelt sich anhand der Polare durch Anlegen einer Geraden an die Polarenkurve, ausgehend vom Nullpunkt. Der Berührungspunkt der Geraden mit der Polarenkurve zeigt, bei welcher Geschwin-

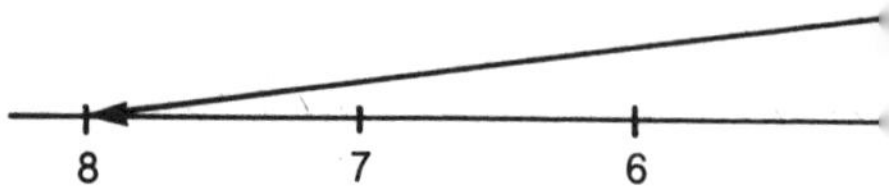

digkeit sich die beste Gleitzahl ergibt und welches Sinken bei dieser Geschwindigkeit besteht.
Gleitzahl bezeichnet das Verhältnis von zurückgelegter Strecke zum Höhenverlust, wobei der Höhenverlust mit der Zahl 1 konstant bleibt. Ein Gerät mit der Gleitzahl von beispielsweise 8 legt mit der Geschwindigkeit des besten Gleitens bei einem Höhenverlust von 100 m eine Strecke von 800 m zurück. Die Gleitzahl entspricht dem Verhältnis von Auftrieb zu Widerstand.

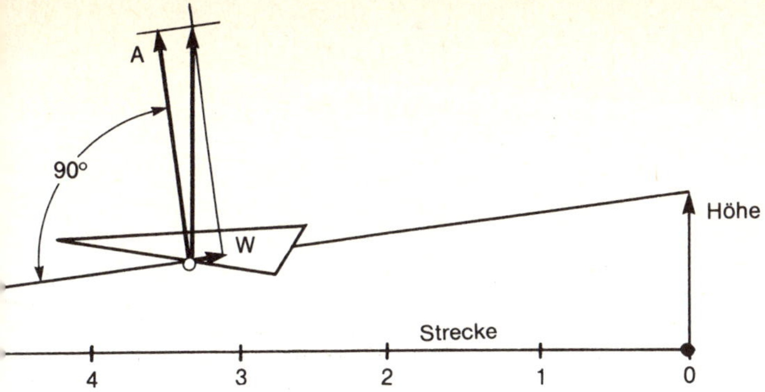

Im Beispiel ist der Auftrieb achtmal größer als der Widerstand. Ermittlung und Interpretation der Polare sowie ihre Anwendung auf die Sollfahrtanzeige (Mac-Cready-Ring) sind im Buch »Drachenfliegen für Meister« ausführlich dargestellt.

$$\textbf{Gleitzahl} = \frac{\textbf{Strecke}}{\textbf{Höhe}} \triangleq \frac{\textbf{Auftrieb}}{\textbf{Widerstand}}$$

Flugtechnik

Der Begriff »Flugtechnik« ist hier weit gefaßt: er reicht von Auf- und Abbau des Drachens über Vorübungen bis hin zu den speziellen Flugfiguren.
Die Fluggeräte für die Ausbildung richten sich nach der körperlichen Konstitution und dem Ausbildungsstand. Die Ausbildung beginnt stets mit gutmütigen Schulungsgeräten. Bis der Schüler Start und Landung sicher beherrscht, sind Steuerbügelräder zu verwenden.
Das Gurtzeug für die Anfängerschulung ist der Hängegurt. Zu Beginn der Ausbildung ist der Gurt so eingestellt, daß der Pilotenkörper fast aufrecht hängt. Mit dem Lernfortschritt des Schülers ist die Position des Piloten durch Änderung der Gurteinstellung schrittweise an die Liegeposition anzugleichen.

Erste Ausbildungsstufe:

Flugvorbereitung

Lernziel: Kennenlernen des Geräts. In der ersten Ausbildungsstufe erfaßt der Schüler die Technik des Geräts und gewinnt Vertrauen in dessen Stabilität und ordnungsgemäßen Zustand. Er beherrscht Auf- und Abbau des Drachens und die Vorflugkontrolle.
Gelände: Ebene Wiesenfläche.
Wind: Null bis mäßig.

Auf- und Abbau des Drachens

Je nach Gerätetyp wechselt die Vorgehensweise. Die Aufbauanleitung des Herstellers ist vorrangig und unbedingt zu beachten. Die nachstehende Reihenfolge hat daher nur Beispielcharakter:

1. Zusammenstecken der Rohre und Aufziehen des Segels
2. Montage des Steuerbügels und Aufsetzen des Turms
3. Montage der oberen und unteren Seilverspannung am Kielrohr, ausgenommen vordere Unterverspannung.
4. Aufstellen des Drachens mit Hilfe des Steuerbügels. Nase nach oben, Enden nach unten und gegen den Wind; Befestigung der vorderen Unterverspannung
5. Herausdrehen des Querrohrs und Ausklappen der Flügelrohre

6. Fixierung von seitlicher Unterverspannung, Querrohr, Flügelrohr und seitlicher Oberverspannung
7. Outrigger, Swiveltips, Segellatten montieren

Beim Aufbau stets beachten:
- Kratz- und Schlagschäden an den Rohren vermeiden.
- Die unverspannten Hauptrohre nicht biegen. Vor dem Aufstellen und Aufklappen den richtigen Verlauf der Seile und Kauschen kontrollieren.
- Nicht das Segel einklemmen.
- Bei einem Widerstand nicht mit Kraft arbeiten, sondern die Ursache beheben.

Abgebaut wird der Drachen in umgekehrter Reihenfolge. Bei Auf- und Abbau ist ständig darauf zu achten, daß der Wind nicht unter das Segel greifen kann. Die Kielstange steht stets parallel zur Windrichtung.

Die Vorflugkontrolle

Die Vorflugkontrolle (auch Check genannt) ist die wichtigste Voraussetzung für einen sicheren Flug. Mit einem nicht ordnungsgemäß überprüften Drachen fallen selbst Meister vom

Himmel. Die meisten Unfälle sind auf Nachlässigkeit bei Aufbau und Vorflugkontrolle zurückzuführen. Schon ein fehlender Splint oder ein verhängtes Seil können zum Absturz führen. Wenn z. B. ein Unterseil durch Knoten oder Schlaufen verkürzt ist, verformt sich das Gestell und dadurch das Segelprofil.

Aufbaucheck

1. **Schraubverbindugnen außen (Kauschen – Schrauben – Splinte)**
2. **Segelsitz, Segelbefestigung, Segellatten, Segelschränkung**
3. **Seilspannung, Seilverlauf, Outrigger**
4. **Schraubverbindungen, Zentrum und Steuerbügel (Kauschen – Schrauben – Splinte)**
5. **Flügelsymmetrie**
6. **Sitz des Gurtzeugs am Körper**
7. **Verbindungen Fallschirm/Gurtzeug und Fallschirm/Karabiner**

Startcheck

1. **Helm und Handschuhe**
2. **Doppelte Aufhängung**
3. **Liegeprobe (Abstand zum Steuerbügel, freier Seillauf, Karabiner verschraubt)**
4. **Windstärke und Windrichtung**
5. **Startstrecke und Luftraum**

Die Vorflugkontrolle wird nach jedem abgeschlossenen Aufbau des Drachens durchgeführt, zusätzlich noch, wenn vor dem Start andere Personen unbeaufsichtigt Zugang zum Drachen hatten; der Startcheck wird vor jedem Start vorgenommen.

Zweite Ausbildungsstufe:

Vorübungen

Lernziel: Gewöhnung an das Gerät. Der Schüler erfährt Trag-, Gleit- und Manövrierfähigkeit des Drachens, gewöhnt sich an das Gerät und gewinnt Vertrauen in dessen Funktionsfähigkeit. Alle Übungen zielen darauf ab, Verkrampfungen zu mindern und das Balancegefühl zu schulen. Laufübungen zunächst ohne Gurtzeug, dann mit Gurtzeug.

Gelände: Zunächst Ebene; später leicht fallend, jedoch mit geringerem Gefälle als Gleitwinkel des Drachens; flacher Auslauf; Laufstrecke ca. 30 m; hindernisfrei.

Wind: Leicht bis mäßig von vorn.

Grundhaltung

Der Drachen wird mit den Schultern im Steuerbügel aufgehoben. Die Arme umfassen von außen die Seitenrohre des Steuerbügels. Die Hände greifen mit vorn anliegenden Handflächen den Steuerbügel möglichst tief an den Seitenrohren und heben ihn an bis zur Straffung der Aufhängestelle. Der Oberkörper ist

aufgerichtet. Die Oberarme stützen den Steuerbügel. Die Steuerbügelbasis befindet sich etwa in Kniehöhe.

Übungen im Stand

Der Schüler dreht den Drachen in verschiedene Richtungen, neigt und hebt die Drachennase, sucht die Windrichtung und die widerstandsarme Position. Der Steuerbügel wird wie bei Start, Landung und Kurvenflug bewegt.

Bügel nach links, Kurve nach rechts
Bügel nach rechts, Kurve nach links

Laufübungen

Aus der Grundhaltung heraus wird der Drachen mit gestrafftem Gurtzeug beschleunigt, bis er sich selbst trägt. Dabei sind die ersten Startschritte verhalten. Sobald das Gerät sich trägt, werden die Schritte kräftig und lang. Durch Drücken und Ziehen des Steuerbügels – stets mit den Händen an den Seitenrohren – werden Anstellwinkel und Geschwindigkeit des Drachens reguliert. Der Drachen soll gleiten.

Beschleunigen

Nur wenn die Gurtseile spannen, kann der Drachen gesteuert werden.

Zum Abbremsen drückt der Pilot den Steuerbügel nach vorn. Dabei hat nicht der Pilot den Drachen zu bremsen, sondern der Drachen den Piloten.

Steuerbügel ziehen – beschleunigen
Steuerbügel drücken – abbremsen

Abbremsen

Dritte Ausbildungsstufe:

Kleine Flüge geradeaus

Lernziel: Starten – Gleiten – Landen. Der Schüler beherrscht den richtigen Anstellwinkel für den Start, die notwendige Startgeschwindigkeit, das Abschätzen und Regulieren der Gleitgeschwindigkeit sowie den sicheren Landevorgang.

Gelände: An der Abhebestelle deutlich abfallend, dann dem Gleitwinkel des Drachens entsprechend; keine besondere Gefährlichkeit bei Fehlstart; ebener Auslauf; hindernisfrei.

Wind: Leicht bis mäßig von vorn.

Start

Der Anstellwinkel bei der Grundhaltung richtet sich nach der Neigung der Startstrecke. Die Beschleunigung erfolgt wie bei der

Laufübung. Die Startgeschwindigkeit ist erreicht, wenn der Drachen den Piloten vom Boden hebt und die letzten Laufschritte quasi in der Luft erfolgen. Ein leichtes Drücken des Steuerbügels kann das Abheben unterstützen; der entstehende Geschwindigkeitsverlust muß sofort nach dem Abheben durch leichtes Ziehen des Steuerbügels wieder ausgeglichen werden, um ein Aushungern zu verhindern.
Erst wenn der Pilot sicheren Abstand vom Boden hat, kann er auf die Steuerbügelbasis umgreifen.

Geradeausflug

Unmittelbar nach dem Abheben beschleunigt der Pilot den Drachen auf die Gleitgeschwindigkeit und behält diese durch Abhören der Windgeräusche kontinuierlich bis zur Landung bei. Weicht das Gerät seitlich vom geraden Flugkurs ab oder verringert bzw. erhöht es seine Geschwindigkeit, korrigiert der Pilot die Abweichungen durch seitliches Verschieben oder Ziehen/ Drücken des Steuerbügels.

Steuerbügel kurz nach links	=	**Rechtskorrektur**
Steuerbügel kurz nach rechts	=	**Linkskorrektur**
Steuerbügel drücken oder ziehen	=	**Geschwindigkeits-korrektur**

Landung

Die Landung erfolgt wie der Start gegen den Wind. Es gilt, Grund- und Sinkgeschwindigkeit des Drachens unmittelbar über dem Boden auf Null herabzusetzen. Zu diesem Zweck wird die Bewegungsenergie verbraucht, und zwar dadurch, daß der Pilot den Drachen ohne Höhenverlust in minimalem und konstantem Bodenabstand ausgleiten läßt. Kurz vor dem Strömungsabriß mangels Geschwindigkeit erhöht der Pilot durch kräftiges Drükken des Steuerbügels den Widerstand so sehr, daß die Restgeschwindigkeit schlagartig verzehrt wird und der Drachen zum Stillstand kommt (stehende Landung). Falls der Pilot den Steuerbügel zu früh nach vorn drückt, sorgt die Restgeschwindigkeit in Verbindung mit der Vergrößerung des Anstellwinkels für ein unerwünschtes Steigen des Drachens, häufige Folge ist eine Crash-Landung. Drückt der Pilot zu spät, so läßt sich der zum Abbremsen erforderliche Widerstand nicht mehr aufbauen, der Pilot muß bei der Landung mitlaufen.
Zur Erleichterung der Landung greift der Pilot im Endanflug an die Steuerbügelseitenrohre und richtet sich auf. Die Widerstandserhöhung vergrößert das Sinken, führt aber gleichzeitig zur Geschwindigkeitsminderung mit Gefahr des Aushungerns. Dem wirkt der Pilot bis zum Ausgleiten durch Ziehen des Steuerbügels entgegen.

Start und Landung mit Ski

Aus der Grundhaltung heraus beschleunigt der Pilot den bereits schwebenden Drachen (straffe Sitzseile) stetig über die Startgeschwindigkeit hinaus bis zur Gleitgeschwindigkeit, ohne daß die Ski dabei abheben. Der Übergang in die Flugphase erfolgt durch leichtes Drücken des Steuerbügels mit unmittelbar anschließendem sanften Ziehen. Bei der Landung benützt der Pilot seine Ski wie ein Flugzeugfahrgestell und gleitet darauf aus.

Vierte Ausbildungsstufe:

Kurvenflug und Fliegen bei Wind

Lernziel: Ausgeprägte Kurven in beide Richtungen bis 90 Grad. Der Schüler beherrscht die richtige Schräglage und Fluggeschwindigkeit für Einleiten, Durchführen und Ausleiten der Kurve. Er ist in der Lage, bei wechselnden Windverhältnissen zu starten und zu landen und den geplanten Flugkurs beizubehalten.

Gelände: Grundsätzlich wie bei der dritten Ausbildungsstufe, jedoch muß die erreichte Flughöhe auch mangelhaft geflogene Kurven ohne Bodenberührung erlauben.

Wind: Zunächst leicht bis mäßig von vorn, dann stärkerer Gegenwind und leichter Seitenwind.

Kurventechnik

1. Vor Einleiten der Kurve Drachen leicht beschleunigen.
2. Steuerbügel entgegen der gewünschten Kurvenrichtung seitlich verschieben.
3. Körper nachschwingen lassen bis zur Steuerbügelmitte.
4. Zum Abbrechen der Kurve den Steuerbügel zum Kurvenzentrum hin verschieben.
5. Abschließend den Steuerbügel in Geradeausflugposition zurückführen.

Nicht den Körper biegen oder drehen. Der Körper bleibt gestreckt und parallel zum Kielrohr.

Während des gesamten Kurvenflugs die Geschwindigkeit sorgfältig kontrollieren

S-Kurve

Beim Passieren der mit dem Lehrer abgesprochenen Punkte fliegt der Schüler weite Kurven in S-Form.

◁ *Testflug*

Vorsicht, Höhenverlust!
Das Kurven in Bodennähe rechtzeitig beenden.
Landeanflug stets geradeaus.

Die S-Kurven sollen mit zunehmender Höhe immer weiter ausgeflogen werden, bis sie den Kurvenwinkel von mindestens 90 Grad erreichen. Der Landepunkt ist zu markieren und der Schüler frühzeitig zu Landeeinteilung und Punktlandung zu erziehen.

Fliegen bei Gegenwind

Gegenwind hat auf die Bestimmung des Steuerkurses keinen Einfluß. Er verringert die Geschwindigkeit über Grund. Beispiel: 30 km/h Eigengeschwindigkeit bei Gegenwind von 20 km/h ergeben 10 km/h Geschwindigkeit über Grund.
Die Starttechnik bei stärkerem Gegenwind bleibt im wesentlichen unverändert. Der Anlaufweg verkürzt sich und das Abheben erfolgt zu einem früheren Zeitpunkt. Es besteht die Gefahr einer unbeabsichtigten Vergrößerung des Anstellwinkels, daher ist der Anstellwinkel besonders zu stabilisieren. Hat der Pilot vor dem Start Schwierigkeiten, sein Gerät zu kontrollieren, dann sichert ein Helfer das Gerät, indem er die vordere Unterverspannung festhält.
Beim Flug mit Gegenwind ist die Verkürzung der Flugstrecke in die Flugplanung und in die Landeeinteilung einzubeziehen.
Bei der Landung verkürzt sich die Ausgleitphase, bei stärkerem Gegenwind fehlt sie völlig. Das Drücken des Steuerbügels in der letzten Landephase erfolgt in abgeschwächter Form entsprechend der Stärke des Gegenwindes. Unmittelbar nach der Landung setzt der Pilot die Drachennase gegen den Wind auf den Boden und hängt sich sofort aus.

Fliegen bei Seitenwind

Die Abweichung der Windrichtung gegenüber der normalen Anlaufstrecke soll nicht größer als 45 Grad sein, wobei sich dieser Abweichungswinkel mit Erhöhung der Windgeschwindigkeit weiter verkleinert. Die Anlaufstrecke führt senkrecht vom Hang weg, nicht schräg am Hang.
Bereits beim Start versucht der Wind unter die ihm zugekehrte Segelfläche zu greifen; ein ungewolltes »Aus-dem-Wind-Drehen« wird dadurch vermieden, daß der Pilot bei den ersten Startschritten die Nase des Drachens um die Hochachse leicht gegen den Wind dreht und dann – sobald der Drachen sich trägt – wie zur Einleitung einer leichten Kurve gegensteuert.
Während des Fluges wird der Drachen vom Seitenwind in die vom Wind entgegengesetzte Richtung versetzt; diesen Vorgang nennt man Abdrift. Um sie auszugleichen, stellt der Pilot die

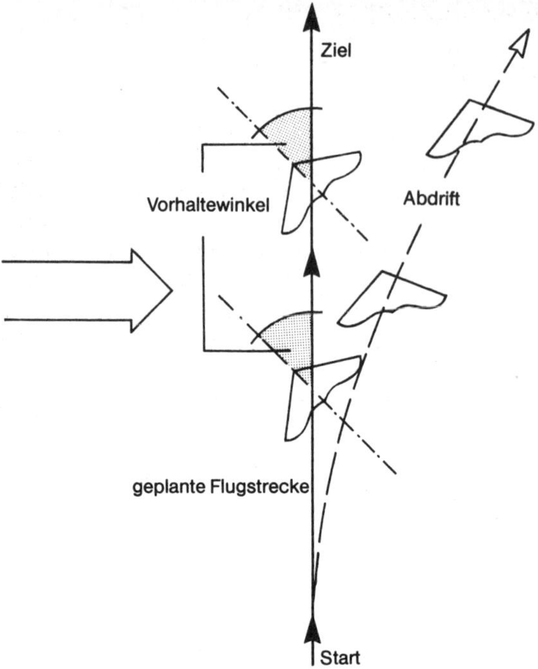

Längsachse seines Drachens so, als ob er einen gegenüber dem tatsächlichen Zielpunkt in Windrichtung versetzten Zielpunkt ansteuern würde (Vorhalten). Der Winkel zwischen Hilfszielpunkt, Drachenposition und Zielpunkt heißt Vorhaltewinkel. Er resultiert aus Eigengeschwindigkeit, Windgeschwindigkeit und Windrichtung.

Rückenwind

Rückenwind erhöht die Geschwindigkeit über Grund. Beispiel: 30 km/h Eigengeschwindigkeit plus 20 km/h Rückenwind ergeben 50 km/h Geschwindigkeit über Grund.

Kein Start bei Rückenwind!
Keine Landung bei Rückenwind!

Fünfte Ausbildungsstufe:

Höhenflüge

Lernziel: Der Schüler ist an große Höhe über Grund gewöhnt. Er kann die Eigengeschwindigkeit in jeder Höhe abschätzen, ohne auf optische Bezugspunkte angewiesen zu sein. Er beherrscht Vollkreis und Achter in flüssiger, gleichmäßiger und geschlossener Form mit nur geringem Höhenverlust. Seiner Landung im Zielkreis geht eine korrekte Landeeinteilung voraus.

Gelände: Die Flugfiguren Achter und Vollkreis und der vollständige Landeanflug müssen unter Beachtung der Sicherheitshöhen durchführbar sein; Startplatz wie bei früheren Ausbildungsstufen; überflogenes Gebiet turbulenzfrei, frei von knapp zu überfliegenden Hindernissen und mit Notlandemöglichkeiten; Landeplatz hindernisfrei, groß, eben, Außenlandemöglichkeiten.

Wind: Zunächst leicht bis mäßig von vorn, später wechselnde Bedingungen.

Kehre

Die Kurve um 180 Grad (Kehre) ist die erste »Flugfigur«. Sie bildet die Grundlage für Achter und Vollkreis. Es wird dieselbe Kurventechnik angewandt, wie in der vierten Ausbildungsstufe dargestellt, mit der Abweichung, daß der Körper für einen längeren Kurvenweg in der Steuerbügelmittel bleibt. Das Ausleiten der Kehre muß bereits nach zwei Drittel des Wendebogens beginnen. Bei der Wende vor einem Hindernis muß eine Abstandsreserve gewahrt sein, da Wind und andere Einflüsse den Umkehrpunkt verschieben.

Achter

Der Achter ist notwendige Vorstufe zum Vollkreis. In der Geradeausflugphase zwischen den Schleifen korrigiert der Pilot die Geschwindigkeit und leitet die folgende Schleife erst ein, wenn sämtliche Pendel- und Drehbewegungen abgeklungen sind. Die ersten Achter werden langgezogen geflogen mit weiten Geradeausflugphasen. Die einzelnen Achterschleifen sollten gleichmäßig gerundet sein und dieselbe Größe haben.

Vollkreis

Saubere Achter sind Voraussetzung. Zunächst fliegt der Pilot nur einen einzelnen Vollkreis und geht anschließend in den Geradeausflug über, um Schwindelgefühlen und Geschwindigkeitsfehlern vorzubeugen. Der Vollkreis ist mit konstantem Radius und konstanter Geschwindigkeit zu fliegen. Im Zweifel bricht der Pilot die Kurve sofort ab. Zur Vermeidung von Schwindelgefühlen und zur sicheren Orientierung haftet der Blick am Innenflügel.

Landeeinteilung

Ausgangsstufe für die Landeeinteilung ist die **Position.** Dort wird die Gesamthöhe üblicherweise in Vollkreisen so weit abgebaut, daß noch genügend Höhe für den nachfolgenden Gegen-, Quer- und Endanflug verbleibt. Die Position liegt im Landeplatzbereich, und zwar – in Windrichtung gesehen – seitlich vom Landepunkt.

Aus der Position beginnt der **Gegenanflug.** Der Pilot erhöht seine Geschwindigkeit geringfügig, um den Flugkurs gegen überraschende Bodenturbulenzen zu sichern. Der Pilot hat den Wind im Rücken. Der Kurs ist geradlinig, wie auch beim folgenden Quer- und Endanflug.

Der **Queranflug** ist das Verbindungsstück zwischen Gegen- und Endanflug. Zwischen den genannten Flugphasen liegen im Idealfall jeweils 90-Grad-Kurven. Der Wind kommt von der Seite. Der Queranflug dient der Feinregulierung der Resthöhe für die letzte Phase, den Endanflug. Diese Feinregulierung erfolgt durch Verkürzen oder durch stärkeres Ausfliegen der beiden Kurven oder durch Veränderung der Kurvenwinkel. Die Kurven dürfen nicht steil geflogen werden, und es ist auf sicheren Boden- und Hindernisabstand zu achten.

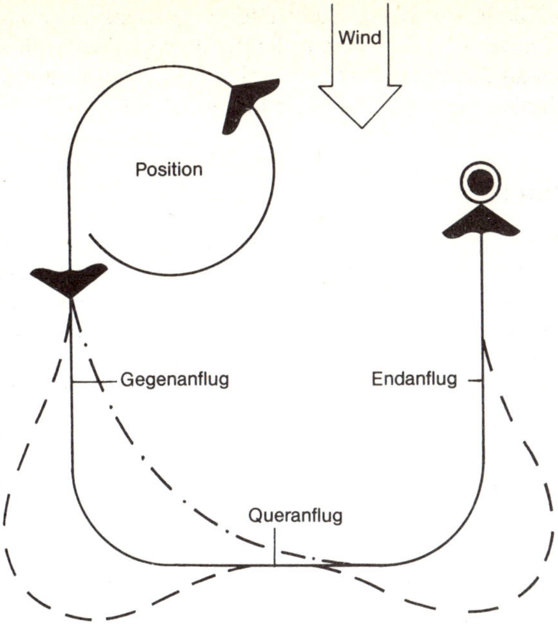

Der **Endanflug** als letzte Anflugphase erfolgt stets gegen den Wind und ist wegen Bodennähe und Bodenturbulenzen besonders kritisch. Daher ist bis zum Ausschweben die erhöhte Geschwindigkeit beizubehalten, und Kurs- und Geschwindigkeitsänderungen sind auf solche Korrekturen zu beschränken, die sicherheitsmäßig unvermeidbar sind; kein »Wellenflug« und kein »Heranschlängeln« zwecks Abbau der Resthöhe.

Keine Steilkurven in Bodennähe!

Sechste Ausbildungsstufe:

Besondere Flugsituationen

Lernziel: Der Schüler kennt den Geschwindigkeits- und Manövrierbereich seines Fluggerätes und beherrscht ihn. Er vertraut darauf, auch unvorhergesehene und kritische Situationen fliegerisch zu bewältigen.

Gelände: Wie für die fünfte Ausbildungsstufe, jedoch mit größerer Sicherheitshöhe.

Wind: Windstille oder leichter Wind; turbulenzfrei.

Schnellflug

Der Pilot beschleunigt das Gerät durch langsames, gleichmäßiges und andauerndes Ziehen des Steuerbügels, bis das aufrichtende Moment mit deutlicher Kraft am Steuerbügel entgegenwirkt.
Achtung! Falls das aufrichtende Moment mit Erhöhung der Geschwindigkeit sich nicht steigert oder gar ausbleibt, dann ist der Schnellflug sofort in den normalen Gleitflug überzuleiten.
In der anschließenden Schnellflugphase mit konstanter, also nicht weiter zunehmender Geschwindigkeit, achtet der Pilot darauf, daß das Gerät nicht in Schwankungen um die Querachse (sogenanntes Aufschaukeln oder Pumpen) gerät und daß keine Schlingerbewegungen (Gieren) auftreten.

Im Schnellflug keine starken Steuerbügelausschläge

Zur Beendigung des Schnellfluges und zur Überleitung in den Gleitflug führt der Pilot den Steuerbügel in feindosierter Bewegung zurück in die Normalstellung.

Langsamflug

Aus dem normalen Gleitflug führt der Pilot den Steuerbügel langsam und vorsichtig nach vorn, bis die Windgeräusche nachlassen und der Steuerdruck schwächer wird.

Keinesfalls den Steuerbügel voll drücken

Während der Langsamflugphase ist das Gerät in seiner Manövrierfähigkeit träge und anfällig für Turbulenzen. Seitliche Korrekturen erfordern weite Steuerbügelausschläge.

Beendet wird der Langsamflug durch Ziehen des Steuerbügels über die Normalstellung hinaus. Dies hat jedoch zu unterbleiben, wenn das Gerät zuvor ohne Zutun des Piloten die Nase gesenkt hat und Fahrt aufnimmt.
Weitere Einzelheiten ergeben sich aus dem Kapitel Gefahreneinweisung.

Kurven mit kleinem Radius

Die Kehre (englisch: turn) ist eine schnelle Richtungsänderung in engem Raum. Sie ermöglicht das Ausweichen vor einem überraschenden Hindernis. Die Flugtechnik weicht von der normalen Kurventechnik ab:

1. Vor Einleiten der Kurve den Drachen auf erhöhte Geschwindigkeit beschleunigen.
2. Steuerbügel entgegen der gewünschten Kurvenrichtung seitlich verschieben und unmittelbar danach drücken.
3. Körper nachschwingen lassen bis zur Steuerbügelmitte.
4. Zum Ausleiten Steuerbügel ziehen und gleichzeitig zum Kurvenzentrum hin verschieben.

Der enge Vollkreis wird eingeleitet wie die enge Kehre. Der Körper bleibt jedoch in der Steuerbügelmitte und der Bügel in vorderer Stellung. Dabei sorgt der gedrückte Steuerbügel gleichzeitig für Regulierung der Geschwindigkeit und der Schräglage. Das Ausleiten erfolgt wiederum wie bei der 180-Grad-Kurve.

Achtung! Bei Zuziehen der Kurve sofort ausleiten

Allgemeine Vorsichtsregeln für enge Kurven:

- Stets genügend Geschwindigkeit halten. Vorsicht vor einseitigem Strömungsabriß.
- Erheblichen Höhenverlust berücksichtigen.

- Keine engen Kurven in Bodennähe.
- Bei Schwindelgefühl oder Orientierungsschwierigkeit sofort abbrechen.
- Keine eckigen Steuer- und Flugbewegungen.
- Beim Erlernen die Schräglage nur schrittweise steigern.

Siebte Ausbildungsstufe:

Hang- und Thermikflug

Lernziel: Der Pilot ist in der Lage, Hangaufwind und Thermik gezielt zu nutzen.
Gelände: Wie bei der sechsten Ausbildungsstufe.
Wind: Möglichst Hangaufwind und möglichst Thermik; turbulenzarm.

Fliegen am Hang

Voraussetzungen sind die genaue Kenntnis der Ausweichregeln und der Hangflugregeln und das umfassende Beherrschen des Fluggeräts.
Das wichtigste Flugmanöver am Hang ist die Kehre, die je nach Aufwindsituation weiter oder enger, jedenfalls ohne überflüssigen Höhenverlust, durchgeführt wird.

Folgender Ablauf:
1. Vor dem Einleiten vergewissert sich der Pilot, daß der Luftraum hinter ihm frei ist.
2. Die Kurve führt stets vom Hang weg.

3. Während der Kurve die Eigengeschwindigkeit konstant halten, nicht von der Geschwindigkeit über Grund täuschen lassen!
4. Beim Ausleiten allmählich an den Hang zurückdriften, dabei die Drachennase nie gegen den Hang richten.

Nie zum Hang kurven

Allgemein ist zu beachten:

- Die Kurve am Hang erfolgt normalerweise dort, wo starker Aufwind herrscht.
- Der Hangabstand muß so groß sein, daß auch bei überraschenden Turbulenzen (seitliches Versetzen und Höhenverlust) nicht die Gefahr einer Hang- oder Hindernisberührung entsteht.
- Normalerweise gilt bis zur Gipfelhöhe die Geschwindigkeit des besten Gleitens, darüber die des geringsten Sinkens.
- In unmittelbarer Hangnähe ist stets mit Bodenturbulenzen zu rechnen.
- Die Abbremsung der Windgeschwindigkeit durch Bodenreibung läßt das Fluggerät in Hangnähe zum Hang kurven.
- Bei Übersteigen der Gipfelhöhe nicht ins Lee fliegen und nicht ins Lee treiben lassen.
- Sind mehrere Piloten im gleichen Aufwindbereich, hat jeder jeden im Blick zu behalten.

Vorsicht – Rücksicht – Im Zweifel weg vom Hang

Fliegen in der Thermik

Das Thermikfliegen stellt dieselben Voraussetzungen an den Piloten wie das Fliegen am Hang. Allerdings sollte der Pilot über ein noch größeres Maß an Flugerfahrung verfügen. Zunächst ist die Kreistechnik so weit zu verfeinern, daß der Pilot mehrere Vollkreise nacheinander mit gleichbleibender Schräglage und konstanter Geschwindigkeit fliegen kann. Die Kreise sind rund und geschlossen. Für Beurteilung und Korrektur löst sich der

Pilot von den optischen Bezugspunkten am Boden und arbeitet mit Variometer und Fahrtmesser.

Nächster Schritt ist das Fliegen aneinandergehängter Kreise, jedoch mit versetztem Kreiszentrum. Dies bedingt elliptische Kreisformen, jedoch nicht zufällig, sondern in die bewußt angesteuerte Richtung. Nach diesen beiden Vorstufen folgt die Technik des Zentrierens gemäß den nachstehenden Faustregeln (nach Reichmann):

- Das Steigen nimmt zu – flacher kreisen.
- Das Steigen nimmt ab – steiler kreisen.
- Das Steigen bleibt gleich – gleichbleibende Schräglage.
- Alle Kurven und Kreise in derselben Drehrichtung.

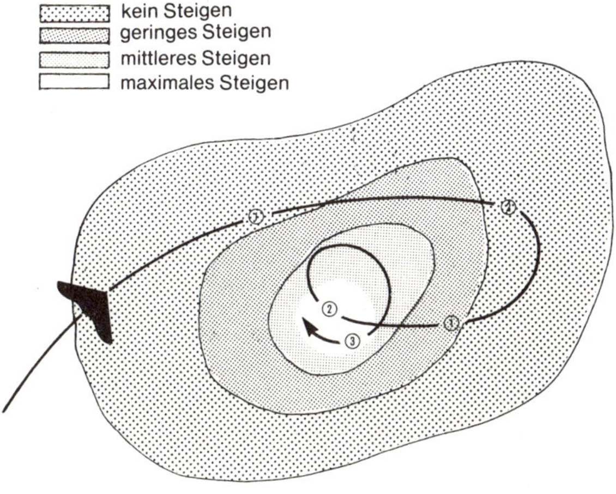

Allgemein ist zu beachten:

- Einseitiger Flügelheber kann auf dieser Seite Thermik bedeuten; aber auch bloße Turbulenz.
- Im Randbereich der Thermik herrscht Turbulenz und die Steuerungsfähigkeit der Geräte ist beeinträchtigt. Daher Geschwindigkeit erhöhen und Abstände vergrößern.
- Das Auf und Ab im Thermikgebiet verändert die Höhenabstände. Vorsicht auf vertikale Kollisionsgefahr.
- Beim Aufstieg in der Thermik Abstand zur Wolkenbasis wahren; notfalls auf kürzestem Weg die Thermik verlassen.

Vorsicht – Umsicht – Im Zweifel raus aus der Thermik
Nie in die Wolken ziehen lassen

Gefahreneinweisung

Im normalen Flugzustand – und viele Piloten kennen trotz jahrelanger Flugerfahrung nur diesen normalen Flugzustand – treten keine Probleme auf. Nur bei Flugfehlern oder bei extremen Windverhältnissen, die der Pilot nicht rechtzeitig erkennt, kann das Gerät in einen ungewöhnlichen Flugzustand geraten, der den Piloten überrascht und von ihm ungewohnte Korrekturen verlangt. Meist geht die Hauptgefahr nicht von der Flugsituation selbst aus, sondern vom panikartigen Fehlverhalten des Betroffenen, der sich hilflos unbekannten Kräften ausgeliefert fühlt. Diese Kräfte sichtbar zu machen, Zusammenhänge und Ursachen aufzuzeigen, Korrekturen vorzuschlagen – kurz gesagt, den Piloten auf die ihm fremden Situationen vorzubereiten –, ist Aufgabe dieses Kapitels.

Geschwindigkeit ist Sicherheit

Der Grundsatz, im Zweifelsfall die Geschwindigkeit zu erhöhen, gilt gleichermaßen für die Vermeidung von gefährlichen Flugsituationen wie für deren Korrektur (Ausnahmen: beschleunigte Flugzustände oder Bodennähe). Es erfordert psychische Überwindung, den Drachen zu beschleunigen anstatt ihn entsprechend der natürlichen Reaktion abzubremsen.
Unverkrampfte Armhaltung, offene Ohren und kritische Analyse aller Anzeichen sind die Voraussetzungen, um Gefahrensituationen frühzeitig zu erkennen und rechtzeitig zu korrigieren.

Langsamflug

Die Eigengeschwindigkeit des Drachens liegt knapp oberhalb der Mindestgeschwindigkeit. Der Pilot erkennt den Langsamflug daran, daß

- die Windgeräusche nachlassen

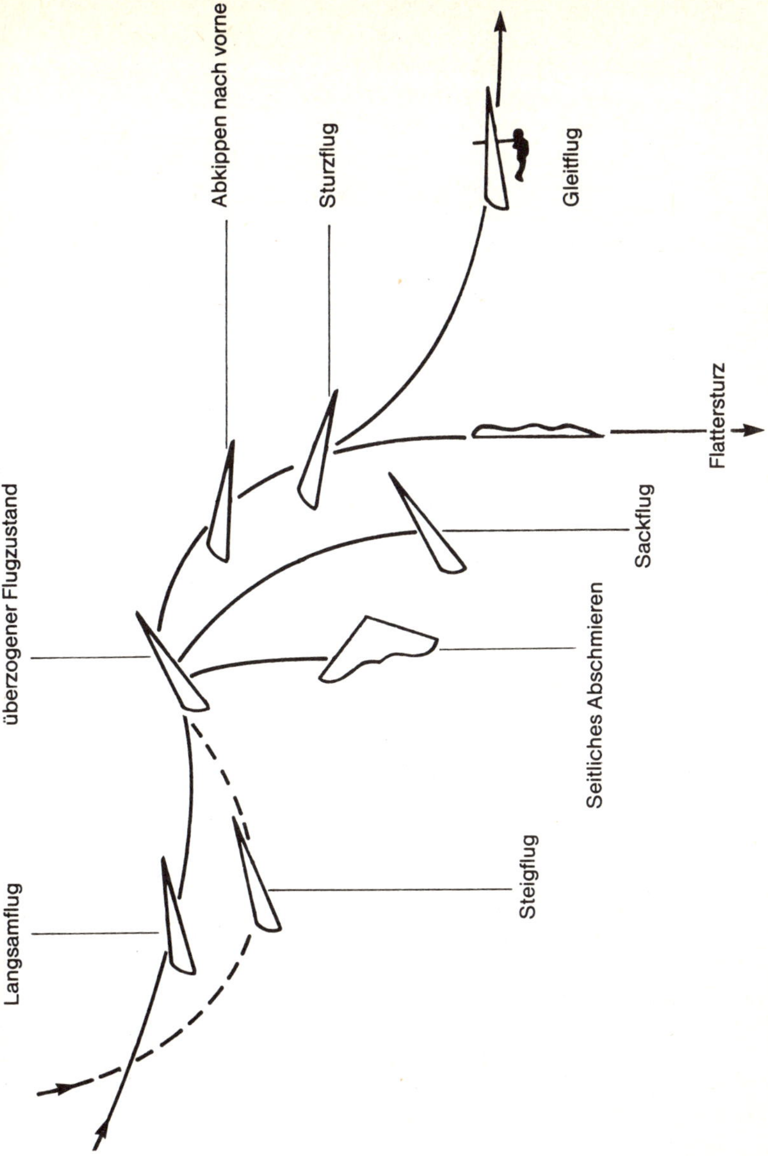

Langsamflug
Steigflug
überzogener Flugzustand
Seitliches Abschmieren
Sackflug
Abkippen nach vorne
Sturzflug
Flattersturz
Gleitflug

- der Steuerdruck schwächer wird
- der Drachen mehr Höhe verliert als im Gleitflug.

Die möglichen Ursachen sind weitgestreut. Neben Flugfehlern kommen wechselnde Windverhältnisse und Mängel des Drachens in Betracht, insbesondere

- nach dem Start wurde die Beschleunigung von der Start- auf die Gleitgeschwindigkeit vergessen
- der Anstellwinkel ist zu groß, z. B. weil der Pilot irrtümlich glaubt, dadurch länger in der Luft bleiben und Höhe halten zu können
- plötzliches Einsetzen von Rückenwind oder Nachlassen von Gegenwind vermindern die Eigengeschwindigkeit, besonders beim Start
- Einfliegen in ein Aufwindgebiet vergrößert den Anstellwinkel
- der Drachen ist hecklastig getrimmt
- die Drachenkonstruktion sieht Outrigger vor, diese fehlen oder sind falsch gespannt.

Der Pilot muß sich darauf einstellen, daß der Drachen

- bei weiterer Verlangsamung in den überzogenen Flugzustand gerät
- seitenwindanfällig wird (Driften, Abschmieren)
- durch den Höhenverlust der Flug- und Landeplan nicht eingehalten werden kann.

Zur Korrektur beschleunigt der Pilot den Drachen:

Steuerbügel ziehen

Aushungern

Die Mindestgeschwindigkeit ist unterschritten, Strömung abgerissen, der Auftrieb zusammengebrochen. Das Aushungern – englisch »stall« oder mißverständlich »Überziehen« – macht sich bemerkbar durch

- völlige oder fast völlige Geräuschlosigkeit
- fehlenden Steuerdruck, der Steuerbügel wird »lappig«.

Vorstufen können sowohl Langsamflug als auch Steigflug sein.

Der Ursachenkatalog des Langsamflugs gilt ebenso für den überzogenen Flugzustand, jedoch mit der Ergänzung:

- Der Pilot reagiert auf den Höhenverlust beim Langsamflug mit »Drücken« statt mit »Ziehen«.

Der Pilot muß damit rechnen, daß der Drachen

- nach vorne abkippt (häufig)
- nach den Seiten abkippt und anschließend abschmiert (selten)
- in hohem Maße windanfällig ist
- sich kaum noch manövrieren läßt
- bei der anschließenden Korrektur erheblich an Höhe verliert.

Die Korrekturmaßnahme richtet sich entscheidend nach dem zur Verfügung stehenden Bodenabstand. Bei einem Bodenabstand von ca. 10 m und mehr: Um das Risiko weiterer aus dem Überziehen entstehenden Gefahrensituationen zuverlässig auszuschließen, sofort den Drachen beschleunigen; nicht abwarten, bis er nach vorne abkippt.

Steuerbügel ziehen

Dagegen in Bodennähe: Sackflug und Fallschirmlandung einleiten:

Steuerbügel voll drücken

Abkippen nach vorne

Der Drachen senkt in rascher Drehung um die Querachse die Nase; genauer gesagt, der Pilot zieht sie durch sein eigenes Körpergewicht nach unten.
Vorstufe ist immer der überzogene Flugzustand. Rücken- und Fallwind begünstigen das Abkippen. Der Pilot muß sich einstellen auf

- Sturzflug
- erheblichen Höhenverlust.

Sein Verhalten wird wiederum vom Bodenabstand bestimmt. Bei einem Bodenabstand von ca. 10 m und mehr nimmt der Pilot die Kippbewegung hin, um im Sturzflug den Drachen zu beschleunigen:

Steuerbügel in Normalstellung

In Bodennähe Sackflug und Fallschirmlandung einleiten:

Steuerbügel voll drücken

Sturzflug

In einem steilen Winkel schießt der Drachen nach unten. Am Segel liegt Strömung an. Der Pilot erkennt den Sturzflug
- an den lauten Wind- und Segelgeräuschen
- an dem mit steigender Geschwindigkeit ständig wachsenden Steuerdruck.

Der Sturzflug schließt sich unmittelbar an das Abkippen infolge des Aushungerns an.
Negative Folgen sind
- rascher Höhenverlust
- schlimmstenfalls Übergang in den Flattersturz (mangelhaftes Gerät) mit nachlassendem Steuerdruck.

Bei der Korrektur gilt es, den Drachen in Normalfluglage und Gleitgeschwindigkeit zu bringen.
Der Drachen fängt ab, wenn sein aufrichtendes Moment wirkt, etwa ab Gleitgeschwindigkeit. Bis zu diesem Zeitpunkt:

Steuerbügel ungefähr in Normalstellung

Beim Abfangen sorgt der Pilot durch feindosierte Bügelbewegungen für einen stufenlosen, ruckfreien »glatten« Übergang in die Gleitphase, ohne den Drachen einer hohen Materialbelastung auszusetzen (Zentrifugalkraft) oder ihn nach dem Abfangen erneut auszuhungern, im Extremfall mit Gefahr des Abschmierens nach hinten.

Die Bügelführung ist von Stärke und Einsatz des aufrichtenden Moments und damit vom Gerätetyp abhängig:

1. **Zunächst: Steuerbügel drücken, und zwar so weit, daß der Drachen sich zügig, aber nicht ruckartig aufrichtet, und so lange, bis der Gleitflug-Anstellwinkel fast erreicht ist.**
2. **Bei eventuellem Fahrtüberschuß dem Steigflug entgegenwirken: Steuerbügel ziehen.**
3. **Abschließend: Steuerbügel in Normalstellung.**

Achtung! Wird der Drachen trotz Drücken des Steuerbügels mit steigender Geschwindigkeit kopflastig (Fehler am Gerät oder extreme Turbulenzen), besteht Flattersturz- oder Überschlagsgefahr:

Sofort Rettungsgerät auslösen

Steigflug

Der Drachen setzt überschüssige Geschwindigkeit (kinetische Energie) in Höhe (potentielle Energie) um. Aus der Sicht der Aerodynamik unterscheidet sich der Steigflug grundsätzlich vom aufwindbedingten »Steigen«.
Der Steigflug entsteht beim Überleiten einer Beschleunigungsphase (insbesondere Sturzflug) in den Gleitflug.
Flugtechnisch verursacht wird er durch fehlerhaftes Abfangen:

- Das Abfangmanöver erfolgte zu spät; der Drachen hat erheblich über seine Gleitgeschwindigkeit hinaus beschleunigt.
- Der Übergang vollzog sich nicht weich und glatt, sondern ruckartig; Steuerbügel zu weit gedrückt.
- Der Pilot hat den Steigflug nicht durch frühzeitiges Ziehen des Steuerbügels verhindert.

Der Steigflug führt zunächst zum Aushungern, anschließend in Einzelfällen – darin liegt die besondere Gefährlichkeit – zum Abschmieren nach hinten.
Die Korrektur zielt darauf ab, das Aushungern zu vermeiden:

Steuerbügel ziehen

Abschmieren nach hinten

Die Nase hoch aufgerichtet, rutscht der Drachen nach hinten ab, anstatt nach vorne oder seitlich abzukippen. Die Strömung verläuft von hinten nach vorne.
Vorstufen sind nacheinander: Sturzflug, Abfangen, steiler Steigflug und Aushungern in extremer Form, als »Männchen« bezeichnet.
Im anschließenden und unkontrollierbaren Flugzustand wird der Drachen

- seitlich abkippen
- nach vorn abkippen und in den Sturzflug übergehen
- nach vorn abkippen und sich überschlagen, »Tuck«.

Sofort Rettungsgerät auslösen

Seitliches Abkippen

Die Strömung reißt einseitig ab; ein Flügel kippt ungesteuert; der Drachen gerät in Schräglage.
Vorstufen sind Langsamflug, Aushungern oder Sackflug.
Die unmittelbaren Ursachen sind größtenteils wind- und materialbedingt:

- Seitenwind bei zu geringer Eigengeschwindigkeit
- unkontrollierte Schlingerbewegung im Langsamflug oder Sackflug
- starke Turbulenzen, insbesondere Seitenwalze
- gestörte Flügelsymmetrie.

Es besteht die akute Gefahr, daß der Drachen

- abschmiert
- gegen den Hang oder ein anderes Hindernis einkurvt
- beim Landeanflug einseitig den Boden berührt.

Die Korrektur muß augenblicklich erfolgen.
Bei ausreichendem Bodenabstand:

Steuerbügel in diagonaler Bewegung gleichzeitig
– ziehen und
– in die Abkipprichtung schieben

In unmittelbarer Bodennähe gilt es, eine einseitige Bodenberührung zu vermeiden:

Steuerbügel in die Abkipprichtung schieben

Seitliches Abschmieren

Der Drachen rutscht seitlich in Richtung des Querrohrs über den hängenden Flügel ab. Die Strömungsrichtung verläuft mit der Querachse. Der Pilot erkennt die Abschmierbewegung daran, daß

- der Körper in die Gegenrichtung ausschwingt
- das Gerät stark an Höhe verliert.

Abschmieren ist das Ergebnis entweder

- des seitlichen Abkippens und dessen Ursachen oder
- einer falsch geflogenen Kurve: zuwenig Geschwindigkeit im Verhältnis zum Kurvenradius und Schräglage.

Normalerweise dreht der Drachen um die Hochachse in die Richtung des Abschmierens und nimmt gleichzeitig die Nase nach unten. Nach einer Sturzflugphase fängt das Gerät ab und kann in Gleitflug übergeführt werden.
Falls dieser Vorgang nicht abgewartet werden kann, insbesondere wegen drohender Hang-, Hindernis- oder Bodenberührung, zunächst:

In diagonaler Bewegung gleichzeitig und energisch den Steuerbügel
– bis zum Anschlag in die Abschmierrichtung schieben und
– ziehen

Hat dieser Versuch nicht augenblicklich Erfolg, dann sofort umorientieren (außer in Bodennähe):

In diagonaler Bewegung den Steuerbügel gleichzeitig
- **in die Gegenrichtung schieben, also gegen die Abschmierrichtung, und**
- **drücken**

In unmittelbarem Anschluß an das zweite Manöver muß der Pilot eine enge und steile Kurve in Kauf nehmen. Im Verlauf dieser Kurve wird das Gerät wieder steuerfähig, und der Pilot kann den Flugkurs begradigen.

Sackflug

Der Drachen ist zum Fallschirm umfunktioniert. Seine Fallgeschwindigkeit wird durch den Luftwiderstand der Segelfläche reduziert. Der Steuerbügel ist weit gedrückt. Der Sackflug läßt sich erkennen
- an der starken Kopflastigkeit mit entsprechendem Steuerdruck
- am erheblichen Höhenverlust
- am Fehlen von Segelgeräuschen.

Vorstufen sind Langsamflug und Aushungern.
Der Pilot muß sich einstellen auf
- seitliches Abkippen
- Windanfälligkeit
- weitgehende Manövrierunfähigkeit
- raschen Höhenverlust
- hartes Aufsetzen bei der anschließenden Fallschirmlandung.

Beendet wird der Sackflug bei einem Bodenabstand von ca. 10 m und mehr durch Beschleunigen:

Steuerbügel ziehen

in Bodennähe durch Fallschirmlandung:

Steuerbügel unverändert drücken

Abschließend ein Hinweis auf die besonderen Stabilisierungsprobleme:

Der Drachen hat neben seiner Kopflastigkeit die Tendenz, nach allen Seiten aus der Fallinie hinauszuschlingern, bei Seitenwind abzuschmieren. Der Pilot muß diese Schlingerbewegungen bereits in ihrem Anfangsstadium durch entgegengesetzte Bügelausschläge abfangen.

Notlandung

Aus der Vielzahl von Notlandesituationen seien hier nur drei herausgegriffen, nämlich Hang-, Baum- und Wasserlandung. Wie für alle anderen Fluggefahren können auch für die Notlandungen nur allgemeine Empfehlungen gegeben werden, die von Fall zu Fall zu variieren und der jeweiligen Situation anzupassen sind.

Hanglandung

Zur Hanglandung im steilen Gelände ist der Hang frontal anzufliegen, denn bei seitlichem Anflug bestünde die Gefahr einer einseitigen Flügelberührung mit anschließender unkontrollierbarer Drehbewegung. Subjektiv kommt aus der Sicht des Piloten der Boden mit sehr viel höherer Geschwindigkeit als beim normalen Landevorgang auf ihn zu. In unmittelbarer Bodennähe – nämlich dann, wenn beim normalen Landevorgang die Ausgleitphase beginnen würde – ist der Steuerbügel ohne jede Ausgleitphase voll nach vorn zu drücken. Das Aufsetzen sollte bei sehr steilem Gelände zwischen Buschwerk und niedrigen Bäumchen erfolgen, die dem Drachen und dem Piloten nach der Landung Halt geben.

Baumlandung

Eine Baumlandung ist regelmäßig einer Baumberührung vorzuziehen. Bei letzterer wird der Drachen in seiner Fluglage gestört, und es besteht die Gefahr eines unkontrollierten Absturzes ohne Auslösungsmöglichkeit für das Rettungsgerät. Falls der Pilot merkt, daß eine Baumberührung nicht mehr vermeidbar ist, sollte er den Baum frontal anfliegen. Dabei kommt es vor allem

darauf an, daß Spannseile und Gurtzeug sich möglichst fest im Zweigwerk verfangen und den Piloten vor einem Absturz bewahren.
Bereits beim ersten Berühren greift der Pilot nach möglichst tragfähigen Zweigen. Nach der Baumlandung ist unbedingt zu vermeiden, durch waghalsige Klettermanöver ein zusätzliches Risiko einzugehen. Vielmehr empfiehlt es sich, im Gurtzeug zu verbleiben, wenn notwendig, weitere Verbindungen zum Zweigwerk herzustellen und Helfer mit Leitern, Bergsteigerseilen etc. abzuwarten. Der Pilot unterstützt die Rettungsmaßnahmen durch Herablassen seiner Rettungsschnur und Hochziehen der von den Helfern herbeigebrachten Bergungsmittel.

Wasserlandung

Falls eine Wasserlandung notwendig werden könnte, beispielsweise bei Flügen am Meer, sollten Schwimmkörper am Fluggerät montiert sein. Der Landeanflug erfolgt besonders korrekt; seitliches Abkippen etc. muß unbedingt vermieden werden. Der Pilot verläßt frühzeitig den Beinstrecker oder Fußsack und klemmt ihn möglichst in sein Gurtzeug, um sich beim Schwimmen nicht darin zu verfangen. Da der Pilot beim späteren Ausklinken unter Wasser hauptsächlich auf seinen Tastsinn angewiesen ist, konzentriert er sich noch vor der Landung auf sein Gurtzeug und insbesondere auf den Karabiner; Schraubkarabiner sind bei Wasserlandungen ausgesprochen gefährlich.
Kurz vor dem Aufsetzen bzw. Eintauchen pumpt der Pilot seine Lunge mit Luft »randvoll«, wartet ruhig und ohne Panik das Eintauchen seines Körpers ab, öffnet dann erst den Karabiner, taucht unter sorgfältiger Vermeidung von Verwicklungen seines Gurtzeugs unter dem Drachen hervor und schleppt ihn in flaches Wasser bzw. an Land. Dies muß bei Geräten ohne Schwimmkörper umgehend geschehen, nach wenigen Minuten sind die Rohre vollgelaufen und der Drachen sinkt ab.

Fallschirmrettung

Verhaltensformeln für jeden Ernstfall gibt es nicht, die letzte Entscheidung liegt immer beim Piloten, denn keine noch so

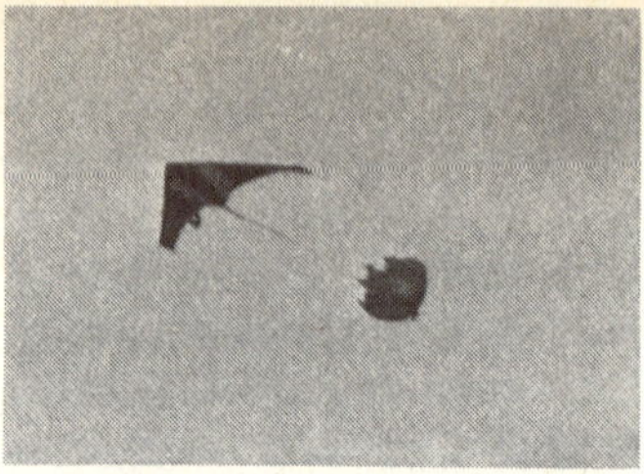
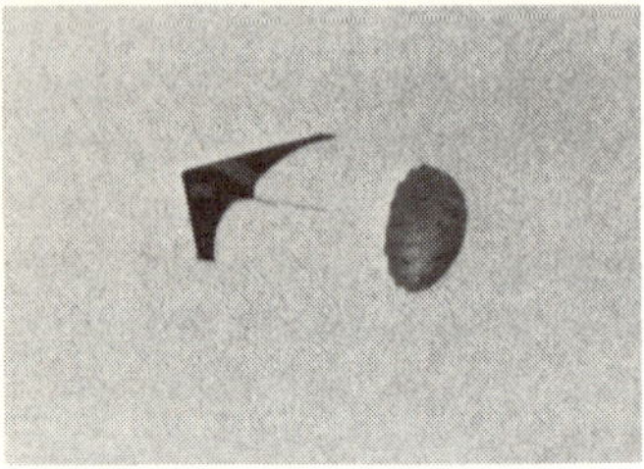
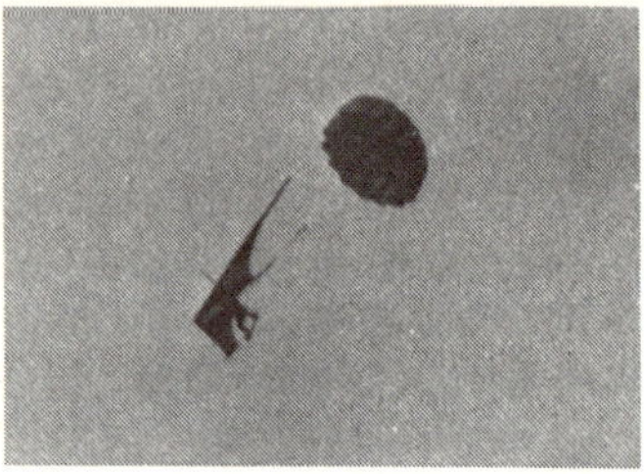

genaue Anleitung kann die jeweilige Situation erfassen. Von einer Simulierung des Notfalls in der Luft wird dringend abgeraten. Das Rettungsgerät ist nicht zum Spielen da, Demonstrationsöffnungen sind gefährlich und müssen unterbleiben. Mit geöffnetem Fallschirm ist der Drachen nicht mehr steuerbar, und er kann in Leitungen oder unwegsames Gelände geraten. Die Sinkgeschwindigkeit des Fallschirms ist hinreichend für Arm- und Beinbruch. Das Öffnen des Containers und das Werfen des Fallschirmpakets kann auch am Boden simuliert werden, indem der Pilot sein Gurtzeug beispielsweise an einem Türstock befestigt.

Die nachstehenden Empfehlungen beschränken sich auf einige beispielhafte Situationen.

- Bei einem unkontrollierten Sturzflug nach vergeblichem Aufrichteversuch sofort das Rettungssystem auslösen. Paket kräftig in den freien Luftraum wegschleudern. Bei Höhen unterhalb 150 m ohne Aufrichteversuch sofort auslösen.
- Bei Gerätebruch oder bei anderer Geräteformation, z. B. Zusammenklappen des Schnellgelenks, zunächst versuchen, das Fluggerät so zu stabilisieren, daß der Schirm ungestört in den freien Luftraum geworfen werden kann. In Höhen unterhalb 150 m ohne Stabilisierungsversuch sofort auslösen.
- Bei drohender Ohnmächtigkeit oder bei heftiger Übelkeit sofort auslösen.
- In Nebel, Wolken, starken Turbulenzen nicht nervös werden, Rettungsgerät erst auslösen, wenn die Notsituation sich aktualisiert hat, beispielsweise durch Geräteschaden.
- Treibt der Drachen ins Lee ab, ebenfalls nur bei akuter Notsituation den Schirm auslösen. Eine gesteuerte Landung, auch unter widrigen Verhältnissen, ist normalerweise dem unkontrollierten Abtreiben mit Schirm vorzuziehen.

Generell gilt:

- Der Schirm ist keine Lebensversicherung in allen Fällen.
- Nur bei Notsituationen den Schirm auslösen.
- In weniger als 150 m Höhe verringert sich auch mit Schirm die Rettungschance rapide.

Wetterkunde

Nicht nur das flugtechnische Können des Piloten und die Eigenschaften seines Fluggerätes bestimmen die fliegerische Leistung, sondern zum großen Teil auch die meteorologischen Bedingungen. Um günstige Bedingungen gezielt zu finden und zu nutzen, muß der Pilot die Grundzüge der Meteorologie (Wetterkunde) kennen. Vom Wetter drohen dem Piloten auch Gefahren. Die Wetterkunde macht diese Gefahren vorhersehbar und damit vermeidbar.

Die Lufthülle

Die Erde ist von einer Lufthülle umgeben, genannt Atmosphäre. »Wetter« ist der Zustand der Atmosphäre. Die unterste Schicht der Atmosphäre heißt Troposphäre. Sie reicht von der Erdoberfläche bis zu einer Höhe von ungefähr 11 000 Metern.
Die Lufttemperatur in Bodennähe ist normalerweise am höch-

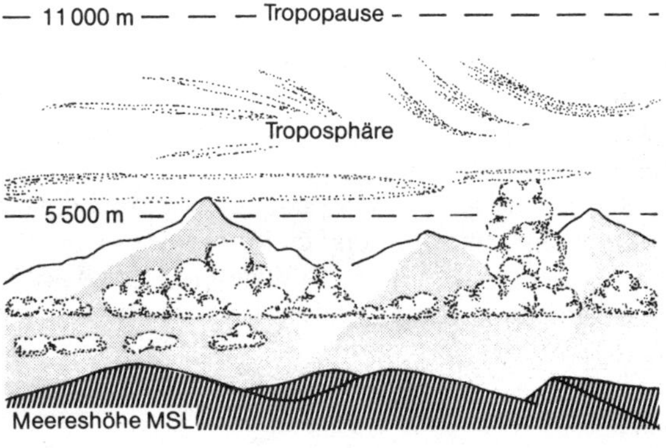

sten, weil die Sonne zunächst die Erdoberfläche erwärmt und die Wärme dann von der Erdoberfläche an die darüberliegende Luftschicht abgegeben wird. Eine direkte Erwärmung der Luft durch die Sonne erfolgt nur in ganz geringem Maße. Im statistischen Mittelwert ist die Luft in der Troposphäre pro 100 Meter Höhe um 0,65 Grad Celsius kälter. Der tatsächliche Temperaturunterschied hängt freilich vom täglichen Wettergeschehen ab.

Auf Grund von Durchmischungsvorgängen in der Troposphäre können auch in höheren Lagen Warmluftschichten eingelagert sein. Dann nimmt die Temperatur trotz steigender Höhe vorübergehend zu, genannt Inversion, oder die Temperatur bleibt gleich, Isothermie. Inversion und Isothermie wirken als Sperrschicht für aufsteigende Luft.

Der Luftdruck kann zwar von Ort zu Ort verschieden sein, die Abnahme mit der Höhe ist jedoch stets gesetzmäßig. In etwa 5500 Meter Höhe halbiert sich der Luftdruck. Ebenso halbiert sich die Luftdichte. Die Verringerung der Luftdichte bedeutet für den Drachen größeres Sinken. Für den Piloten kann sie in großer Höhe wegen Sauerstoffmangel zum Höhenrausch führen.

Der dynamische Wind

Wind heißt zunächst nur Luftbewegung. Luftbewegung kann großräumig und überregional sein, dann spricht man vom dynamischen Wind, oder sie entsteht durch lokale thermische Vorgänge, man spricht vom thermischen Wind.

Der Einstrahlungswinkel der Sonne auf die Erdoberfläche ist unterschiedlich: Im Bereich des Äquators ist der Winkel am steilsten und an den Polen am flachsten. Beim flachen Winkel verteilt sich die eingestrahlte Wärmemenge über eine große Fläche, beim steilen Winkel konzentriert sich dieselbe Menge auf eine kleine Fläche. Andere Wärmeunterschiede entstehen durch verschiedene Oberflächenerwärmung der Weltmeere und der Kontinente.

Die ungleichmäßige Erwärmung der Erdoberfläche bewirkt eine unterschiedliche Erwärmung der Luft. Dadurch entstehen Gebiete mit hohem Luftdruck (Hochdruckgebiete) und andere Gebiete mit tiefem Luftdruck (Tiefdruckgebiete). Um das Druckgefälle zwischen diesen Gebieten auszugleichen, strömt die Luft aus den Hochdruckgebieten in die Tiefdruckgebiete.

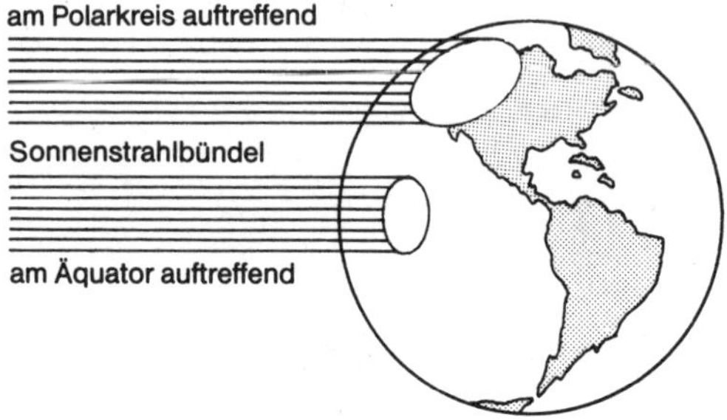

Windrichtung

Der Wind wird nach der Himmelsrichtung benannt, aus der er weht. In der Fliegerei wird die Windrichtung in Grad angegeben.
Die schnelle Drehung der Erde um sich selbst – am Äquator 1600 km/h – bewirkt eine Kraft, die den Wind auf der nördlichen Halbkugel nach rechts ablenkt, auf der südlichen nach links. Die Kraft heißt Corioliskraft.
Je langsamer die Luft strömt, desto geringer ist die Ablenkung durch die Corioliskraft. Bodennaher Wind wird durch Bodenunebenheiten abgebremst und verlangsamt. Daher: Je näher der Wind dem Boden ist, um so weniger wird er nach rechts abgelenkt; je höher der Wind ist, desto stärker ist die Ablenkung.

Die Windrichtung am Boden dreht in 1000 m Höhe um ca. 30 Grad nach rechts.

Wegen der Corioliskraft kann sich der Druckausgleich nicht auf dem kürzesten Weg durch geradlinig strömende Luft aus dem Hochdruckgebiet in das Tiefdruckgebiet vollziehen.

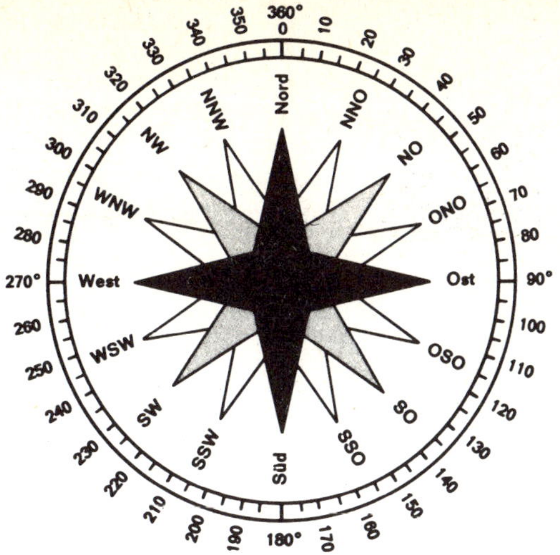

Windrose

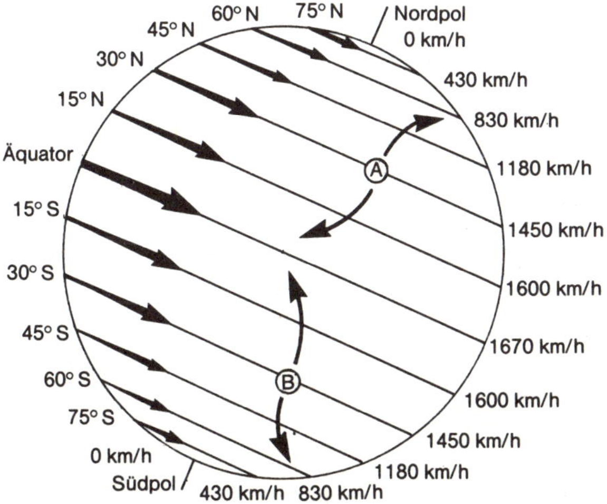

Wandert Luft Ⓐ nach Norden, eilt sie der dortigen Erddrehung voraus. Wandert sie nach Süden, bleibt sie zurück.

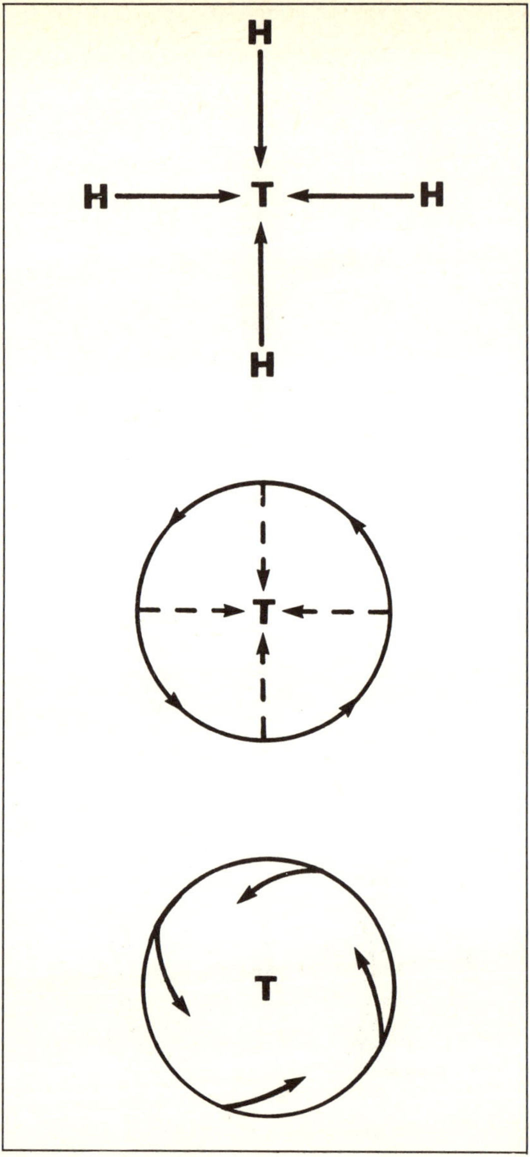
H
H
T
H
H
T
T

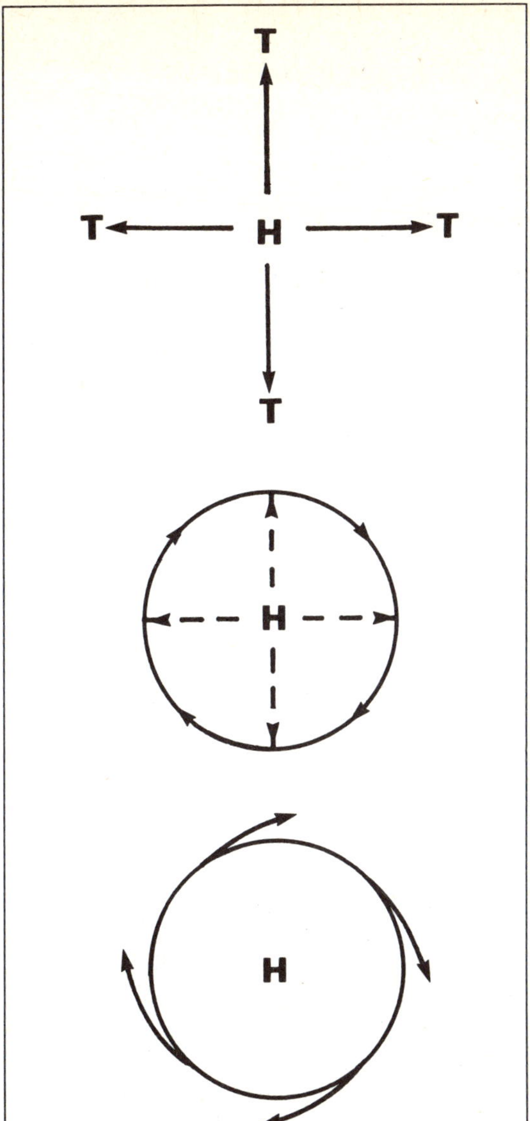
T
T
H
T
T
H
H

Die Luftteilchen, die nach allen Seiten aus einem Hochdruckgebiet herausströmen wollen, werden dabei nach rechts abgelenkt. Besonders in der Höhe, wo die Rechtsablenkung stark wirkt, kommt es statt zum Ausströmen zum Umströmen des Hochdruckzentrums im Uhrzeigersinn. Am Boden, wo die Luft weniger stark nach rechts abgelenkt wird, strömt sie aus dem Hochdruckgebiet heraus.
Beim Tiefdruckgebiet werden die Luftteilchen, die von allen Seiten hineinströmen wollen, ebenso nach rechts abgelenkt. Besonders in der Höhe, wo die Rechtsablenkung stark wirkt, kommt es statt zum Hineinströmen zum Umströmen des Tiefdruckzentrums, diesmal gegen den Uhrzeigersinn. Am Boden, wo die Luft weniger stark nach rechts abgelenkt wird, strömt sie in das Tiefdruckgebiet hinein.
Der Druckausgleich zwischen einem Hochdruckgebiet und einem Tiefdruckgebiet vollzieht sich folglich in Bodennähe. Die Luftteilchen im Hochdruckgebiet drehen zunächst im Uhrzeigersinn, verlassen dann das Hochdruckgebiet, werden von einem benachbarten Tiefdruckgebiet angezogen, wechseln die Kurvenrichtung, strömen in Bodennähe in das Tiefdruckgebiet hinein und drehen dort gegen den Uhrzeigersinn.
Die Windrichtung ist also bestimmt durch die Lage der Hoch- und der Tiefdruckgebiete. Als Faustformel gilt für die Nordhalbkugel:

**Rücken zum Wind – vorn links das Tief,
hinten rechts das Hoch**

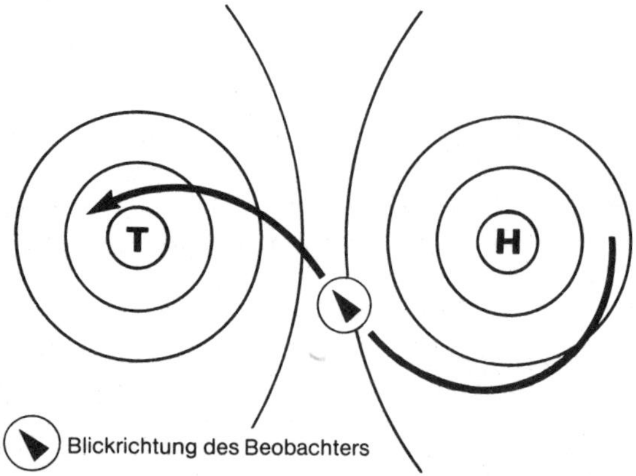

Die Oberflächengestalt der Erde kann den Wind zwingen, von seinem Weg abzuweichen und den Weg auf Umwegen fortzusetzen. Talverläufe und Bergbarrieren lenken den Wind um.

Windgeschwindigkeit

Die Windgeschwindigkeit ist die Schnelligkeit der Luftteilchen gegenüber dem Boden. Sie wird ausgedrückt in km/h, Knoten (knts) und m/sec.

Faustregeln für die Umrechnung:
(knts × 2) − 10% = km/h
(m/sec. × 4) − 10% = km/h
m/sec. × 2 = knts

Zum Beispiel:
5 knts × 2 − 10% = 10 − 1 = 9 km/h
4 m/sec. × 4 − 10% = 16 − 1,6 = 14,4 km/h
4 m/sec. × 2 = 8 knts

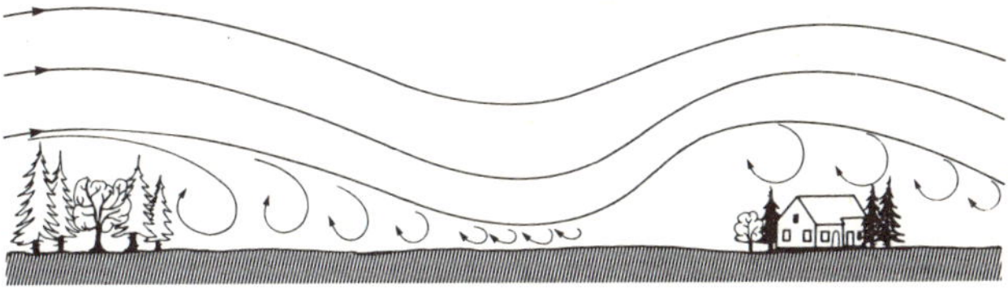

Die Bodenreibung bremst den Wind in Bodennähe ab.

Faustregel:
500 m über Grund – doppelte Windgeschwindigkeit

Allerdings kann in Ausnahmefällen die Windgeschwindigkeit am Boden größer sein als in höheren Luftschichten. Dies bewirkt besonders der Düseneffekt von Tälern.
Die Windgeschwindigkeit läßt sich aus der Wetterkarte entnehmen, anhand des Isobarenabstandes. Isobaren sind die um ein Hoch oder ein Tief verlaufenden Linien, die jeweils die Orte

gleichen Luftdrucks miteinander verbinden. Je größer der Abstand zwischen diesen Linien ist, desto geringer ist das Luftdruckgefälle und damit auch die Windgeschwindigkeit. Umgekehrt weist ein enger Abstand der Isobaren auf ein hohes Luftdruckgefälle hin und damit auf eine hohe Windgeschwindigkeit.

Exaktes Meßgerät für die Windgeschwindigkeit ist der Schalenwindmesser. Zum Abschätzen der Windgeschwindigkeit eignet sich die Beaufort-Skala: ▷

Zeichen (knts)	Stärke	Bezeichnung	Geschwindigkeit m/s	km/h	knts	Anhaltspunkte
	0	Windstille	0	0	0	Rauch steigt senkrecht auf
	1	Leiser Zug	0,3	1	1- 3	Als Windhauch fühlbar
	2	Leiser Wind	1,6	6	4- 6	Blättersäuseln
	3	Schwacher Wind	3,4	12	7-10	Blätter und dünne Zweige fächeln
	4	Mäßiger Wind	5,5	20	11-15	Zweige und schlanke Äste wiegen sich
	5	Frischer Wind	8,0	29	16-21	Kräftige Zweige und schwache Bäumchen schwanken
	6	Starker Wind	10,8	39	22-27	Es bläst. Starke Äste schwanken Wipfel biegen sich, Wind pfeift um Häuser und in Drähten
	7	Steifer Wind	13,9	50	28-33	Bäume schwanken. Gehen gehemmt
	8	Stürmischer Wind	17,2	62	34-40	Zweige werden geknickt. Gegenstemmen beim Gehen

Stellung des Windpfeiles bezeichnet die Windrichtung in Grad,
Beispiel:  Wind aus 225° = Südwest.

Turbulenzen

Trifft die Luft auf ein Hindernis, muß sie beim Umströmen ihre Richtung der Hindernisform anpassen. An einem sanft geformten Hindernis kann sie ungestört entlanggleiten. Erfordert dagegen die Form des Hindernisses eine starke Richtungsänderung der umströmenden Luft, dann wird sie in ihrem gleichförmigen Strömungsfluß gestört. Im Störungsbereich geraten die Luftteilchen in uneinheitliche Wirbelbewegungen, wie sie auch in einem Wasserlauf auftreten.

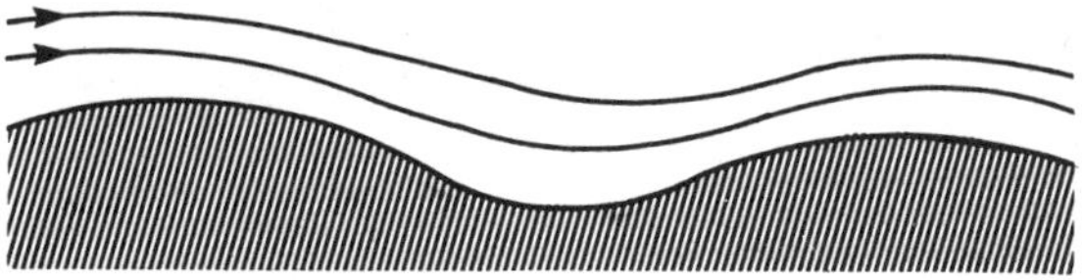

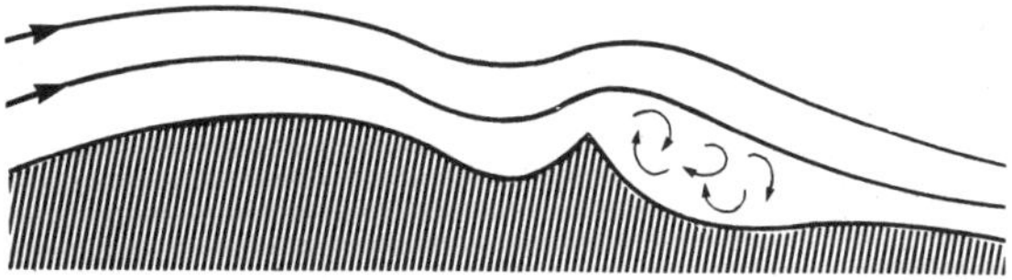

Die räumliche Ausdehnung des verwirbelten Bereichs vergrößert sich mit zunehmender Windgeschwindigkeit. Ebenso wächst die Heftigkeit der Wirbel. Diese Wirbel heißen Turbulenzen.
Die Turbulenzen wirken von unterschiedlichen und nicht vorhersehbaren Richtungen auf den Drachen ein, sie verändern seine Fluglage, und sie behindern die Korrekturen des Piloten. In unmittelbarer Bodennähe tritt Bodenturbulenz auf, verursacht durch Bodenbewuchs und Bodenunebenheiten.
Bei größeren Hindernissen kommt es im Lee, das ist die windabgewandte Seite, zu besonders kräftiger Verwirbelung, genannt Leeturbulenz. Diese Turbulenz kann bereits von Bäumen und Häusern ausgelöst werden, am stärksten ausgeprägt ist sie hinter den Berggipfeln.
Bei scharfen Geländeabbrüchen, besonders an Gipfeln und an

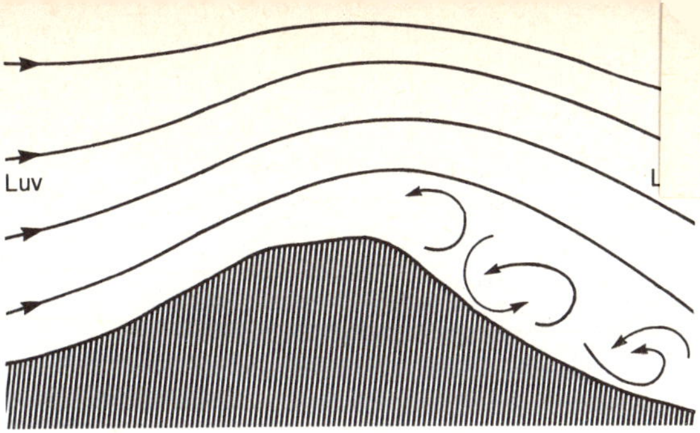

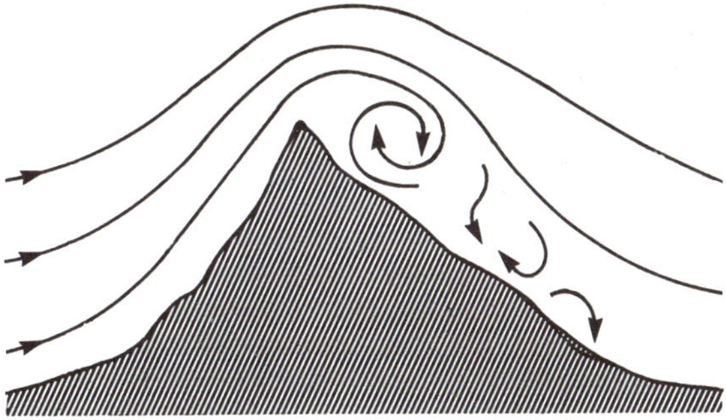

Klippen, können sich Leewalzen bilden. In solchen Walzen rotiert die Luft großräumig und von Turbulenzen durchsetzt. Leewalzen können auch an seitlich umströmten Hindernissen auftreten, z. B. an kantigen Bergflanken. Die Drehachse der Turbulenz richtet sich dann nach dem Neigungswinkel der Flanke, und man spricht von Seitenwalze.

Draufsicht

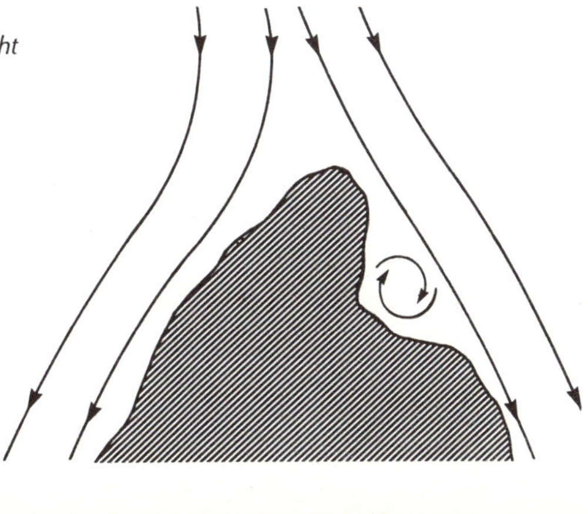

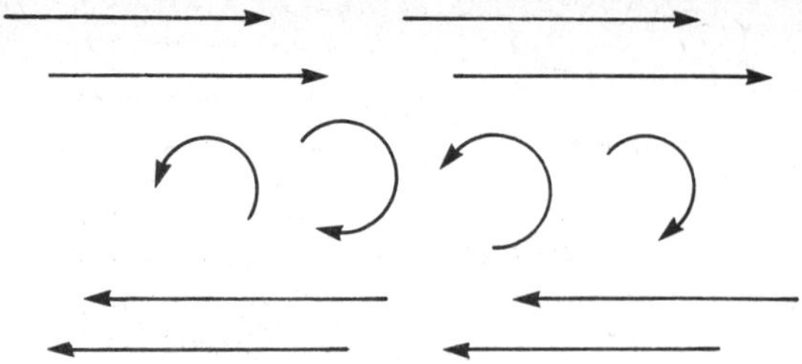

Nicht vom Boden verursacht ist die Windscherung. Sie entsteht, wenn benachbarte Luftmassen verschiedene Bewegungsrichtungen haben. An der Scherfläche der beiden Luftmassen entstehen Luftwirbel, deren Heftigkeit von der Richtungs- und Geschwindigkeitsdifferenz der beiden Luftmassen abhängt. Die Windscherung ist nicht anhand von Geländemerkmalen zu erkennen.
Ebenfalls nicht am Gelände zu erkennen ist der Föhnrotor, der unterhalb der Föhnwellen entsteht, vgl. Kapitel Der Föhn.

Der dynamische Hangaufwind

Wenn der Wind einen Berg überströmt, entsteht Aufwind im Luv, das ist die windzugewandte Seite; im Lee entsteht Abwind. Die Beschaffenheit des Aufwindes hängt – neben der Windgeschwindigkeit – von weiteren Faktoren ab.

- Die Beschaffenheit des vorgelagerten Geländes bestimmt die Qualität der anströmenden Luft. Ebenes Gelände, z. B. Meer, ist am günstigsten. Vorgelagerte Hindernisse, besonders Berge, bewirken turbulente Anströmung.
- Hat die Luv-Seite nur wenig Breite oder ist sie gar keilförmig, dann teilt sich die Luftströmung und umströmt den Berg überwiegend seitlich. Der Aufwind nimmt entsprechend ab.
- Mit der Hanghöhe wächst bei gleichmäßiger Windanströmung die Tiefe und Höhe des Aufwindbandes proportional. Das Anwachsen mindert sich mit zunehmender Anströmgeschwindigkeit.
- Mit Vergrößerung der Hangneigung wächst die Aufwindgeschwindigkeit. Das Aufwindband wird dünner. Umgekehrt

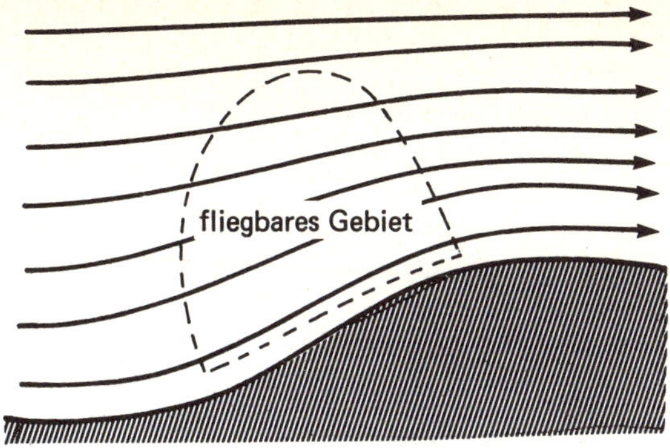

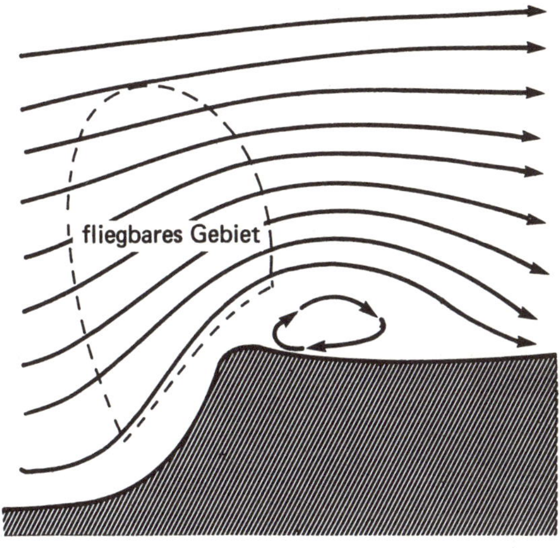

bieten flache geneigte Berge ein dickeres Aufwindband, freilich auf Kosten der Aufwindgeschwindigkeit.

- Die Geländeform entscheidet über die Wirbelbildung im Luv. Zerklüftetes Gelände läßt aufwindmindernde Turbulenzen entstehen.
- Ähnlich wie die Geländeform wirkt sich der Geländebewuchs aus. Besonders der Wechsel von Waldflächen und Lichtungen erhöht die Turbulenzbildung und schwächt den Aufwind.

Achtung!

- An der Scherfläche zwischen ungestörtem Aufwind und bodennaher Turbulenzzone entsteht am Drachen ein Drehmoment in Richtung Hang.
- Die Leewalze hinter dem Berggipfel kann Aufwind vortäuschen.
- Über dem Gipfel herrscht erhöhte Windgeschwindigkeit, die über die Eigengeschwindigkeit des Drachens hinausgehen kann und in diesem Fall den Drachen in das Lee abtreiben läßt.

Hangsegeln, englisch Soaring, ist ohne Höhenverlust möglich, wenn die senkrechte Komponente der Aufwindgeschwindigkeit gleich oder größer der Sinkgeschwindigkeit des Drachens ist.

Der thermische Wind

Außer den globalen Wärmeunterschieden, die zur Entstehung des überregionalen dynamischen Windes führen, gibt es auch regionale Unterschiede bei der Bodenaufheizung, die ein kleinräumiges Windsystem entstehen lassen, den thermischen Wind. Beide Windsysteme überlagern sich. Das System mit mehr Energie setzt sich gegen das schwächere durch. So kann der überregionale Wind die Ausbildung des örtlichen Windsystems ganz verhindern.

See- und Landwind

Der größte Unterschied in der Beschaffenheit der Erdoberfläche besteht zwischen Wasser und Land. Wasser und Boden unterscheiden sich in ihrer Wärmeleitfähigkeit. Der Boden speichert die von der Sonne eingestrahlte Wärme an der Oberfläche und

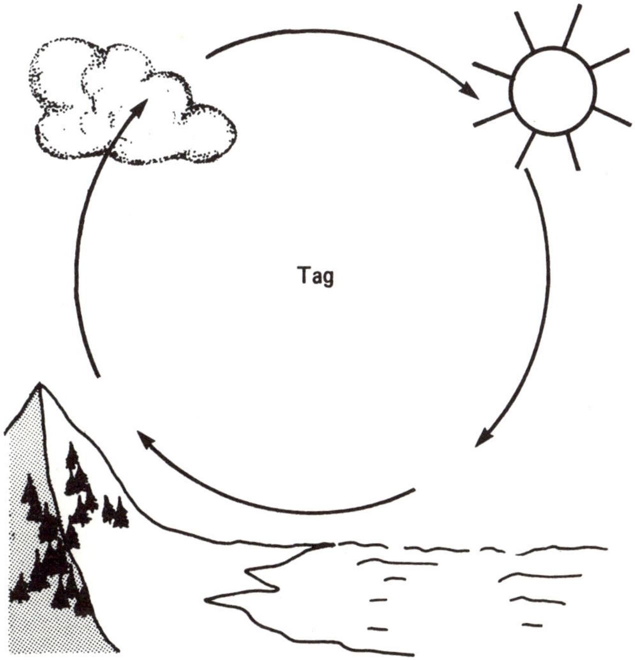

leitet nur einen geringen Teil in die tieferen Bodenschichten weiter. Beim Wasser dagegen sammelt sich die Wärme nicht nur an der Oberfläche, sondern sie dringt auch in tiefere Schichten vor.
Strahlt die Sonne auf Wasser und Land gleichmäßig ein, heizt sich die Landoberfläche schneller auf als die Wasseroberfläche. Die Landoberfläche erwärmt die aufliegende Luftschicht stärker als die Wasseroberfläche. Da warme Luft leichter ist als kalte Luft, steigt die Luft über dem Land auf. Die Luft auf dem Wasser wird als »Ersatz« angezogen, es entsteht der Seewind. Die aufgestiegene Landluft fließt in der Höhe infolge des Luftdruckgefälles zum benachbarten Luftraum über dem Wasser. Dort sinkt die Luft – der Kreislauf ist geschlossen.

Warme Luft ist leicht – kalte Luft ist schwer

Die Zirkulation reicht tagsüber etwa 50 km landeinwärts mit einer Höhe von etwa 500 m. Die Bodenströmung kann 25 bis 40 km/h erreichen. Die Luft zirkuliert mehrere Male pro Tag.

Nach Sonnenuntergang kühlt die Landoberfläche schneller ab als die Wasseroberfläche. Land und Wasser strahlen Oberflächenwärme ab. Während die Landfläche nur wenig Speicherwärme hat, erhält die Wasserfläche Wärmenachschub aus den tieferen Schichten. Es entsteht ein Wärmevorsprung der Wasseroberfläche und der dort aufliegenden Luftschicht. Der Kreislauf kommt in entgegengesetzter Richtung in Gang, es entsteht der Landwind.

Berg- und Talwind

Auch Berg und Tal unterscheiden sich in ihrer Bodenoberfläche. Berghänge sind trockener als Talgründe, denn das Bergwasser fließt ab und durchfeuchtet die Talgründe. Zwar ist der Unterschied zwischen »trocken« und »naß« nicht so ausgeprägt wie zwischen Land und Wasser, dennoch gilt dasselbe Prinzip: Die Hangflächen erwärmen sich schneller als der Talgrund. Zudem wird die Luft am Hang stärker erwärmt als die benachbarte hangfernere Luft. Die Hangluft steigt am Hang entlang auf. Beim Aufstieg erhält sie vom Hang weitere Wärmezufuhr, der Aufwind verstärkt sich. Gleichzeitig zieht die aufsteigende Luft bodennahe Talluft nach.

Die am Hang aufsteigende Luft löst sich am Gipfel ab und fließt in der Höhe infolge des Luftdruckgefälles über den Talgrund. Dort sinkt die Luft – der Kreislauf ist geschlossen.

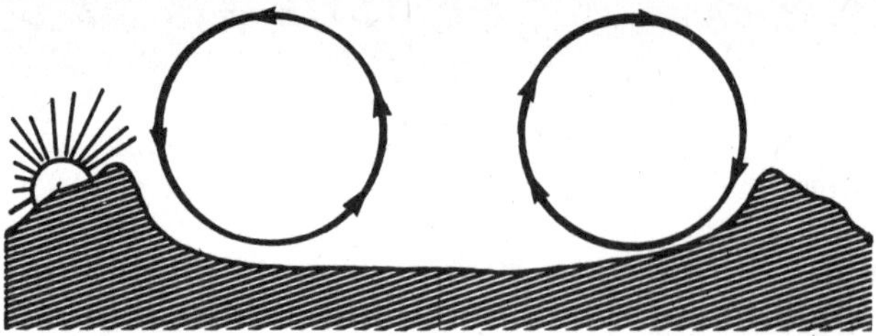

Mit Sonnenuntergang dreht sich der Kreislauf um. Die trockeneren Hangflanken kühlen schneller aus als der Talgrund und kühlen die Luft am Hang. Die Luft sinkt ab, es entsteht Bergwind. Der feuchtere und dadurch wärmespeichernde Talgrund kühlt langsamer ab. Die Talluft wird im Vergleich zur Hangluft leichter und steigt großflächig auf.

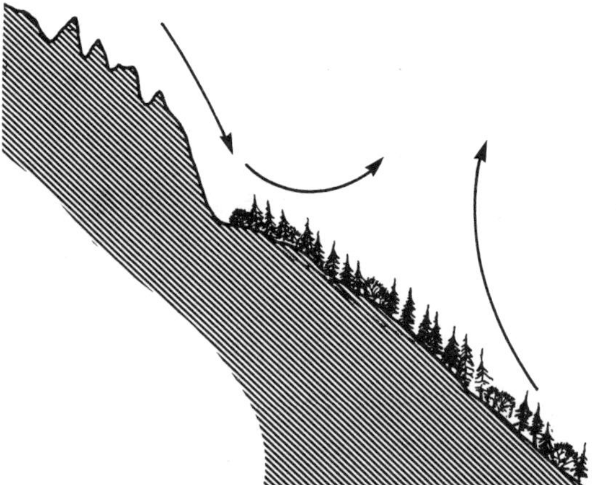

In der Wechselphase von Talwind zum Bergwind setzt das Absinken der Hangluft nicht gleichzeitig an allen Stellen ein. Rasch auskühlende Hangbereiche wie beispielsweise Fels erzeugen bereits Bergwind, während die Luft über wärmespeichernden Hanggebieten, besonders Wald, noch aufsteigen kann.

SUPER

Die Hangneigung hat beim Berg- und Talwind zusätzliche Bedeutung. Je steiler der Einfallswinkel der Sonneneinstrahlung ist, desto schneller und stärker erwärmt sich der Boden. So sind vormittags Südosthänge mit steiler Hangneigung begünstigt. Mittags haben flache Südhänge und nachmittags steile Südwesthänge die beste Einstrahlung.

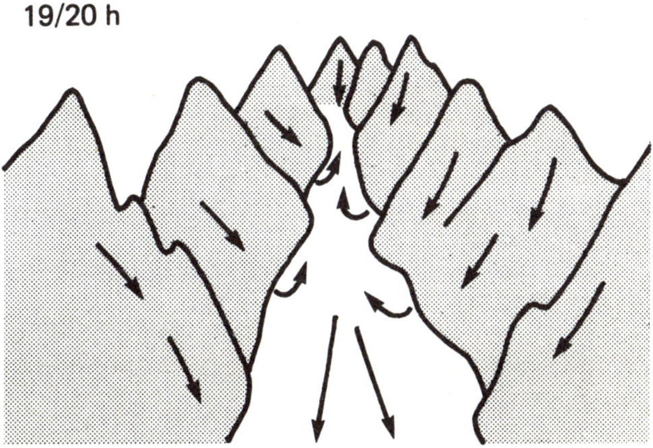

Sind die Bergflanken am späten Vormittag so weit erwärmt, daß die Luft über dem gesamten Bergland großräumig aufsteigt, strömt Luft aus dem Flachland die Täler hinauf. Sinkt nach

Sonnenuntergang die Luft über dem Bergland ab, strömt sie wieder die Täler hinab ins Flachland. Dieser Talabwind hält an, bis er am nächsten Vormittag durch die neue Hangerwärmung wieder umgedreht wird.

Bodenthermik

Verschiedenartiger Bewuchs und unterschiedliche Bodenbeschaffenheit bewirken Erwärmungsunterschiede, die zur Ausbildung von Thermik führen.

- Glatte Bodenoberfläche, z. B. Schneedecke, reflektiert die einfallende Wärmestrahlung größtenteils, und es kommt nicht zur Erwärmung des Bodens. Dagegen streut eine rauhe Bodenoberfläche die Bodenstrahlung, und der Boden erwärmt sich.
- Starke Wärmeleitfähigkeit des Bodens mindert die Oberflächenerwärmung. Durchfeuchteter Boden hat eine starke Wärmeleitfähigkeit im Gegensatz zu trockenem Boden. Durchlüfteter Boden, z. B. gepflügter Acker, hat geringe Wärmeleitfähigkeit, weil Luft isoliert.
- Nasse Bodenoberfläche oder feuchte Vegetation, z. B. Laubwald, verbrauchen einen großen Teil der Wärmestrahlung für die Verdunstung. Es bleibt wenig zur Erwärmung des Bodens. Beim Nadelwald ist die Verdunstung geringer.
- Windgeschütze Bodenflächen erwärmen sich stärker. Das Aufheizen des Bodens wird nicht durch darüberstreichende Kaltluft gestört.

Die aufgeheizte Bodenoberfläche erwärmt die aufliegende Luft. Erhält die so aufgewärmte bodennahe Luft einen Wärmevorsprung gegenüber der darüberliegenden Luftschicht, will sie aufsteigen. Zunächst bildet sich eine Warmluftblase, die trotz Wärmevorsprung zäh am Boden haften bleibt, bis sie durch einen weiteren Vorgang vom Boden abreißt, durch

- Überhitzung der Warmluftblase durch weitere Aufheizung
- akustische Erschütterung der Luftblase
- Wind, der die Blase zerreißt
- Wind, der die Blase an eine Abreißkante drückt.

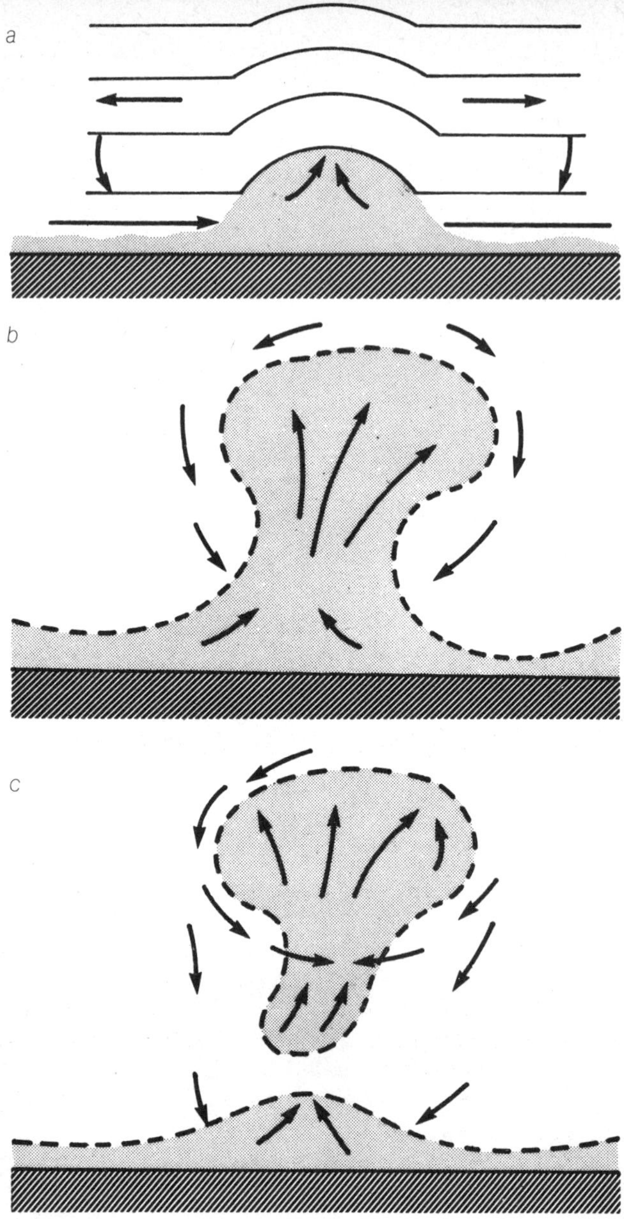

a
b
c

Als Abreißkanten wirken Geländekanten oder Grenzlinien zwischen stark unterschiedlich temperierten Bodenoberflächen, z. B. Schneegrenze.
Nach dem Abreißen steigt die Blase auf, und die Nachbarluft strömt am Boden nach. Ist auch die Nachbarluft wärmer als die darüberliegende Luftschicht, folgt sie dem Aufstiegsweg der Thermikblase. Man spricht von Thermikschlauch oder »Bart«, der so lange anhält, bis die bodennahe Warmluft nach oben weggeströmt ist.

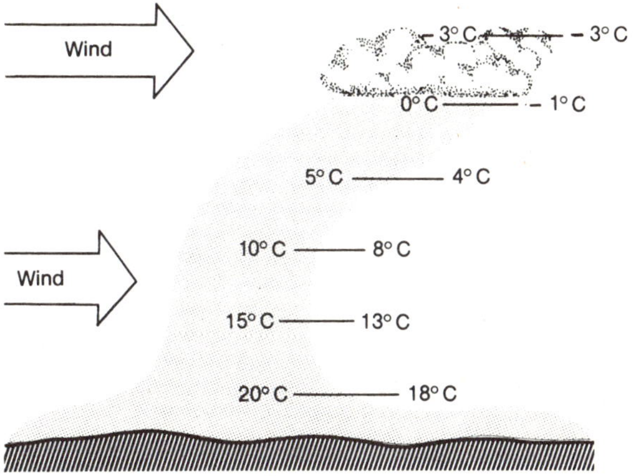

Der Aufstiegsweg der Thermik wird durch die Windrichtung und die Windgeschwindigkeit bestimmt. Die Geschwindigkeit des Aufstiegs und die Aufstiegshöhe hängen von der Temperatur der Umgebungsluft ab. Je größer der Temperaturunterschied ist, desto schneller steigt die Thermik. Der Aufstieg endet in der Höhe, wo die Thermik auf die Temperatur der Umgebungsluft abgekühlt ist. Die Abkühlung erfolgt nicht durch Mischung mit der Umgebungsluft, sondern durch die Ausdehnung beim Aufsteigen und den damit verbundenen Energieverbrauch, pro 100 m um 1 Grad Celsius. Der Thermikschlauch bildet sich in

◁ *Warmluftblase am Boden (a), Abreißen der Blase (b) und Aufsteigen als Thermik (c)*

seiner Gestalt unterschiedlich aus, und seine räumliche Ausdehnung hängt ab von der Größe der Bodenheizfläche. Bei mehreren Thermikquellen am Boden vereinigen sich die Aufwinde. Daher ist die Thermik in größerer Höhe meist großflächiger als in Bodennähe.
Am Rand des Thermikschlauchs läßt die Aufwindgeschwindigkeit auf Grund der Reibung mit der Umgebungsluft nach. Die Reibung erzeugt in diesem Bereich die Randturbulenzen. Rund um den Thermikschlauch herrscht Abwind, der zum Ausgleich des Druckgefälles die am Boden abziehende Warmluft ersetzt.

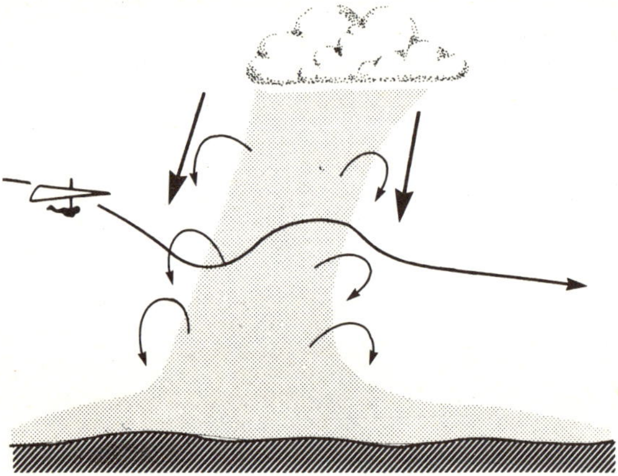

Aufstieg durch Thermik ▷

Wolken und Nebel

Wenn der Feuchtigkeitsgehalt der Luft sichtbar wird, spricht man von Wolken oder von Nebel. Die Wolke unterscheidet sich durch größere Wassertröpfchen vom Nebel. Grundsätzlich zu unterscheiden von Wolken und Nebel ist der unsichtbare Wasserdampf, das ist Wasser in Gasform.

Taupunkt

Das Wasser gelangt in die Luft durch Verdunstung. Bei der Verdunstung verwandelt sich Wasser durch Wärmezufuhr vom flüssigen Zustand in gasförmigen Zustand.
Warme Luft kann mehr gasförmiges Wasser in sich aufnehmen als kalte Luft. Hat die Luft die Menge an unsichtbarem Wasserdampf aufgenommen, die sie entsprechend ihrer Temperatur gerade noch halten kann, ist die Luft gesättigt.
Die Sättigung kann auf zweierlei Weise eintreten, durch Zufuhr von Feuchtigkeit bei gleichbleibender Temperatur und durch Abkühlung der Luft bei gleichbleibendem Feuchtigkeitsgehalt.
Die Temperatur, bei der Sättigung eintritt, heißt Taupunkt. Die Differenz zwischen der tatsächlichen Lufttemperatur und der Taupunkttemperatur heißt Taupunktdifferenz. Je geringer die Taupunktdifferenz ist, desto eher ist mit Nebel- und Wolkenbildung zu rechnen.

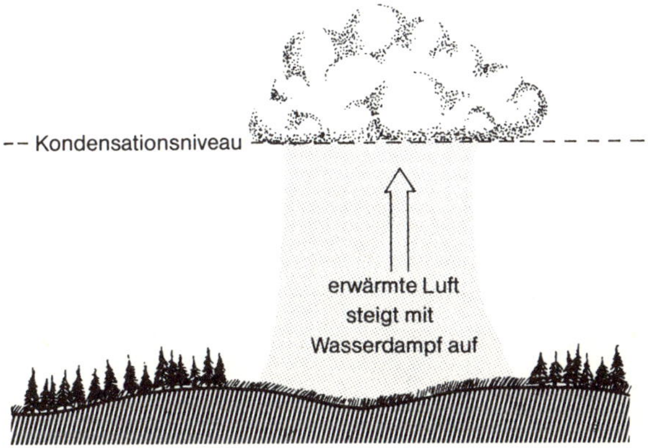

Abkühlung der Luft kann durch kalte Unterlage, durch Mischung mit kalter Luft oder durch Aufstieg der Luft entstehen. Aufstieg ist möglich durch Thermik, durch Anstieg am Berg oder durch Aufgleiten auf andere Luftmassen.

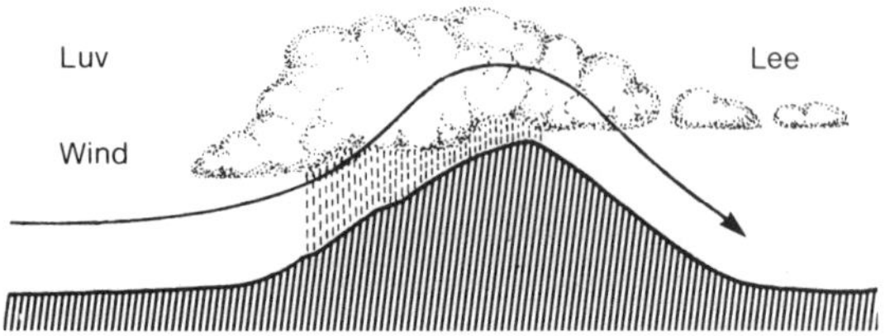

Anstieg am Berg

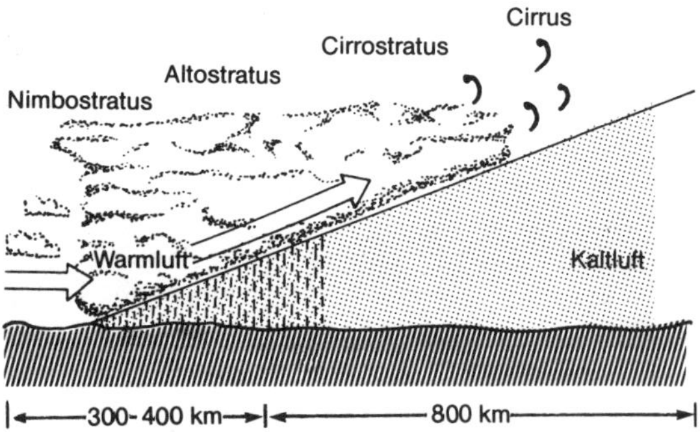

Aufgleiten auf Luftmassen

Kondensation

Bei Erreichen des Taupunktes, d. h. bei Sättigung der Luft, wird der überschüssige Wassergehalt, den die Luft nicht in Gasform halten kann, in Form von sichtbaren Wassertröpfchen (Kondensation) oder Eiskristallen (Sublimation) ausgeschieden. Die Tröpfchen brauchen Kondensationskerne, die Eiskristalle Sublimationskerne, die Kerne sind feinste Staubpartikel in der Luft. Wolken oder Nebel sind entstanden.

Bei der Kondensation wird Wärme frei, die beim Verdunstungsvorgang aufgenommen worden war. Dies bedeutet, daß die innerhalb von Wolken weiter aufsteigende Luft sich nur etwa halb so stark abkühlt wie zuvor beim Aufstieg bis zur Wolkenbasis. Der Wärmeverlust bis zur Wolkenbasis beträgt 1 Grad Celsius pro 100 m, in der Wolke nur noch ca. 0,5 Grad pro 100 m.

Niederschlag

Beim Aufstieg der Luft in der Wolke setzt sich die Kondensation fort, die Wassertröpfchen wachsen und gewinnen an Gewicht. Wenn Größe und Gewicht der Tropfen so zugenommen haben, daß der Aufwind in der Wolke die Tropfen nicht mehr transportieren kann, fallen sie aus in Richtung Erdboden.
Den Erdboden erreichen die Tropfen nur, wenn sie nicht unterwegs verdunsten. Dies ist abhängig von der Größe der Tropfen, vom Feuchtigkeitsgehalt und der Temperatur der Luftschichten unterwegs und von der Kälte der Tropfen beim Verlassen der Wolke. Faustregel: Bei einer Cumuluswolke muß der Aufstiegsweg so weit reichen, daß der Temperaturverlust beim Aufstieg die Tropfen auf minus 10 Grad unterkühlt.

Gewitter

Zu unterscheiden sind örtliche Wärmegewitter und langgestreckte Frontgewitter. Wärmegewitter entstehen durch Überentwicklung von Thermik, Frontgewitter durch großräumiges Aufeinandertreffen von Kaltluftmassen auf Warmluft.
Entscheidend ist ein großer Temperaturunterschied zwischen Kaltluft und aufsteigender Warmluft. Beim Wärmegewitter muß die nach oben gestaffelte Luftschichtung durchgängig an Temperatur abnehmen. Die Abnahme muß stärker sein als die Temperaturabnahme der aufsteigenden Thermikluft, Labilität. Der Temperaturvorsprung der aufsteigenden Luft gegenüber der Umgebungsluft vergrößert sich, mit der Folge, daß der Aufstieg sich beschleunigt. Innerhalb der Wolke kommt es zu einer weiteren Vergrößerung des Temperaturvorsprungs durch die Kondensationswärme. In der Gewitterwolke erreicht die aufstei-

gende Luft eine Geschwindigkeit bis 150 km/h, wobei die Geschwindigkeit des Abwindes sich entsprechend erhöht. Dieses schnelle Steigen und Absinken auf engem Raum führt zu extremer Turbulenzbildung. Die Reibung der Luftteilchen aneinander erzeugt elektrische Aufladungen, die sich durch Blitzschlag von Luftmasse zu Luftmasse oder zwischen Luft und Boden entlädt. Die Erhitzung durch den Blitz bewirkt ein schlagartiges Ausdehnen und Zusammenziehen der Luft, den Donner. Wegen der langsameren Ausbreitung der akustischen Wellen ist der Donner vom Beobachter später wahrzunehmen als der Blitz.

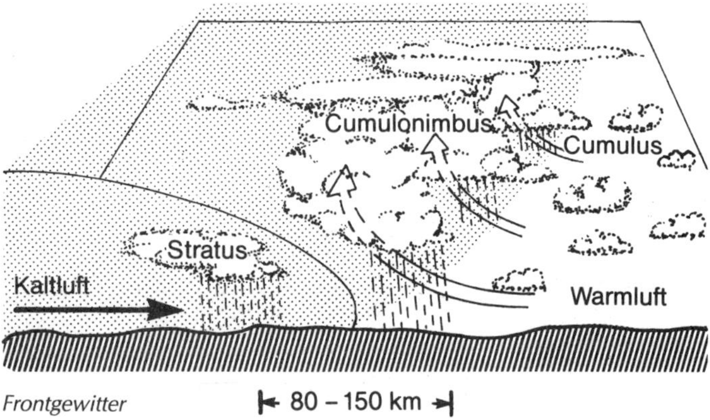

Frontgewitter

Die Ausdehnung der Gewitterwolken kann bis zur Tropopause hochreichen, die eine unüberwindliche Sperrschicht bildet. Die große Höhe führt dazu, daß die mitgeführten Wassertröpfchen gefrieren. Infolge des extremen Auf und Ab in der Gewitterwolke werden die Eiskristalle mehrere Male hinauf- und heruntergerissen. Dabei wachsen ihnen weitere Eisschichten an. Es entstehen in der Gewitterwolke kiloschwere Eiskörper, die erst beim Herabfallen zum Erdboden abtauen. Tauen sie völlig ab, entsteht der großtröpfige Gewitterregen, reicht der Tauvorgang nicht aus, spricht man von Hagel.

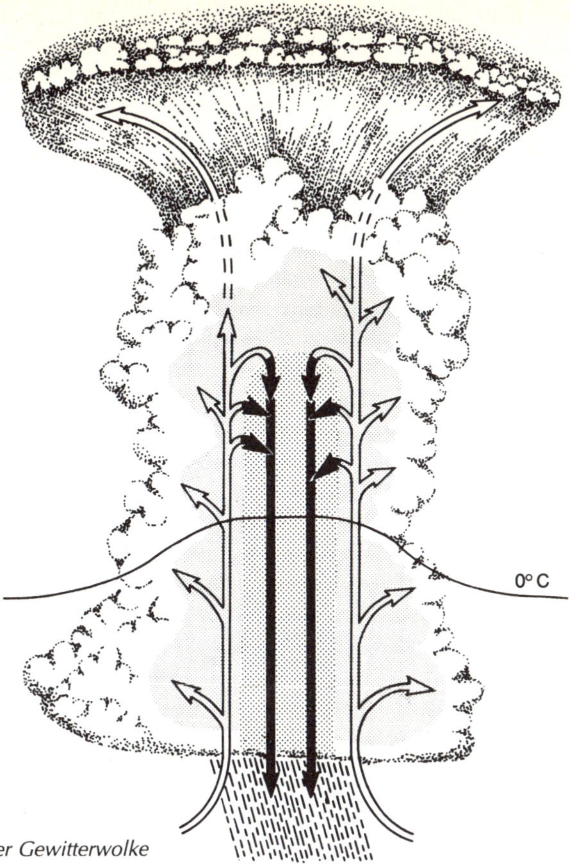

In der Gewitterwolke

Wolkenformen

Zu unterscheiden sind drei Wolkengrundformen.

- Die Haufenwolke, Cumulus, entsteht durch aufsteigende Luft.
- Die Schichtwolke, Stratus, kommt durch großräumige Hebungsvorgänge der Luft zustande.

- Die Wellenwolke, Lenticularis, bildet sich am Wellenberg einer in Schwingung geratenen Luftströmung, siehe Kapitel Föhn.

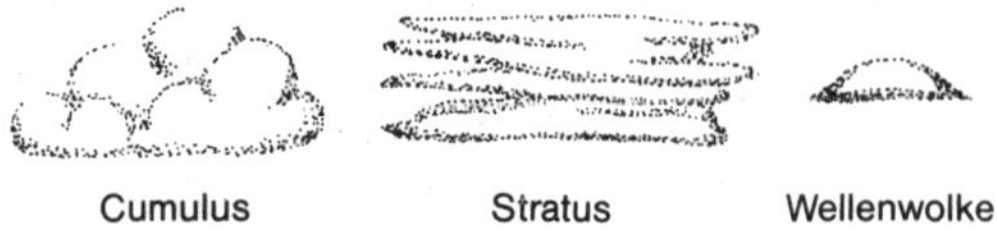

Fällt Niederschlag aus einer Wolke, erhält sie die Zusatzbezeichnung Nimbus oder Nimbo (lateinisch: nimbus, der Regen). Die Gewitterwolke heißt Cumulonimbus und die breitgeschichtete Regenwolke Nimbostratos.

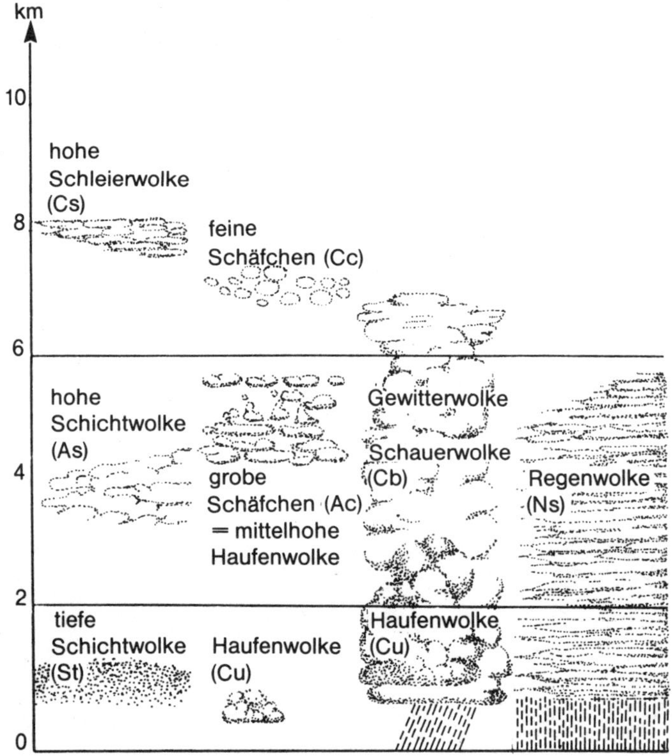

Wolkenstockwerke

Eine weitere Unterscheidung der Wolken erfolgt nach der Höhe der Wolkenbasis, d. h. Wolkenuntergrenze.

- Wolken über 6000 m bestehen aus Eiskristallen, und sie erhalten die Vorsilbe Cirrus bzw. Cirro, z. B. Cirrostratos für Schichtwolke in über 6000 m Höhe.
- Mittelhohe Wolken zwischen 2500 und 6000 m erhalten die Vorsilbe Alto, z. B. Altocumulus für Haufenwolke im mittelhohen Bereich.
- Unterhalb 2500 m bis zum Boden erhalten die Wolken keine Zusatzsilbe, z. B. Stratos für Schichtwolke unterhalb 2500 m Höhe.

Es gibt Wolken, die sich über mehrere Stockwerke erstrecken, z. B. die Gewitterwolke Cumulonimbus. Da die Basis dieser Wolke unterhalb 2500 m liegt, erhält sie keine weitere Zusatzbezeichnung.

Wetterlagen

Großräumige Druckgebilde mit kontinentalen Ausmaßen bestimmen die Rahmenbedingungen für unser tägliches Wettergeschehen. Das Wetter in Mitteleuropa ist geprägt vom Wechselspiel der Hochdruck- und Tiefdruckgebiete, die meist von Westen her über den europäischen Kontinent wandern.

Das Tief

In den europäischen Breiten strömen feuchte Warmluftmassen äquatorialen Ursprungs an polarer Kaltluft entlang. An der Scherfläche kommt es zu großräumigen Wirbeln, genannt Tief

Dreidimensionales Bild der Situation rechts (d)

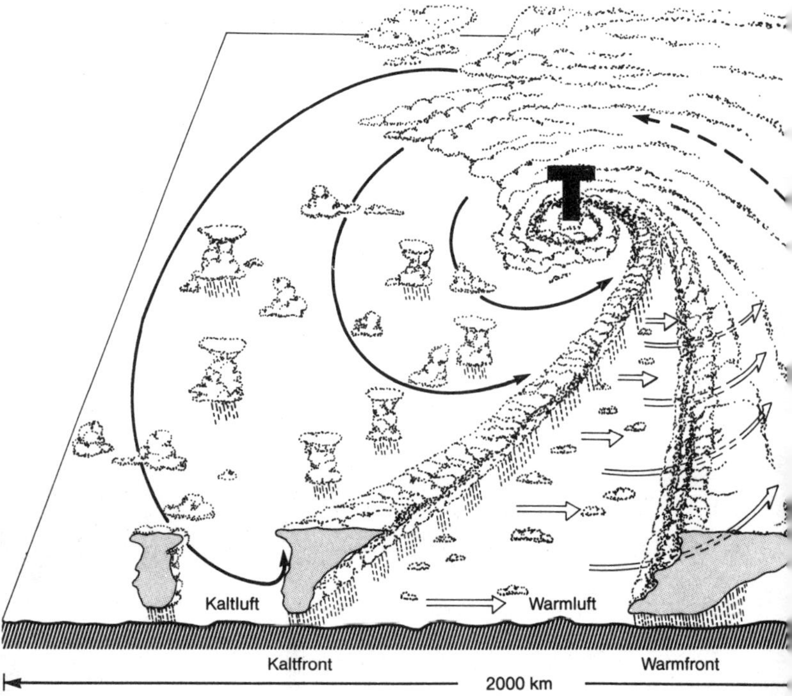

Entstehung eines Tiefs (Draufsicht)

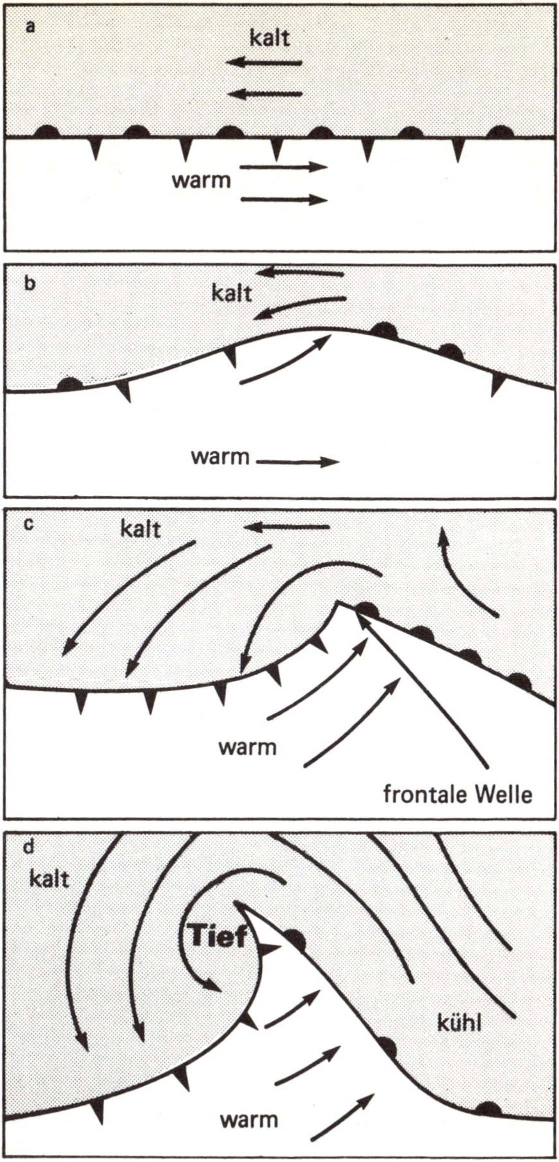

oder Zyklone – mit Anhebung der feuchten Warmluft. Die Hebungsvorgänge führen zu großflächiger Schichtbewölkung mit Niederschlag.
Vom Zentrum des Tiefdruckgebiets aus erstrecken sich als Tiefdruckausläufer die Warmfront und die Kaltfront. Die Warmfront ist gekennzeichnet durch zunächst hohe und dann absinkende Schichtbewölkung mit auffrischendem Wind und dann ausgiebigem Niederschlag. Die Kaltfront hat eine scharfgezeichnete Vorderkante, an der es zu Frontgewittern kommen kann. Begleitet von starken Aufwinden und gefährlichen Turbulenzen, sinkt die Wolkenbasis rasch ab, und es setzt Niederschlag ein, heftiger, aber kürzer als bei der Warmfront.
Holt die schnellere Kaltfront die langsamere Warmfront ein, Okklusion, treten die Wettererscheinungen beider Fronten gleichzeitig auf.

Das Hoch

Zu unterscheiden ist das Zwischenhoch vom zentralen Hoch. Das Zwischenhoch mit wechselnden Windverhältnissen ist zwischen zwei Tiefs eingelagert und hält auf Grund seiner Wanderung nicht lange an. Das zentrale Hoch mit schwächeren Winden bleibt meist für mehrere Tage wetterbestimmend. Das Zwischenhoch entsteht wie das Tief an der Scherfläche von Warm- und Kaltluft, Hochdruckkeil. Das zentrale Hoch stammt meist aus dem Hochdruckgürtel, der am Breitengrad der Azoren verläuft, Azorenhoch.

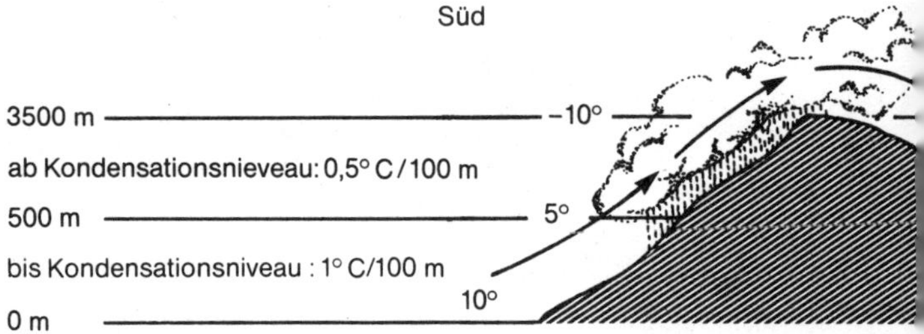

Im Hochdruckgebiet sinkt die Luft großflächig ab und erwärmt sich dabei. Der Absinkvorgang reicht im Hochdruckzentrum bis Bodennähe hinunter. Wo der Absinkvorgang endet, bildet sich die Absinkinversion. Oberhalb der Inversion hat die durch den Absinkvorgang erwärmte und trockene Luft die Wolken aufgelöst und läßt keine neue Wolkenbildung zu. Unterhalb der Inversion kann durch die ungehinderte Sonneneinstrahlung Thermik entstehen. Der Aufstieg der Thermik wird oben begrenzt durch die Inversion, die als Sperrschicht wirkt. Liegt die Sperrschicht ausreichend hoch, können sich unterhalb der Sperrschicht Cumuluswolken bilden.

Der Föhn

Eine spezielle und für Drachenflieger gefährliche Wettererscheinung entsteht an den Alpen, der Föhn. Ein westliches Tief und ein östliches Hoch steuern feuchte Luftmassen aus dem Mittelmeerraum gegen die Alpen. Beim Aufsteigen kühlt die Luft ab, und der Wasserdampf kondensiert. Es bildet sich Staubewölkung meist mit Niederschlag. Der Aufstieg auf der Südseite vollzieht sich großenteils innerhalb der Staubewölkung, und die Abkühlung beträgt daher nur 0,6 Grad pro 100 m. Der Abstieg der Luft auf der Alpennordseite vollzieht sich außerhalb der Bewölkung. Die Lufttemperatur nimmt beim Abstieg um 1 Grad Celsius pro 100 m zu. Nach ihrem Abstieg auf der Nordseite ist die Luft wärmer als vor ihrem Aufstieg auf der Südseite.

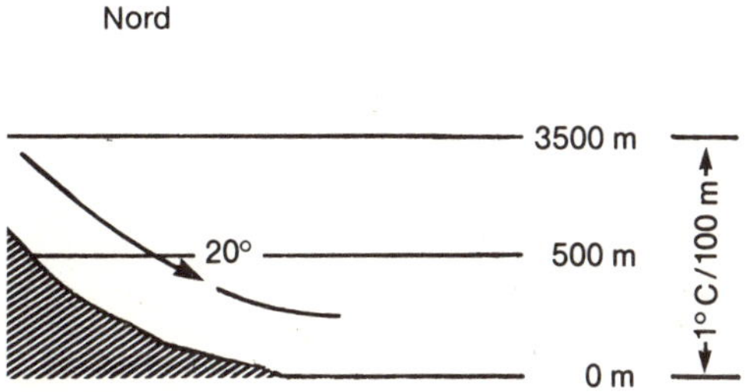

Typisches Kennzeichen für Föhnlagen sind die Linsenwolken Lenticularis. Wenn die Strömung über die Alpen bei hoher Geschwindigkeit in Wellen gerät, kondensieren die Luftteilchen beim Aufstieg am Wellenberg für eine kurze Wegstrecke, und es entsteht die ortsfeste Föhnwellenwolke, wegen ihrer Form Linsenwolke genannt. Die Wellenbewegung der Luftströmung erzeugt unterhalb im Talbereich den Föhnrotor, der nicht am Geländeverlauf erkennbar ist und eine zusätzliche Gefahr für Föhnflüge darstellt.

Föhn – Abwind – Turbulenzen

Weiteres Kennzeichen ist die klare, trockene Luft mit guter Fernsicht. Bei den Niederschlägen auf der Alpensüdseite wurden die Staubpartikel als Kondensationskerne von den Regentropfen gebunden und durch das Abregnen aus der Luft herausgewaschen. Die Föhnluft gelangt in gereinigtem Zustand auf die Alpennordseite.

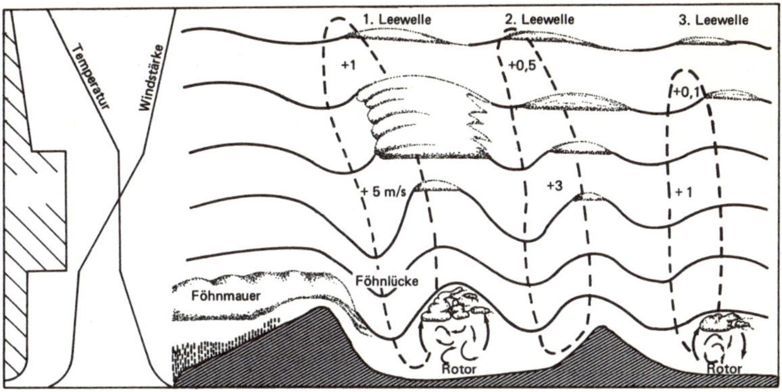

Wettervorhersagen

Dienststelle des Deutschen Wetterdienstes		Vorhersagebereich	Anfrufbeantworter		
			Telefon-Nummer	Wochentag	ge-wöh lich Zeit
Flugwetterwarte Bremen		Weser Emsgebiet			
Flugwetterwarte Düsseldorf		Nordrhein-Westfalen	0211-424014 0211-424015	tägl.	070 110 170
Wetteramt Essen		Nordrhein-Westfalen			
Flugwetterwarte Frankfurt		Hessen Rheinland-Pfalz. Saargebiet	0611-690313	tägl.	080 120 180
Flugwetterwarte Hamburg		Schleswig-Holstein / Lüneburger Heide	040-595878	tägl.	063 110 160 190
Regionale Vorhersagezentrale Hamburg		Schleswig-Holstein u. Niedersachsen			
Flugwetterwarte Hannover		Niedersachsen östlich der Weser	0511-738063	tägl.	084 140 211
Regionale Vorhersagezentrale München		Bayern	089-537572	tägl.	080 160
Flugwetterwarte Nürnberg		Bayern	0911-524036 0911-524037	tägl.	073 173
Flugwetterwarte Stuttgart		Baden-Württemberg Pfalz	0711-795637	tägl.	073

Rundfunk			
Sta- tion Progr.	Wochen- tag	Aus- str.- Zeit	Bemer- kungen
Bremen 1	SA SO	0730	nach den Nachrichten
WDR 2	FR	1800	
HR 3 Saar- land welle	tägl.	0630	
NDR 2	SA SO	0730	Hinweise im Rahmen des Urlaubs-wetter-berichts FR 22.05
BY 3	tägl.	0800 1800	oder 0900 oder 1700
SWF 3 S 1	SA, SO SA, SO	0755 0805	

Sicherheitsvorkehrungen

Ist Drachenfliegen gefährlich?
Ja, wenn der Pilot im Vertrauen auf sein Glück sich nicht bemüht, Risiken zu erkennen oder wenn er erkannte Risiken ignoriert.
Nein, wenn der Pilot die einzelnen Risikobereiche kritisch nach möglichen Unfallursachen absucht, diese unvoreingenommen auf ihren Risikogehalt hin prüft, die notwendigen Sicherheitsvorkehrungen trifft und das Ergebnis vorbehaltslos seiner Startentscheidung zugrunde legt.
Die Aufteilung des gesamten Gefahrenkomplexes in einzelne Risikobereiche soll dem Piloten eine Denkhilfe sein, auf Grund eigener systematischer Überlegungen an Hand der einzelnen Gefahrenquellen die entsprechenden Schutzvorkehrungen herauszufinden. In diesem Sinne haben auch die Aufzählungen innerhalb der Risikobereiche nur Beispielscharakter – freilich unter dem Gesichtspunkt der Häufigkeit und des Risikogehalts zusammengestellt.

Kein Flug ohne Vorflugkontrolle
Kein Start ohne Startcheck

Risikobereich Fluggerät

Ein wesentlicher Teil der Unfälle mit tödlichem Ausgang läßt sich auf das Fluggerät zurückführen, meist im Zusammenwirken mit Flugfehlern und schwierigen Windverhältnissen. Die Gefahrenquellen sind weitgestreut, können aber durch Sicherheitsvorkehrungen fast völlig ausgeschaltet werden.
Ein »falscher« Drachen überfordert den Piloten, daher:

- Bei der Auswahl des Drachentyps darauf achten, daß Fläche und Bauart auf Körpergewicht und fliegerisches Können des Piloten abgestimmt sind.

Sämtliche Änderungen an Trimmung und Seillängen beeinflussen das Flugverhalten, daher:

- Bei jeder Veränderung der Spannseile, Outrigger, Wingtips und Gurtaufhängung sowie nach jeder Bruchlandung und Reparatur den Drachen wieder einfliegen.
- Das Einfluggelände muß hindernisfrei sein und darf hinsichtlich Gefälle und Bodenart auch bei Fehlstarts und Absturz keine ernsten Schäden erwarten lassen. Veränderungen am Drachen stets nacheinander vornehmen, um die Häufung mehrerer Fehler zu vermeiden.

Ein ungewohnter Drachen provoziert Flugfehler, daher:

- Die ersten Flüge mit einem fremden Gerät im Einfluggelände durchführen.

Gefährliche Konstruktionsfehler sind bei Geräten mit Betriebstüchtigkeitsnachweis nicht zu erwarten. Diese Erwartung setzt voraus:

- Keinesfalls den Segelschnitt verändern, den Nasenwinkel vergrößern oder andere Modifikationen der Drachenkonstruktion vornehmen.
- Beim Kauf eines gebrauchten Drachens vergewissern, daß keine Veränderungen vorgenommen sind.

Jede derartige »Verbesserung« hat unabsehbare Konsequenzen für Aerodynamik und Stabilität.

Materialschäden und -schwächen zeigen sich meist erst bei Höchst- oder Dauerbelastung, daher:

- Nach jeder Bruchlandung, nach jeder schweren Beanspruchung und nach längerer Benutzungszeit den Drachen genau untersuchen.
- Geknickte, verbogene und angeschlagene Rohre, besonders die Steuerbügelrohre, nicht zurückbiegen, sondern austauschen.
- Verbogene Bolzen und Beschläge nicht zurückbiegen, sondern auswechseln.
- Abspannseile mit Knick, mit Faserriß oder gedehnter Kausche erneuern, Unterverspannungen spätestens alle zwei Jahre.
- Beim Segel besonders auf ausgerissene Ösen achten, beim Gurtzeug auf Ösen, Nähte und Scheuerstellen.

- Den Schirm in den vorgeschriebenen Zeitintervallen lüften, packen und nachprüfen. Zusätzlich die Verbindungsleine kontrollieren.
- Den Drachen trocken lagern und ihn besonders bei Transport, Auf- und Abbau schonend behandeln.

Fehlerhafter Aufbau des Drachens beruht vielfach auf mangelndem Checking und Nervosität, daher:

- Sorgfältig und ohne Hetze aufbauen.
- Anweisungen des Herstellers berücksichtigen.
- Insbesondere auf verdrehte Kauschen, Bügelstellung, Outrigger, Wingtips, Segelaufhängung achten.
- Sicherungsschäkel zwischen Fallschirmverbindungsleine und Gurtzeug und Doppelaufhängung überprüfen.

Risikobereich Wetter

Ähnlich spärlich wie die äußeren Anzeichen von Luftbewegungen sind die entsprechenden Sicherheitsvorkehrungen.

Während der Start- und Landephase ist der Drachen besonders windanfällig, daher:

- Am Startplatz Windgeschwindigkeitsmesser und Windrichtungsanzeiger anbringen.
- Den Landeplatz mit Windsack oder Windfahne ausstatten, die möglichst vom Startplatz aus bereits erkennbar sind.
- Keinesfalls mit Rückenwind oder Fallwind starten; keine Starts bei Starkwind, Wechselwind oder Turbulenzen; Vorsicht bei Seitenwind.
- Zwischen den Starts mindestens 30 Sekunden warten wegen turbulenter Randwirbel vom vorher gestarteten Drachen.
- Keinesfalls mit Rückenwind landen, größte Vorsicht bei Landungen mit Seitenwind.

Während des Fluges muß der Pilot mit überraschenden Windverhältnissen rechnen, daher:

- Vor dem Start an Windrichtung, Windgeschwindigkeit, Gelände, Temperatur, Wolkenbildung und anderen Anzeichen die voraussichtlichen Windverhältnisse im Luftraum beurteilen und das Ergebnis bei der Flugplanung verwerten.

- Abwindgebiete und Turbulenzzonen meiden.
- Bei unruhigen Windverhältnissen mit leicht erhöhter Geschwindigkeit fliegen.

Nebel, Wolken und dichter Niederschlag machen den Piloten blind, daher:

- Vor dem Start die voraussichtlichen Wetterbedingungen bis zur Landung beurteilen.
- Wolkenfenster genügen nicht.

Kein Flug ohne dauerhafte Erdsicht

Risikobereich Gelände

Erst Bequemlichkeit, Oberflächlichkeit und Flugbesessenheit des Piloten machen das Gelände zu einer Gefahrenquelle. Denn geländebedingte Überraschungen sind völlig vermeidbar und ungünstige Geländeverhältnisse weitgehend zu kalkulieren, daher:

- Objektiv und neutral das Gelände beurteilen, sich nicht von Fluglust zu Fehlbeurteilungen hinreißen lassen.
- Den Landeplatz vorher besichtigen und sich dabei vor allem Zäune, Leitungen und andere aus der Luft nur schwer sichtbare Hindernisse genauestens einprägen.
- Das zu überfliegende Gelände insbesondere nach Leitungen und Seilen absuchen; Materialbahnen haben meist keine Stützen, die Seile heben sich vom Gelände kaum ab!

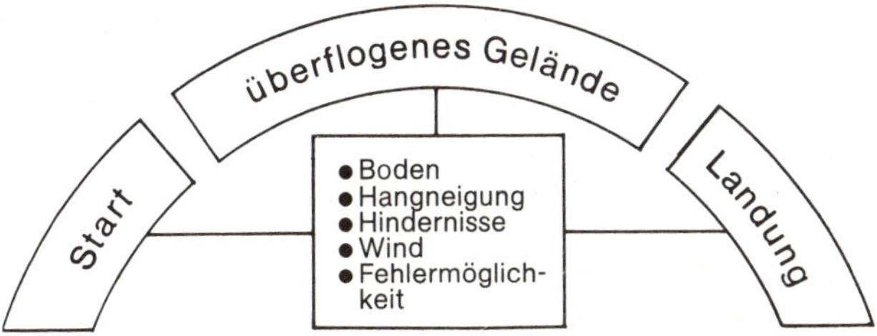

Risikobereich persönliche Ausrüstung

Kein Pilot ist gegen Fehlstarts und Bruchlandungen gefeit. Gerade bei diesen verhältnismäßig leichten Unfällen ist der Sicherheitseffekt einer zweckmäßigen Ausrüstung besonders hoch.

Ungeeignetes Schuhwerk verursacht Fehlstarts und manchmal sogar Knöchelbrüche. Die Schuhe sollten daher

- über den Knöchel reichen
- rutschfeste Sohlen haben
- leicht sein.

Hautabschürfungen werden verhindert oder gemindert durch

- feste Kleidung
- Handschuhe.

Bei der Benutzung von Ski sollten zur Vermeidung von Beinverletzungen und Schnittwunden

- die Ski kurz
- die Sicherheitsbindung richtig eingestellt
- die Fangriemen abmontiert sein. Skibremse ist erforderlich.

Besonderer Verletzungsgefahr ist der Kopf ausgesetzt, daher:

Nie ohne Helm fliegen

Der Helm muß

- in der Belastbarkeit einem Motorradhelm entsprechen
- möglichst weite Teile des Kopfes bedecken (Integralhelm)
- das Sichtfeld freilassen
- die Hörfähigkeit des Piloten gewährleisten.

Risikobereich Hilfeleistung

Während die bisherigen Sicherheitsvorkehrungen hauptsächlich der Verhinderung von Unfällen und Verletzungen galten, geht es nunmehr um Unfallrettung und -versorgung:

- Bei jedem Start sollte eine zur Hilfeleistung bereite und fähige Person anwesend sein.
- An Start- und Landeplatz hat je eine Sanitätsgrundausstattung bereitzuliegen.

- Jeder Pilot muß mindestens über eine achtstündige Ausbildung in »Sofortmaßnahmen am Unfallort« verfügen, Fluglehrer über eine 16stündige Ausbildung in Erster Hilfe.

Risikobereich Gefährdung anderer

Der Drachenpilot muß sich damit abfinden, daß er für andere Personen nicht nur einen schönen Anblick bietet, sondern auch eine Gefahr darstellen kann, die in manchen Fällen zur Verärgerung über »die Drachenflieger« führt, daher:

- Keine Flüge über oder in unmittelbarer Nähe von Wohngebieten oder Menschenansammlungen, besondere Vorsicht bei Veranstaltungen.
- Die Nähe stark frequentierter oder mit hoher Geschwindigkeit befahrener Straßen meiden. Jedenfalls die vorgeschriebenen Mindestabstände zu Autobahnen, anderen befahrenen Straßen und Eisenbahnen sowie zu Skipisten, Liften und Bergbahnanlagen einhalten.
- Start- und Landeplatz – eventuell mit Hilfe von Absperrungen und Warntafeln – von Menschen vollkommen freihalten.
- Sofort nach der Landung das Gerät aus dem Landebereich entfernen.

Risikobereich Flugplanung

Der Großteil schwerer Unfälle ist auf mangelhafte oder gar fehlende Flugplanung und -einteilung zurückzuführen, daher:

- Noch vor dem Start die Flugroute festlegen, unter Berücksichtigung von Geländegefälle und Gerätegleitwinkel, erwarteten und ungünstigen Windverhältnissen, Geländeform, Hindernissen, Not- und Außenlandemöglichkeiten, Flugtechnik des Piloten,
- frühzeitig und mit möglichst großer Höhenreserve die Landeeinteilung planen,
- geplante Flugroute und Landeeinteilung einhalten.

Risikobereich Verfassung des Piloten

Alle Sicherheitsvorkehrungen sind bei einem kranken oder psychisch labilen Piloten nur die Hälfte wert.
Das Drachenfliegen stellt hohe Anforderungen an den Kreislauf, an die Konzentrationsfähigkeit und an die Reaktionsfähigkeit; die bloße Muskelkraft ist untergeordnet. Diese Belastungen sind besonders hoch beim Start, in schwierigen Flugsituationen und vor der Landung. Selbst geringfügige Unpäßlichkeiten können zum Unfall führen, daher:

- Keine Übermüdung vor dem Start
- Nicht unter Medikamenteneinfluß fliegen
- Nicht mit einem »Kater« an den Drachen
- Persönliche Wetterfühligkeit berücksichtigen
- Erkältungskrankheiten stören den Druckausgleich im Kopf.

Genauso wichtig ist die psychische Verfassung. Psychische Belastung schränkt die Urteilsfähigkeit ein, führt zu Fehlbeurteilungen, beschränkt die Konzentrations- und Reaktionsfähigkeit.

Der Pilot muß sich frei von psychischer Belastung fühlen. Belastungsmöglichkeiten sind:

- Beruflicher Streß und Unstimmigkeiten in den persönlichen Beziehungen
- Zeitnot und Hetze, besonders bei der Flugvorbereitung
- massive Angstzustände
- Ärger und Aggressionsgefühle
- Alkoholkonsum
- Druck von Zuschauern, Fliegerkameraden und anderen Außenstehenden
- Drang nach Selbstbestätigung.

Drachenflieger genießen den zweifelhaften Ruf eines besonderen Mutes. Aber: Mutig ist nicht, wer ohne Bedenken oder mit angstnassen Händen an den Start geht. Mut hat, wer nach kritischer Beurteilung aller äußeren Umstände und seines persönlichen Könnens seinen Drachen wieder abbaut. Es zählt nicht der Mut zum Fliegen, sondern der Mut zur richtigen

Entscheidung; denn Erwartungen von Zuschauern und anderen Außenstehenden – aber auch der Drang nach Selbstbestätigung – stempeln die richtige Entscheidung zur Feigheit.

Nie gegen eigene Bedenken starten

Luftrecht

Der Luftraum über dem Gebiet der Bundesrepublik Deutschland ist so stark frequentiert wie kaum über einem anderen Staatsgebiet. Luftliniengesellschaften aus allen Ländern fliegen die deutschen Flughäfen an. Militärflugzeuge der Bundesluftwaffe und der NATO-Luftstreitkräfte kreuzen im Tiefflug über das ganze Bundesgebiet. Und die sogenannte Allgemeine Luftfahrt – vor allem der Luftsport mit Motorfliegern, Segelfliegern, Motorseglern, Fallschirmspringern, Modellfliegern, Ballonfahrern und uns Drachenfliegern – ist in keinem vergleichbaren Land zahlenmäßig so stark und flächenmäßig so beengt. Um den Luftraum für alle Beteiligten zugänglich zu machen, ohne gleichzeitig ein gefährliches Durcheinander entstehen zu lassen, ist das Luftrecht entstanden, zum Schutz der Teilnehmer am Luftverkehr und der Bevölkerung.
Mitte der siebziger Jahre traf der Nachkömmling Drachenfliegen ein fertiges und auf die vorhandenen Luftraumbenutzer zugeschnittenes Rechtssystem an. Es galt, die speziellen Bedürfnisse und Möglichkeiten des Drachenfliegens nachträglich in das vorhandene Luftrecht einzubauen. Dies hat die Möglichkeit eröffnet, im Zusammenwirken von Behörde und Pilotenverband neue Wege des Luftrechts zu gehen. Ergebnis ist, daß der Drachenflugsport in weiten Bereichen – Stichworte: Luftfahrerschein, Luftfahrzeugzulassung, Flugplatzzwang – den strikten Regelungen des allgemeinen Luftrechts entronnen ist und mehr Freiheiten genießt als die übrigen Luftsportarten.

Grundlagen

Das Luftrecht für Drachenfliegen ist vergleichbar einem Zahnradwerk aus allgemeinen Bestimmungen, die für alle Luftfahrer gelten, und aus speziellen für das Drachenfliegen. Die Darstellung des Luftrechts in diesem Buch beschränkt sich auf die

Bestimmungen, die für den normalen Übungsbetrieb wichtig sind. Für Überlandflüge und für Flüge im kontrollierten Luftraum sind weitgehende Kenntnisse der Luftraumgliederung und des Luftrechts erforderlich, enthalten im Buch »Drachenfliegen für Meister«.

Das Luftverkehrsgesetz (LuftVG)

Gesetzliche Grundlage des Luftverkehrs in Deutschland ist das Luftverkehrsgesetzt (LuftVG)[1]. Das Drachenfliegen ist in diesem Gesetz zwar nicht ausdrücklich genannt, der Drachen – amtlich Hängegleiter – ist jedoch ein »sonstiges für die Benutzung des Luftraums bestimmtes Gerät«[2] und damit ein Luftfahrzeug im Sinne des Luftverkehrsgesetzes.

Die Luftverkehrsordnung (LuftVO)

Während das Luftverkehrsgesetz die übergeordneten Fragen beantwortet, z. B. was ein Luftfahrzeug oder ein Flugplatz ist und welche Luftfahrtbehörden mit welchen Zuständigkeiten es gibt, sind die Einzelheiten in Verordnungen, Verfügungen und anderen nachrangigen Bestimmungen geregelt.
Unter den Verordnungen hat nur die Luftverkehrsordnung (LuftVO)[3] für den Drachenflug Bedeutung. Wichtig sind vor allem jene Bestimmungen, die der Sicherheit der Luftfahrer dienen, z. B. Ausweichregeln und die den Schutz der Allgemeinheit bezwecken, z. B. Sicherheitsmindesthöhe. Die Luftverkehrsordnung beantwortet die Frage, »wie« der Flugbetrieb abzuwikkeln ist.
Weitere Verordnungen nach dem Luftverkehrsgesetz sind die Luftverkehrszulassungsordnung (Luft VZO) und die Luftfahrtpersonalverordnung (LuftPersV), die jedoch beide für den Drachenflugsport keine Bedeutung haben. Die LuftVZO regelt das behördliche Zulassungsverfahren für Luftfahrzeuge, Luftfahrer

[1] Auszugsweise abgedruckt im Anhang

[2] § 1 Absatz 2 LuftVG

[3] Auszugsweise abgedruckt im Anhang

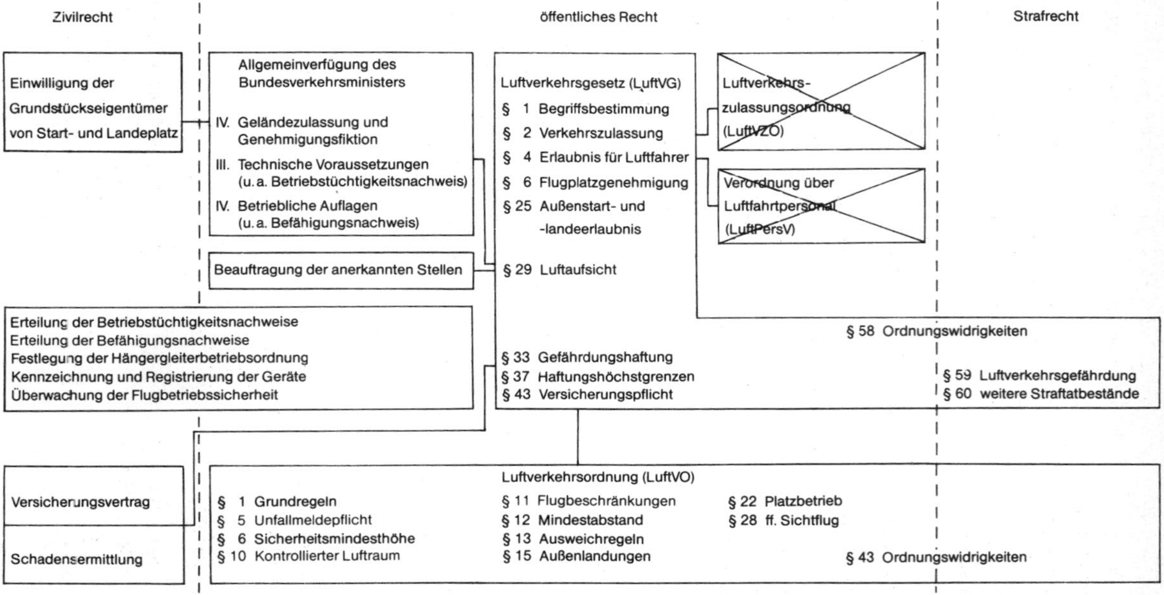

Zivilrecht
öffentliches Recht
Strafrecht
Einwilligung der Grundstückseigentümer von Start- und Landeplatz
Allgemeinverfügung des Bundesverkehrsministers
IV. Geländezulassung und Genehmigungsfiktion
III. Technische Voraussetzungen (u. a. Betriebstüchtigkeitsnachweis)
IV. Betriebliche Auflagen (u. a. Befähigungsnachweis)
Beauftragung der anerkannten Stellen
Luftverkehrsgesetz (LuftVG)
§ 1 Begriffsbestimmung
§ 2 Verkehrszulassung
§ 4 Erlaubnis für Luftfahrer
§ 6 Flugplatzgenehmigung
§ 25 Außenstart- und -landeerlaubnis
§ 29 Luftaufsicht
§ 33 Gefährdungshaftung
§ 37 Haftungshöchstgrenzen
§ 43 Versicherungspflicht
Luftverkehrszulassungsordnung (LuftVZO)
Verordnung über Luftfahrtpersonal (LuftPersV)
§ 58 Ordnungswidrigkeiten
§ 59 Luftverkehrsgefährdung
§ 60 weitere Straftatbestände
Erteilung der Betriebstüchtigkeitsnachweise
Erteilung der Befähigungsnachweise
Festlegung der Hängergleiterbetriebsordnung
Kennzeichnung und Registrierung der Geräte
Überwachung der Flugbetriebssicherheit
Versicherungsvertrag
Schadensermittlung
Luftverkehrsordnung (LuftVO)
§ 1 Grundregeln
§ 5 Unfallmeldepflicht
§ 6 Sicherheitsmindesthöhe
§ 10 Kontrollierter Luftraum
§ 11 Flugbeschränkungen
§ 12 Mindestabstand
§ 13 Ausweichregeln
§ 15 Außenlandungen
§ 22 Platzbetrieb
§ 28 ff. Sichtflug
§ 43 Ordnungswidrigkeiten

und Flugplätze. Die LuftPersV behandelt die Einzelheiten für den Erwerb des behördlichen Luftfahrerscheins. Das Hängegleitergerät unterliegt jedoch nicht der behördlichen Prüf- und Zulassungspflicht, und der Hängegleiterpilot benötigt keinen behördlichen Luftfahrerschein. Luftfahrzeugzulassung und Luftfahrerschein sind ersetzt durch Betriebstüchtigkeitsnachweis und Befähigungsnachweis.

Allgemeinverfügung des BMV

Im Jahr 1977 hatte der Bundesminister für Verkehr (BMV) den damals noch jungen Drachenflugsport durch die Hängegleiterrichtlinien geregelt. Im Jahr 1982 hat der Bundesminister die Richtlinien durch die Allgemeinverfügung für den Betrieb von bemannten, nichtzulassungspflichtigen Luftfahrzeugen in der Bundesrepublik Deutschland[4] ersetzt. Diese Allgemeinverfügung beruht auf § 29 Abs. 1 LuftVG, wonach die Luftfahrtbehörden in Ausübung der Luftaufsicht Verfügungen erlassen können, die für jedermann verbindlich sind.
Die Allgemeinverfügung ist die zentrale Vorschrift für den Drachenflugsport. Sie schreibt vor, daß Betriebstüchtigkeitsnachweis und Befähigungsnachweis erforderlich sind, definiert die Luftfahrzeugarten Hängegleiter, Gleitflugzeug und Ultraleichtflugzeug, legt die wesentlichen technischen Voraussetzungen fest, bestimmt die betrieblichen und ausbildungsmäßigen Forderungen, erleichtert die Fluggeländezulassung, bestätigt die Versicherungspflicht und droht für Verstöße Strafen und Bußgelder an. Für die Regelung weiterer Einzelheiten und für die Durchführung der Allgemeinverfügung ist die Beauftragung anerkannter Stellen vorgesehen.

Behörden und Dienste

Oberste Luftfahrtbehörde in Deutschland ist der **Bundesminister für Verkehr (BMV)**, der für den Hängegleitersport weitgehend zuständig ist. Die Ministerien bzw. Luftämter der Länder als weitere Luftfahrtbehörden sind in Hängegleiterangelegenheiten

[4] Abgedruckt im Anhang

nur für einzelne Sachbereiche zuständig, z. B. für die Erteilung von Außenstart- und -landeerlaubnissen bei Drachenfluggeländen in der Nähe von Flugplätzen. Den Luftfahrtbehörden obliegt zugleich die Luftaufsicht.
Das **Luftfahrtbundesamt (LBA)** ist dem BMV unmittelbar unterstellt. Als Drachenflieger kommt man mit dem Luftfahrtbundesamt bei einem Unfall in Berührung, weil das Luftfahrtbundesamt für die Flugunfalluntersuchungen zuständig ist.
Die **Bundesanstalt für Flugsicherung (BFS)** ist für die Kontrolle des Luftverkehrs zuständig. Sie hat ihre Zentrale in Frankfurt und Dienststellen an den deutschen Flughäfen. Die Dienststellen sind die in der Allgemeinverfügung mehrfach genannten »Flugsicherungsstellen«, manchmal auch kurz »Flugsicherung« oder noch kürzer »FS« genannt.
Dem **Flugalarmdienst** obliegt die Aufgabe, den Such- und Rettungsdienst (SAR = Search and Rescue) zu benachrichtigen, wenn ein Luftfahrzeug Hilfe benötigt. Die Alarmierung des SAR-Dienstes erfolgt durch die Flugsicherungsstellen oder durch Rettungsorganisationen, z. B. Rotes Kreuz und Bergwacht. SAR-Hubschrauber haben meistens eine Aufzugswinde für Bergungen in schwer zugänglichem Gelände an Bord.
Weitere Dienste sind der Flugberatungsdienst (AIS), der Fluginformationsdienst (FIS), und die Flugwetterberatung des Deutschen Wetterdienstes (DWD).

Anerkannte Stellen

Erstmalig im deutschen Luftrecht hat der Bundesminister für Verkehr wesentliche staatliche Aufgaben an nichtstaatliche Institutionen übergeben, an die anerkannten Stellen. Rechtliche Grundlage ist § 29 Abs. 2 LuftVG, wonach die Luftfahrtbehörden ihre luftaufsichtlichen Aufgaben auf andere Stellen übertragen können.
Auf Grund dieser Übertragung ist der Deutsche Hängegleiterverband e. V. (DHV) zuständig für die Prüfung der Fluggeräte, der Rettungssysteme und der Gurtzeuge sowie für die Erstellung der technischen Betriebstüchtigkeitsforderungen, für die Erteilung der Betriebstüchtigkeitsnachweise und für die Kennzeichnung

und Eintragung der Fluggeräte, soweit ein Kennzeichen erforderlich ist. Gemeinsame Aufgaben des DHV und des Deutschen Aero Club e. V. (DAeC) sind die Prüfung der Hängegleiterpiloten und Hängegleiterlehrer, die Erstellung der Ausbildungsforderungen, die Erteilung der Befähigungsnachweise, die Festlegung der Hängegleiterbetriebsordnung und die Überwachung des Hängegleiterflugbetriebes.

Hängegleiterbetriebsordnung (HBO)

Auf Grund der Allgemeinverfügung[5] haben der DHV und der DAeC als anerkannte Stellen die Hängegleiterbetriebsordnung (HBO)[6] erstellt, die für alle Hängegleiterpiloten in der Bundesrepublik Deutschland verbindlich ist.
Die Hängegleiterbetriebsordnung behandelt die Flugvorbereitung, bestimmt die Tätigkeit der Flugleiter, legt spezielle Flugregeln fest und koordiniert den Schleppbetrieb.

Hängegleiterpilot

Hängegleiterpiloten müssen gemäß Allgemeinverfügung den Befähigungsnachweis[7] einer anerkannten Stelle – DHV oder DAeC – besitzen. Die Voraussetzungen für den Befähigungsnachweis sind in der Ausbildungs- und Prüfungsordnung festgelegt. Mindestalter für den Beginn der Ausbildung ist das vollendete 16. Lebensjahr; für Minderjährige muß die Zustimmung der Eltern oder des gesetzlichen Vertreters vorliegen. Entsprechend dem Ausbildungsstand gibt es mehrere Stufen des Befähigungsnachweises. Zur Ausbildung berechtig sind nur die vom DHV und vom DAeC geprüften Drachenfluglehrer, und die Ausbildung darf nur in anerkannten Ausbildungsstätten – das können Schulen und Vereine sein – stattfinden. Ausländische Pilotenlizenzen können für solche Piloten anerkannt werden,

[5] Allgemeinverfügung Abschnitt IV Ziffer 1.1

[6] Abgedruckt im Anhang

[7] Allgemeinverfügung Abschnitt I Ziffer 1 und Abschnitt IV Ziffer 1.1

die ihren ständigen Wohnsitz außerhalb der Bundesrepublik Deutschland haben.

Fluggerät

Die rechtliche Definition des Hängegleiters ergibt sich aus der Allgemeinverfügung[8]. Danach sind Hängegleiter motorlose Luftfahrzeuge, die ausschließlich oder teilweise durch Gewichtsverlagerung des Piloten gesteuert werden und »die fußstart- und fußlandefähig sind«. Gemäß dieser Definition ist ein Fluggerät, das zwar innerhalb der Gewichtsgrenzen liegt, jedoch überhaupt nicht durch Gewichtsverlagerung gesteuert wird, kein Hängegleiter, sondern ein Gleitflugzeug mit abweichenden Bedingungen in Ausbildung und Technik.
Für jeden in Deutschland benutzten Hängegleiter muß ein Betriebstüchtigkeitsnachweis[9] bestehen. Die häufigste Art des Betriebstüchtigkeitsnachweises ist das Gütesiegel, das nach technischer Prüfung eines Mustergeräts für die gesamte Serie erteilt wird. Die Seriengeräte sind mit der Gütesiegelplakette gekennzeichnet.
Die zweite wichtige Art des Betriebstüchtigkeitsnachweises ist das anerkannte ausländische Zertifikat. Die Anerkennung erfolgt durch den DHV wechselseitig mit anderen Ländern und setzt voraus, daß die ausländischen Prüfungsanforderungen den deutschen gleichwertig sind. Die Gerätetypen mit Gütesiegel bzw. mit anerkannten ausländischen Zertifikaten werden regelmäßig vom Deutschen Hängegleiterverband veröffentlicht.
Für Einzelstücke besteht ebenfalls die Möglichkeit der Prüfung und der Erteilung eines Betriebstüchtigkeitsnachweises. Geräte, die noch der Erprobung bedürfen, können zu diesem Zweck vom DHV eine Erprobungsgenehmigung bekommen. Der Betriebstüchtigkeitsnachweis und der Befähigungsnachweis sind den berechtigten Personen auf Verlangen vorzulegen[10]. Berech-

[8] Allgemeinverfügung Abschnitt II Ziffer 2

[9] Allgemeinverfügung Abschnitt I Ziffer 1 und Abschnitt III Ziffer 1.1

[10] Allgemeinverfügung Abschnitt IV Ziffer 1.2

tigt sind die behördlichen Ordnungsorgane und die von einer anerkannten Stelle Beauftragten.

Fluggelände

Alle bemannten Luftfahrzeuge brauchen für Starts und Landungen einen genehmigten Flugplatz. Für Starts und Landungen außerhalb von Flugplätzen ist eine besondere Erlaubnis der Luftfahrtbehörde erforderlich. Hängegleiter sind die einzigen bemannten Luftfahrzeuge, bei denen der Bundesminister für Verkehr unter bestimmten Voraussetzungen von diesem strikten Genehmigungs- bzw. Erlaubniszwang abgewichen ist.
Ein Hängegleitergelände muß nur dann als Flugplatz nach § 6 LuftVG genehmigt sein, wenn es – gemäß Allgemeinverfügung – fortgesetzt und ausschließlich oder hauptsächlich für den Betrieb der Hängegleiter benutzt werden soll[11]. Diese Merkmale sind nur bei einem kleinen Bruchteil der deutschen Hängegleitergelände erfüllt.
Der weitaus größte Teil der Starts und Landungen mit Hängegleitern erfolgt außerhalb von genehmigten Flugplätzen, so daß es nur einer Außenstart- und -landeerlaubnis nach § 25 LuftVG bedarf. Diese behördliche Erlaubnis nach § 25 LuftVG gilt auf Grund der Allgemeinverfügung[12] ohne Antrag und automatisch als erteilt (Genehmigungsfiktion), wenn

- das Fluggelände außerhalb von einem Wohngebiet liegt und mehr als 3 km von der Begrenzung eines Flugplatzes entfernt ist
- die technischen Voraussetzungen und betrieblichen Forderungen der Allgemeinverfügung und der Hängegleiterbetriebsordnung erfüllt sind
- der Grundstückseigentümer oder der sonst Berechtigte, z. B. Pächter, zugestimmt hat.

Die Genehmigungsfiktion gilt dementsprechend nicht, wenn eine Voraussetzung fehlt, z. B. wenn der Startplatz weniger als 3 km von der Begrenzung eines Flugplatzes entfernt ist. In

[11] Allgemeinverfügung Abschnitt IV Ziffer 3.1

[12] Allgemeinverfügung Abschnitt IV Ziffer 3.2

diesem Fall ist ein Antrag auf Erteilung der Außenstart- und -landeerlaubnis bei der örtlich zuständigen Luftfahrtbehörde zu stellen, und die Behörde erteilt einen Erlaubnis- oder Ablehnungsbescheid.
An Start- und Landestellen müssen Windrichtungsanzeiger angebracht sein und Erste-Hilfe-Ausstattungen bereitgehalten werden[13].

Flugregeln

Die hier dargestellten Regeln für den Hängegleiterflugbetrieb stammen aus der Luftverkehrsordnung, der Allgemeinverfügung und der Hängegleiterbetriebsordnung, die im Anhang vollständig abgedruckt sind. Um Wiederholungen zu vermeiden, werden hier nur solche Regelungen behandelt, die einer Erläuterung oder einer Vertiefung bedürfen.

Grundregeln für das Verhalten im Luftverkehr

Ebenso wie im Straßenverkehr hat auch im Luftverkehr jeder Teilnehmer sich »so zu verhalten, daß Sicherheit und Ordnung im Luftverkehr gewährleistet sind und kein anderer gefährdet, geschädigt oder mehr als nach den Umständen unvermeidbar behindert oder belästigt wird«. Diese in § 1 LuftVO vorangestellte Grundregel der Rücksichtnahme gegenüber allen anderen – ob in der Luft oder am Boden – findet sich wieder in den nachfolgenden Flugregeln. Auch wer Vorrecht hat, darf auf seinem Vorrecht nicht bestehen, wenn dadurch eine gefährliche Situation entstehen könnte.
Gleich an zweiter Stelle steht das strenge Verbot, unter Einfluß von Alkohol oder anderen berauschenden Mitteln ein Luftfahrzeug zu führen[14]. Die Promille-Grenze für absolute Fluguntauglichkeit liegt beim Luftverkehr mit 0,4-0,5 Promille weit unterhalb der Promille-Grenze im Straßenverkehr, Leistungsminde-

[13] Allgemeinverfügung Abschnitt IV Ziffer 3.5

[14] § 1 Absatz 3 LuftVO

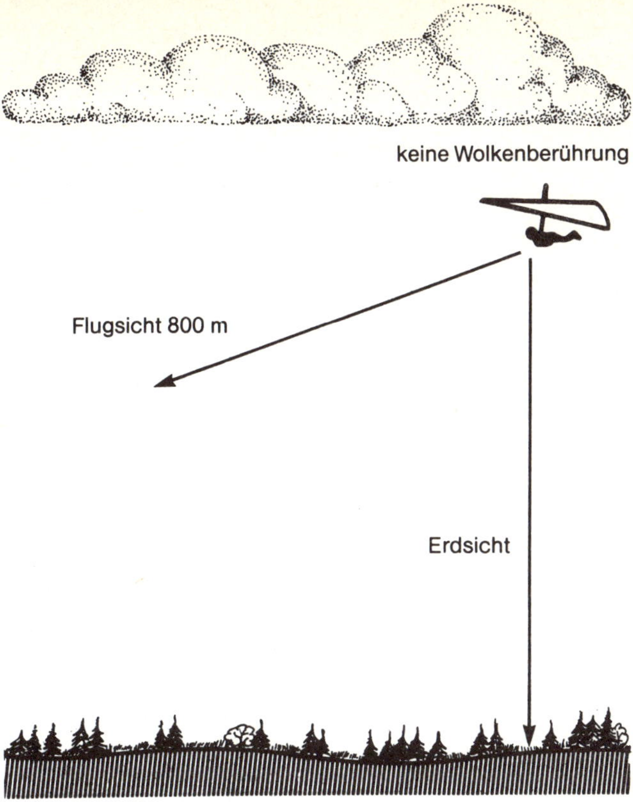

rung tritt bereits bei 0,2 Promille auf. Fliegen darf auch nicht, wer »infolge geistiger oder körperlicher Mängel in der Wahrnehmung der Aufgaben als Führer eines Luftfahrzeuges behindert ist«, dazu zählt auch Übermüdung.

Sichtbedingungen

Die Sichtflugregeln in der Luftverkehrsordnung schreiben für Hängegleiterflüge im unkontrollierten Luftraum[15] folgende Mindestsichtbedingungen vor:

[15] § 29 Absatz 2 LuftVO i. V. m. Allgemeinverfügung Abschnitt I Ziffer 4

- Erdsicht (Sicht zum Boden)
- Flugsicht 800 m (Sicht in Flugrichtung)
- keine Wolkenberührung
- Möglichkeit des rechtzeitigen Erkennens von Hindernissen.

Sicherheitsabstände und Sicherheitshöhen

Wie alle anderen Luftfahrzeugführer hat auch der Hängegleiterpilot zu anderen Luftfahrzeugen, Bodenfahrzeugen oder sonstigen Hindernissen einen ausreichenden Abstand einzuhalten[16]. Der sonst im Flug vorgeschriebene Mindestabstand von 150 m gilt nicht für Hängegleiter, die in ihrer Betriebsform den Segelfliegern vergleichbar sind und daher die für Segelflieger bestehende Ausnahme in Anspruch nehmen können.
Um außenstehende Dritte nicht zu gefährden, ist nach der Hängegleiterbetriebsordnung[17] ein senkrechter und waagrechter Mindestsicherheitsabstand einzuhalten von

- 100 m zu Autobahnen
- 50 m zu allen anderen Straßen mit Fahrverkehr und zu Eisenbahnen
- 50 m zu Skipisten, Liften und Bergbahnanlagen, sofern diese in Betrieb sind.

Drachenflieger dürfen nicht über oder in unmittelbarer Nähe von Wohngebieten oder Menschenansammlungen fliegen[18]. Ausnahme Überlandflug. Das Unterfliegen von Brücken oder ähnlichen Bauten sowie von Freileitungen und Antennen ist untersagt[19].
Die Flughöhe soll 150 m nicht überschreiten[20]. Diese Sollgrenze kann in Einzelfällen überschritten werden, wenn dies ohne Gefährdung des übrigen Luftverkehrs möglich ist.

[16] § 12 LuftVO i. V. m. Allgemeinverfügung Abschnitt I Ziffer 4

[17] Hängegleiterbetriebsordnung Abschnitt III Ziffer 3

[18] Allgemeinverfügung Abschnitt IV Ziffer 1.6

[19] § 6 Absatz 2 LuftVO

[20] Allgemeinverfügung Abschnitt IV Ziffer 1.5

Allgemeine Ausweichregeln[21]

Als Grundsätze und Faustregeln gelten:

- Alle Arten von bemannten Luftfahrzeugen sind gleichberechtigt. Ausnahmen: Kreuzende Flugrichtungen verschiedenartiger Luftfahrzeuge; Landeanflug verschiedenartiger Luftfahrzeuge.
- Das nicht ausweichpflichtige Luftfahrzeug muß seinen Kurs und seine Geschwindigkeit beibehalten, bis eine Zusammenstoßgefahr ausgeschlossen ist (Deutlichkeitsgebot). Ausnahme: Unmittelbare Gefahr eines Zusammenstoßes.
- Das ausweichpflichtige Luftfahrzeug hat beim Ausweichen einen Abstand vom anderen Luftfahrzeug einzuhalten, der eine Gefährdung oder Behinderung eines Luftfahrzeugs ausschließt.
- Einem Luftfahrzeug, das in seiner Manövrierfähigkeit erkennbar behindert ist, ist stets auszuweichen.

Für spezielle Situationen gilt:

- Bei Begegnung zweier Luftfahrzeuge – auch bei der Begegnung von Drachen und Motorflugzeugen – haben beide Luftfahrzeuge nach rechts auszuweichen. Spezielles gilt für Begegnungen am Hang, siehe besondere Regeln für Hang- und Thermikflug.

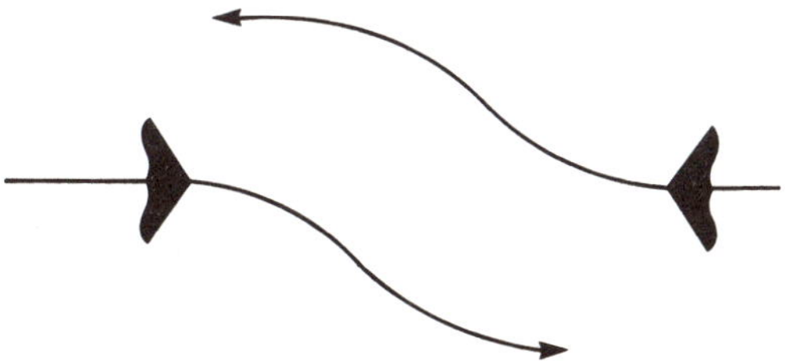

- Beim Überholen ist das überholende Luftfahrzeug ausweichpflichtig und hat stets rechts vorbeizufliegen; Über- oder Unterfliegen ist unzulässig. Ein Überholvorgang liegt vor, wenn das überholende Luftfahrzeug sich in einem Winkel bis

[21] § 13 LuftVO

70 Grad zur Flugrichtung des Überholten von rückwärts nähert.

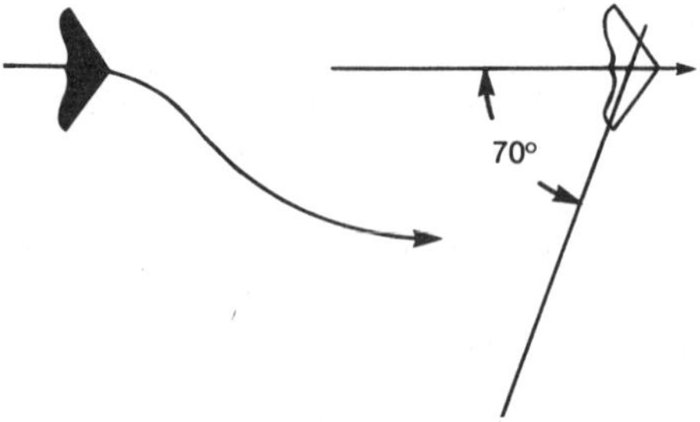

- Kreuzen sich die Flugrichtungen von Drachen/Drachen oder Drachen/Segelflugzeug, hat der von links kommende auszuweichen. Kreuzende Motorflugzeuge und andere motorgetriebene Luftfahrzeuge – auch Ultraleichtflugzeuge – haben dem Drachen auszuweichen, gleichgültig wer von links kommt, und ebenso haben Drachen den Ballonen auszuweichen.

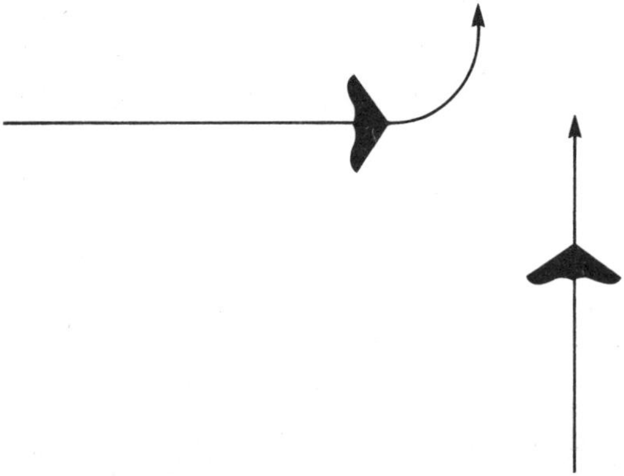

- Beim gleichzeitigen Landeanflug von Drachen/Drachen oder Drachen/Segelflugzeug hat der höherfliegende dem tieferfliegenden auszuweichen. Motorgetriebene Luftfahrzeuge haben dem Drachen auszuweichen. Unterschneiden oder Überholen beim Endanflug ist verboten.

Besondere Regeln für Hang- und Thermikflug

Die allgemeinen Ausweichregeln sind zu wenig speziell, um in den Aufwindgebieten, wo sich Hängegleiter konzentrieren, einen sicheren Flugbetrieb zu gewährleisten. In Auslegung der LuftVO und in Anlehnung an den Segelflug enthält die Hängegleiterbetriebsordnung[22] besondere Regeln für Hang- und Thermikflug, um die Flugbewegungen zu koordinieren, sie für die anderen Piloten vorhersehbar zu machen und auf diese Weise einer Mehrzahl von Hängegleitern die gleichzeitige und gefahrlose Nutzung des Aufwindgebietes zu ermöglichen.

- 180-Grad-Kurven erfolgen stets vom Hang weg. Vor der Kehre ist auf nachfolgende Luftfahrzeuge besonders zu achten.

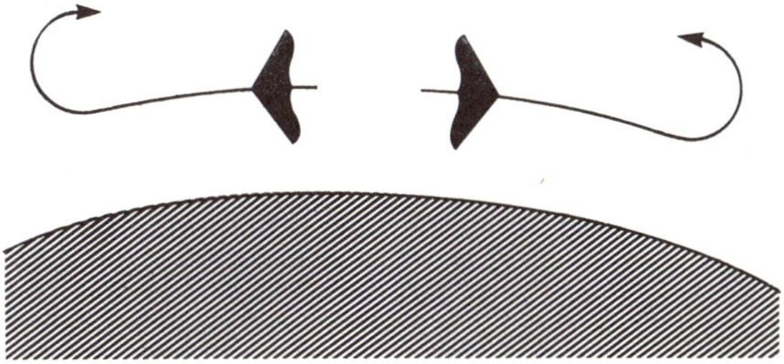

- Wer bei einer Begegnung mit einem anderen Luftfahrzeug den Hang (oder ein anderes Hindernis) zur rechten Seite hat, ist vorflugberechtigt. Dies folgt aus der Begegnungsvorschrift der Luftverkehrsordnung, wonach jeder nach rechts auszuweichen hat; wer dies nicht kann, darf weiterfliegen, und nur der andere ist ausweichpflichtig.
- Anfliegende, abfliegende oder kreuzende Fluggeräte weichen den Fluggeräten aus, die sich im Hangaufwind oder im Thermikkreis befinden.
- Die Drehrichtung in der Thermik wird von dem Fluggerät bestimmt, das sich zuerst in der Thermik befindet. Diese

[22] Hängegleiterbetriebsordnung Abschnitt III Ziffern 6 bis 10

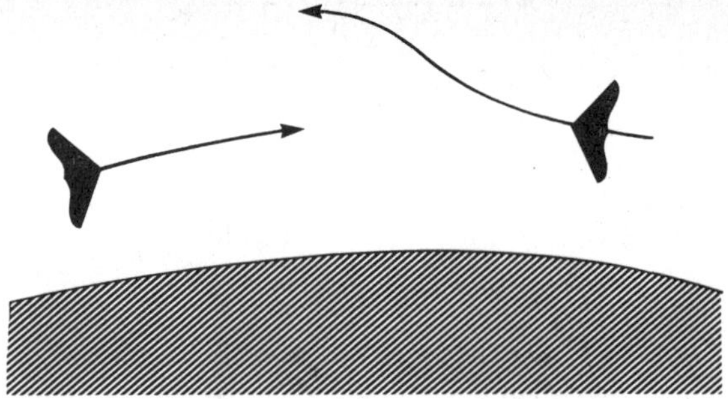

Regel gilt unabhängig von der Einstiegshöhe des Neuankömmlings.

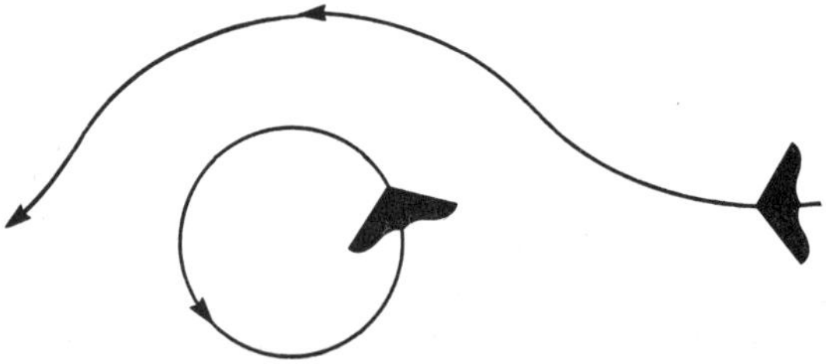

- Das langsamer steigende Fluggerät weicht dem schneller steigenden aus. Diese Regel entspricht den Sichtverhältnissen des höher bzw. des tiefer fliegenden Hängegleiterpiloten.

Landeanflug

Wie im Luftverkehr insgesamt üblich, besteht der Landeanflug aus Gegenanflug, Queranflug und Endanflug, eingeordnet in den übrigen Flugbetrieb[23]. Diese Regel beruht auf ähnlichen Gründen wie die Regeln für Hang- und Thermikflug, denn auch im Bereich des Landeplatzes herrscht eine besondere Konzentration von Hängegleitern mit der Gefahr von Behinderungen und Zusammenstößen.

[23] Hängegleiterbetriebsordnung Abschnitt III Ziffer 11

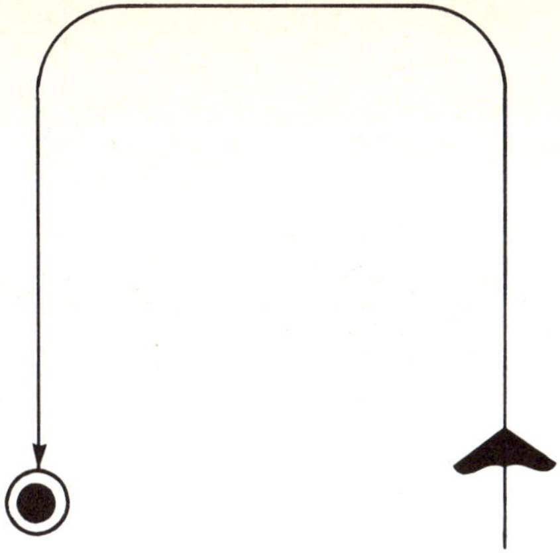

Flugbeschränkungen für Hängegleiter

Gemäß Allgemeinverfügung[24] darf in kontrollierte Lufträume, Luftsperr- und Flugbeschränkungsgebiete grundsätzlich nicht eingeflogen werden. Ausnahmen bedürfen der Zustimmung der zuständigen Flugsicherungsstelle. Militärische Tieffluggebiete sind zu meiden.

Kontrollierte Lufträume sind
- Kontrollbezirk (CTA)
- Kontrollzone (CTR)
- CVFR-Gebiet
- Nahverkehrsbereich (TMA).

Flugbeschränkungsgebiete sind
- Flugbeschränkungsgebiet (ED-R)
- Gefahrengebiet (ED-D)
- zeitweilig reservierter Luftraum (TRA)
- Flugüberwachungszone (ADIZ)

Militärische Tieffluggebiete sind
- 500-ft-Tieffluggebiet, das im Höhenband zwischen 500 ft (ca. 150 m) und 1500 ft (ca. 1000 m) über Grund fast das gesamte Bundesgebiet überzieht.

[24] Allgemeinverfügung Abschnitt IV Ziffer 1.7

- 250-ft-Tieffluggebiete, die bis 250 ft (ca. 80 m) herunterreichen.

Luftsperrgebiete (ED-P) gibt es derzeit in der Bundesrepublik Deutschland nicht.

Die wichtigsten der genannten Gebiete sind in der ICAO-Luftfahrtkarte (Maßstab 1:500000) – jedes Jahr neu herausgegeben von der Bundesanstalt für Flugsicherung – zeichnerisch dargestellt und im Buch »Drachenfliegen für Meister« unter dem Sachgebiet Luftraumgliederung ausführlich erläutert.

Kunst- und Nachtflüge

Die Durchführung von Kunst- und Nachtflügen ist gemäß Allgemeinverfügung[25] nicht erlaubt.

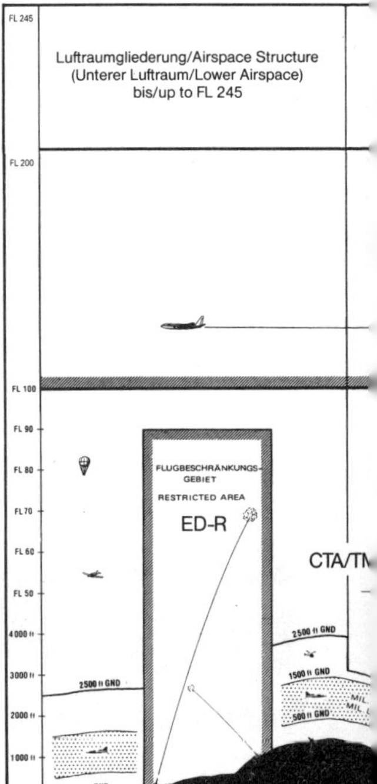

[25] Allgemeinverfügung Abschnitt IV Ziffer 1.8

[26] Hängegleiterbetriebsordnung Abschnitt III Ziffer 4

[27] § 33 LuftVO

Kunstflug[26] beginnt bei einer Neigung um die Querachse von mehr als 30 Grad und um die Längsachse mit mehr als 60 Grad. Die besondere Gefährlichkeit des Kunstfluges ist hauptsächlich technischer Art: Die technischen Prüfungen der Geräte beschränken sich hinsichtlich Festigkeit und Betriebsverhalten auf die normalen Fluglagen. Beim Kunstflug können der Festigkeitsverband und die Aerodynamik eines jeden Gerätes versagen. Als Nacht gilt der Zeitraum zwischen einer halben Stunde nach Sonnenuntergang und einer halben Stunde vor Sonnenaufgang[27].

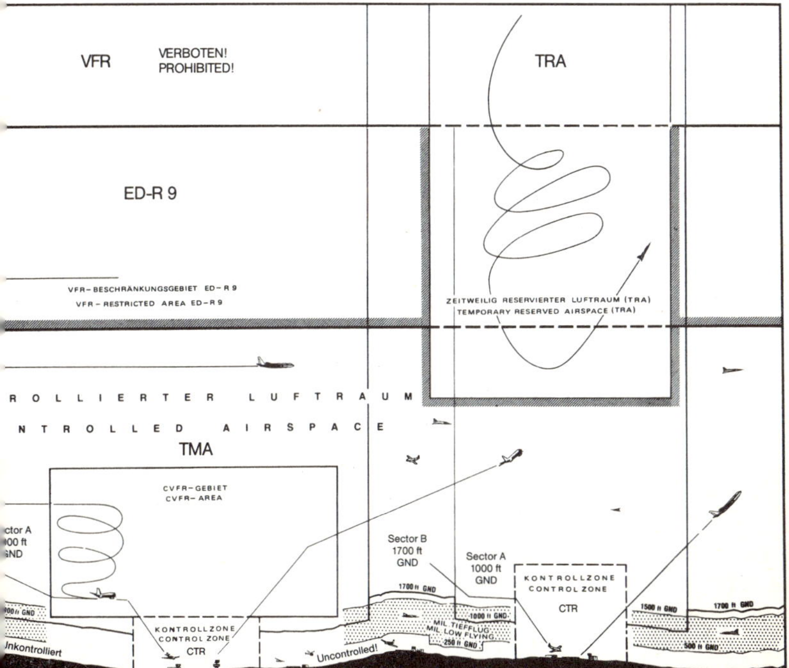

Flugleiter

Ein Start darf grundsätzlich nur durchgeführt werden, wenn ein Flugleiter, der ebenfalls den Befähigungsnachweis für Hängegleiterpiloten besitzt, den Start freigegeben hat. Die Startfreigabe ist nur dann nicht erforderlich, wenn außer dem startenden Piloten kein weiterer Pilot sich am Startplatz befindet. Die Einzelheiten ergeben sich aus der Allgemeinverfügung[28] und der Hängegleiterbetriebsordnung[29].

Unfallmeldung

Bei einem Unfall, bei dem eine Person getötet oder schwer verletzt worden ist oder ein Luftfahrzeug einen schweren Schaden erlitten oder verursacht hat, muß die nächst erreichbare Polizeidienststelle benachrichtigt werden.[30]
Schwere Verletzungen beim Drachenflug sind Knochenbrüche – außer Finger, Zehen und Nasenbein – und andere Verletzungen, die zu einem stationären Krankenhausaufenthalt von mehr als 48 Stunden führen. Unter schwerem Schaden am Hängegleiter ist Totalschaden zu verstehen.

Besondere Betriebsformen

Die verschiedenen Betriebsformen des Drachenfliegens erfordern einen besonderen Befähigungsnachweis mit spezieller Ausbildung. Die Darlegungen vermitteln daher nur einen Überblick.

Doppelsitzerflüge

In der Bundesrepublik Deutschland dürfen Doppelsitzerflüge[31] nur zu Ausbildungszwecken und unter folgenden Voraussetzungen durchgeführt werden:

[28] Allgemeinverfügung Abschnitt IV Ziffer 3.4

[29] Hängegleiterbetriebsordnung Abschnitt II

[30] § 5 LuftVO

[31] Allgemeinverfügung Abschnitt III Ziffer 1.2

- Der Hängegleiterführer muß die Lehrberechtigung für Doppelsitzerflüge besitzen.
- Die mitfliegende zweite Person muß zumindest den Lernausweis für Hängegleiterpiloten erworben haben.
- Für das Fluggerät muß ein spezieller Betriebstüchtigkeitsnachweis für Doppelsitzerflüge bestehen.

Hängegleiterschlepp

Der Hängegleiterschlepp erfordert folgende Voraussetzungen:

- Der Pilot muß den speziellen Befähigungsnachweis[32] für Hängegleiterschlepp besitzen.
- Für Hängegleiter, Startwinde mit Schleppseil und Schleppgeschirr müssen spezielle Betriebstüchtigkeitsnachweise[33] vorliegen, wobei für den Hängegleiter nur der DHV als anerkannte Stelle zuständig ist, für die anderen Teile sowohl der DHV als auch der DAeC.
- Die besonderen Bestimmungen über den Schleppbetrieb in der Hängegleiterbetriebsordnung[34] sind zu beachten.

[32] Allgemeinverfügung Abschnitt IV Ziffer 1.11

[33] Allgemeinverfügung Abschnitt III Ziffer 1.5

[34] Hängegleiterbetriebsordnung Abschnitt IV

Überlandflüge

Überlandflüge sind Flüge, die über die Umgebung des Flugplatzes (Fluggeländes), hinausführen[35]. In Auslegung der Luftverkehrsordnung ist als Umgebung des Drachenfluggeländes der Gleitwinkelbereich um den Startplatz anzusehen. Voraussetzungen für Überlandflüge sind:

- Der Pilot muß einen besonderen Befähigungsnachweis[36] besitzen.
- Das Fluggerät ist zu registrieren und zu kennzeichnen[37]. Die dafür anerkannte Stelle ist der DHV.
- Die Durchführung des Überlandfluges muß von DHV oder DAeC als anerkannte Stellen erlaubt sein[38].
- Die besonderen technischen und betrieblichen Bedingungen der Allgemeinverfügung[39] sind zu beachten.

Gleitfliegen

Gleitflugzeuge haben in Deutschland keine Bedeutung; sie sind nicht über das Experimentierstadium hinausgekommen. Ihre technische Abgrenzung gegenüber Hängegleitern besteht in der ausschließlich aerodynamischen Steuerung um alle drei Achsen und im höheren Maximalgewicht von 70 kg[40]. Das Luftrecht für Drachenflieger gilt auch für Gleitflugzeuge. Der Gleitflugpilot braucht einen besonderen Befähigungsnachweis. Anerkannte Stelle für die Erteilung des Betriebstüchtigkeitsnachweises ist der DHV. Für die Erteilung des Befähigungsnachweises sind der DHV und der DAeC anerkannt.

[35] Hängegleiterbetriebsordnung Abschnitt III Ziffer 1

[36] Allgemeinverfügung Abschnitt IV Ziffer 1.1

[37] Allgemeinverfügung Abschnitt III Ziffer 1.6

[38] Allgemeinverfügung Abschnitt IV Ziffer 1.10 i. V. m. Anhang I zur Hängegleiterbetriebsordnung

[39] Allgemeinverfügung Abschnitt IV Ziffern 1.6 und 1.10

[40] Allgemeinverfügung Abschnitt II Ziffer 3

Gleitflugzeug

Ultraleichtflugzeug

Ultraleichtfliegen

Ultraleichtfliegen war zunächst die motorisierte Betriebsform des Drachenfliegens, hat sich mittlerweile aber verselbständigt. Die luftrechtlichen Voraussetzungen des Ultraleichtfliegens ähneln noch denen des Drachenfliegens. So gelten Allgemeinverfügung und Hängegleiterbetriebsordnung gleichermaßen für Hängegleiter und Ultraleichtflugzeuge[41] (Sammelbegriff der bemannten, nichtzulassungspflichtigen Luftfahrzeuge). Dagegen bedürfen Starts und Landungen stets einer behördlichen Erlaubnis und finden fast ausschließlich auf Flugplätzen statt. Der Flugbetrieb für Ultraleichtflugzeuge ist eher dem der Motorflugzeuge vergleichbar.
Anerkannte Stellen für Ultraleichtfliegen sind der Deutsche Ultraleichtflugverband e. V. (DULV), der sich aus dem früher zuständigen DHV gebildet hat, und der DAeC.

[41] Allgemeinverfügung Abschnitt II Ziffer 4

Haftung und Versicherung

Das Haftungs- und Versicherungsrecht im Luftverkehr ist ähnlich dem im Straßenverkehr. Gekennzeichnet ist dieses Rechtsgebiet durch verschärfte Haftungs- und Versicherungsbestimmungen, wobei – und darin liegt ein Unterschied zum Straßenverkehr – auch der Hängegleiter als motorloses Luftfahrzeug unter diese verschärften Bestimmungen fällt.

Verschuldens- und Gefährdungshaftung

Wer schuldhaft – nämlich fahrlässig oder vorsätzlich – einen Schaden verursacht, hat nach dem Bürgerlichen Gesetzbuch (BGB)[42] dem Geschädigten den Schaden zu ersetzen. Diese Haftung gilt für alle Lebensbereiche, für Familie, für Freizeit, für Beruf, für Straßenverkehr und auch für Luftverkehr. Haftpflichtig ist immer der Schuldige, im Luftverkehr normalerweise der Pilot. Umgekehrt entfällt die Verschuldenshaftung, wenn ein Verschulden nicht vorliegt. Dies ist im Luftverkehr denkbar, wenn beispielsweise der Pilot überraschend ohnmächtig wird, einen Unfall verursacht und bei diesem Unfall ein Drittschaden entsteht. Gäbe es nur die Verschuldungshaftung, würde der Geschädigte leer ausgehen. Dem Geschädigten bleibt jedoch ein zweiter Haftungsanspruch gegen den Halter des beteiligten Luftfahrzeugs.

Die Haftung des Halters heißt Gefährdungshaftung oder Haftung aus der Betriebsgefahr. Diese besondere Haftung besteht auch dann, wenn ein Verschulden nicht vorliegt. Der Gesetzgeber hat sie besonders für den Kraftfahrzeug- und den Luftverkehr geschaffen, weil von den Autos und den Luftfahrzeugen für die Allgemeinheit eine besondere Gefahr ausgeht, der die bloße Verschuldenshaftung nicht gerecht wird. Zum Schutz der Allgemeinheit hat der Gesetzgeber sowohl im Straßenverkehrsgesetz

[42] § 823 Absatz 1 BGB: Wer vorsätzlich oder fahrlässig das Leben, den Körper, die Gesundheit, die Freiheit, das Eigentum oder ein sonstiges Recht eines anderen widerrechtlich verletzt, ist dem anderen zum Ersatze des daraus entstehenden Schadens verpflichtet.

(StVG) als auch im Luftverkehrsgesetz (LuftVG)[43] vorgeschrieben, daß der Halter für einen Schaden aufzukommen hat, der beim Betrieb seines Fahrzeugs entsteht.
Verschuldens- und Gefährdungshaftung laufen parallel zueinander. Es ist also durchaus möglich, daß für ein und denselben Sachverhalt

- nur aus Verschulden
- nur aus Gefährdung
- aus Verschulden und Gefährdung gehaftet wird.

Wer ein Fluggerät unbefugt benützt, beispielsweise nachdem er es gestohlen hat, der tritt an die Stelle des Halters und haftet wie der Halter aus Gefährdung. Wenn der Halter die unbefugte Benutzung ermöglicht hat, dann haften beide[44].

Haftungsgrenzen

Wenn Verschuldenshaftung vorliegt, gibt es keine Haftungshöchstgrenzen. Wenn bei einem Luftfahrzeugunfall der Schaden 1 Mio DM beträgt, dann hat der schuldige Pilot für 1 Mio DM zu haften.
Dagegen ist die Gefährdungshaftung der Höhe nach begrenzt, im Luftverkehr[45] zur Zeit auf 850000 DM insgesamt und bei Personenschäden auf 500000 DM pro verletzte Person. Wenn bei mehreren Geschädigten die Summe der Einzelschäden den Betrag von 850000 übersteigen würde, dann reduzieren sich die einzelnen Ersatzansprüche so weit, daß die Summe den Betrag von 850000 nicht übersteigt.
Die Anspruchsnormen für Verschuldens- und Gefährdungshaftung laufen zwar parallel, bei der Schadensregulierung jedoch werden die Ersatzansprüche aus der einen Haftung in vollem Umfang auf die andere Haftung angerechnet, so daß der Geschädigte nur den jeweils höheren Betrag aus der einen oder der anderen Haftungsart erhält. Es gibt keine Addition beider Ansprüche.

[43] § 33 Absatz 1 LuftVG

[44] § 33 Absatz 1 LuftVG

[45] § 37 LuftVG

Versicherungspflicht

Zunächst haftet der Haftpflichtige stets persönlich, sei es als Pilot auf Grund Verschuldenshaftung oder als Halter auf Grund Gefährdungshaftung, oder er haftet auf Grund von Gefährdungs- und Verschuldenshaftung, wenn – wie im Hängegleitersport üblich – der Pilot mit dem Halter identisch ist. Der Geschädigte kann sich also unmittelbar an den Piloten bzw. Halter wenden. Er riskiert freilich, daß dort kein oder nicht genügend Geld zu holen ist.

Aus diesem Grunde hat der Gesetzgeber die Gefährdungshaftung zusätzlich dadurch abgesichert, daß er Versicherungspflicht für die Schadensfälle aus der Gefährdungshaftung vorgeschrieben hat. Jeder Halter eines Kraftfahrzeugs oder Luftfahrzeugs ist verpflichtet, eine Haftpflichtversicherung abzuschließen. Obwohl die Versicherungspflicht sich auf die Gefährdungshaftung beschränkt, ist in den Versicherungsverträgen zwischen Halter und Haftpflichtversicherer üblicherweise auch die Verschuldenshaftung mitversichert. Die mitversicherte Verschuldenshaftung erhält dann Bedeutung, wenn die vereinbarte Versicherungssumme über 850000 DM hinausgeht, beispielsweise bis 1 Mio DM. Bei einem verschuldeten Versicherungsfall – bei dem keine Haftungshöchstgrenze besteht – bezahlt die Versicherung dann bis zu 1 Mio DM.

Nochmals: Zunächst haftet stets der Halter und (bei Verschulden) zusätzlich der Pilot. Die Versicherung tritt für den Halter und gegebenenfalls für den Piloten ein. Wenn eine Versicherung nicht abgeschlossen ist, tritt keine Versicherung für den Halter und den Piloten ein und beide haften persönlich. Halter und Pilot eines nicht versicherten Luftfahrzeugs machen sich zusätzlich strafbar nach dem Luftverkehrsgesetz. Bei unbefugter Benutzung – beispielsweise nach einem Diebstahl – besteht kein Versicherungsschutz für den Dieb, der an die Stelle des Halters getreten ist.

Besonderheiten

Wenn mehrere Schädiger einen Schaden verursacht haben, beispielsweise hat der Halter ein defektes Gerät verliehen und der Pilot hat den Defekt aus Nachlässigkeit übersehen, dann haften beide.
Wenn beim Schaden ein Mitverschulden des Geschädigten beteiligt ist, beispielsweise bei einer Kollision, dann vermindert sich der Ersatzanspruch eines jeden der beiden Geschädigten entsprechend ihrem Mitverschulden.

Anhang

Drachenflugschulen

Norddeutsche Drachenflugschule
Mittelstraße 6, 3013 Barsinghausen 11, Tel. 05035/574
Drachenflugschule Willingen
Alte Kirchstraße 4, 3542 Willingen, Tel. 05632/6337
Drachenflugschule Battenberg
Sudetenstraße 10, 3558 Frankenberg/Eder, Tel. 06451/21911
Nordrheinwestfälische Drachenflugschule
Hägerstraße 6, 4806 Werther, Tel. 05203/1475
Drachenflugschule Oberberg
Richard-Wagner-Straße 10, 5276 Wiehl 1, Tel. 02261/92430
Drachenflugschule Vulkaneifel
Olsdorf 19, 5305 Bonn-Alfter, Tel. 02222/61937
Drachenflugschule Robert Treumann
Im Rosenbungert 37, 5501 Waldrach, Tel. 06500/664
Drachenflugschule Saar Mosel
Sternbergstraße 14, 5560 Wittlich, Tel. 06571/2214
Westdeutsche Drachenflugschule
Am Rad 20a, 5788 Winterberg, Tel. 02981/2907
Drachenflugschule Sauerland
Frankfurter Straße 63, 5884 Halver, Tel. 02353/4699
Drachenflugschule Vogelsberg-Taunus
Arnsburger Straße 62, 6000 Frankfurt/Main 60, Tel. 0611/431919
Drachenflugschule Bergstraße Odenwald
Steinbruchstraße 11, 6149 Fürth-Erlenbach, Tel. 06253/3398
Drachenflugschule Wasserkuppe
Obernhausen 4, 6412 Gersfeld, Tel. 06654/353
Drachenflugschule Rhein-Main-Neckar
Weinheimer Straße 6e, 6943 Birkenau, Tel. 06201/63184
Drachenflugschule Stuttgart
Hermannstraße 11, 7000 Stuttgart 1, Tel. 0711/617579

Drachenflugschule Remstal
Schulstraße 24, 7067 Plüderhausen, Tel. 07181/84625
Schwäbische Drachenflugschule
Schumannstraße 50, 7080 Aalen, Tel. 07365/5346
Drachenflugschule Karlheinz Rasp
Lindenstraße 15, 7133 Maulbronn 1, Tel. 07043/7533
Drachenflugschule Albatros
Grießstraße 9, 7419 Sonnenbühl-Willmandingen, Tel. 07128/463
Drachenflugschule Schwäbische Alb
Reinhardtstraße 43, 7448 Wolfschlugen, Tel. 07022/52654
Drachenflugschule Radolfzell
Tegginger Straße 24a, 7760 Radolfzell, Tel. 07732/2728
Drachenflugschule Freiburg
Erlenweg 5b, 7800 Freiburg, Tel. 0761/482400
Drachenflugzentrum Freiburg
Erwinstraße 41a, 7800 Freiburg, Tel. 0761/77568
Drachenflugschule Dreyeckland
Schauinslandstraße 10, 7801 Umkirch, Tel. 07665/8278
Drachenflug Südschwarzwald
Tannenweg 7, 7869 Schönau, Tel. 07673/7807
Drachenflugschule Ulm
Neue Straße 6, 7901 Berghülen, Tel. 07344/7284
Drachenflugschule Hermann Kolenc
Mozartstraße 14, 7950 Biberach/Riß, Tel. 07351/72135
Drachenflugschule Steidl
Alemannenstraße 3, 7992 Tettnang, Tel. 07543/8114
Münchner Drachenflugschule
Balanstraße 8, 8000 München 80, Tel. 089/4886848
Drachenflugschule Garmisch-Partenkirchen
Milchstraße 10, 8000 München 80, Tel. 089/482141
Alpine Drachenflugschule Fünfseenland
Ammerseestraße 8, 8035 Gauting, Tel. 089/8504522
Drachenflugschule Altmühltal
Mozartstraße 4, 8071 Lenting, Tel. 08456/5541
Drachenflugschule Zugspitze
Auenweg 5, 8111 Saulgrub, Tel. 08845/9401

Drachenflugschule Tegernseer Tal
Südliche Hauptstraße 12, 8183 Rottach-Egern, Tel. 08022/6333

Drachenflugschule Reinhold Speidel
Unteraich 2, 8201 Großholzhausen, Tel. 08035/5655

Drachenflugschule Chiemsee
Greimelstraße 3, 8212 Übersee, Tel. 08642/383

Delta-Gleiter-Flugschule Inzell-Ruhpolding
Bichlstraße 43, 8221 Inzell, Tel. 08665/461

Drachenflugschule Ruhpolding
Brandstätter Straße 62, 8222 Ruhpolding, Tel. 08663/9407

Drachenflugschule Manfred Zimmermann
Bischof-Altmann-Straße 11, 8390 Passau, Tel. 0851/51489

Drachenflugschule Sport Fuchs
Bergsiedlung 17, 8391 Breitenberg, Tel. 08584/371

Drachenflugschule Michael Fröhler
Am Kugelbaum 25, 8411 Undorf, Tel. 09404/1815

Drachenflugschule Nordbayern
Varellweg 16, 8580 Bayreuth, Tel. 0921/92405

Ostallgäuer Drachenflugschule
Franz-Schmid-Straße 11, 8952 Marktoberdorf, Tel. 08342/4450

Drachenflugschule Tegelberg
Haldenweg 3, 8959 Roßhaupten, Tel. 08367/598

Drachenflugschule Allgäu
Postfach 47, 8959 Seeg, Tel. 08364/1286

Drachenflugschule Jürgen Rohrmeier
Salzweg 37, 8972 Sonthofen, Tel. 08321/9328

Drachenflugvereine im Deutschen Hängegleiterverband

Condor Club Berlin
Martin-Luther-Straße 84, 1000 Berlin 62
Hamburger Drachenflieger
Erikastraße 119, 2000 Hamburg 20
Drachenflieger Club Weser
Nettelbeckstraße 2, 2800 Bremen
DFSC Weserbergland
Mittelstraße 6, 3013 Barsinghausen 11
Drachenflugverein Göttingen
Schulstraße 3, 3402 Löwenhagen
Drachenflieger-Club Höxter
Hermannstraße 41, 3470 Höxter
Drachenflieger Insul/Sierscheid
Am Wehrhan 2, 4000 Düsseldorf 1
Drachenfliegerclub Paderborn
Drosselweg 9, 4791 Hövelhof
Delta-Club Teutoburger Wald
Hägerstraße 6, 4806 Werther
Drachenfliegerclub Köln-Düren
Feldhuhnweg 14, 5010 Bergheim 3
Delta Club Rheinland
Zum Donnerbach 17c, 5030 Brühl
Drachenfliegerclub Elpe
Am Bruch 35, 5787 Olsberg 3
Drachenfliegerclub Kreis Olpe
Hohe Straße 28, 5960 Olpe-Dahl
Lufthansa Sportverein
Lufthansa Basis FRA KD 11/LSV, 6000 Frankfurt/Main 75
Delta-Club Falke Idar-Oberstein
Haselweg 8, 6580 Idar-Oberstein 3
1. Pfälzer Drachenfliegerclub
Karolinenstraße 30, 6700 Ludwigshafen
Drachenflugclub Saar
Alte Brücke 4, 6750 Kaiserslautern

Bergsträßler Drachenflieger
Arnikastraße 8, 6940 Weinheim
Delta-Club Mosbach
Pfalzgraf-Otto-Straße 109, 6950 Mosbach
DHC Aalen
Schumannstraße 50, 7080 Aalen
Drachenfliegerclub Bopfingen
Vohbühlweg 20, 7085 Oberdorf/Ipf
Drachenflug Unterland
Sülmerstraße 56, 7100 Heilbronn
Drachenflug-Verein Baiersbronn/Schwarzwald
Finkenstraße 33, 7292 Baiersbronn
Drachenflieger-Club Staufen Donzdorf
Rosenweg 1, 7345 Deggingen
Deutscher Drachenfliegerclub Stuttgart
Auf dem Steinenberg 16, 7440 Nürtingen
Drachenfliegerclub Sonnenbühl/Starzeln
Obere Markenhalde 29, 7470 Albstadt 2
Die Althofdrachen
Moosbronner Straße 4, 7506 Bad Herrenalb 3
Hamberger Delta-Krähen
Silcherstraße 11, 7531 Neuhausen-Hamberg
Drachenflug-Club Loffenau
Kändelweg 24, 7563 Loffenau
Drachenflug-Club Windeckfalken
Junkerwald 2, 7591 Lauf
Delta Team Hornisgrinde
Bälgenstraße 4, 7591 Sasbach
Delta-Club-Hegau
Alemannenstraße 12, 7702 Gottmadingen
Drachenflugverein Blumberg-Immendingen
Freiburger Straße 12, 7715 Bräunlingen 2
Drachenflieger Club Döggingen-Fürstenberg
Epfentalstraße 4, 7730 VS-Marbach
Drachenflieger Oberes Elztal
Großherzog-Karl-Straße 9, 7730 VS-Villingen
Drachenfliegerclub Drei-Kreis-Eck
Friedhofweg 1, 7745 Schonach

Delta Club Konstanz
Max-Stromeyer-Straße 06, 7750 Konstanz
Drachen-Flieger-Club Seeadler
Bahnhofstraße 10, 7762 Bodman-Ludwigshafen
Drachenflieger-Club Friedrichshafen
J.-P.-Hebel-Straße 11, 7778 Markdorf
DFC Südschwarzwald
Friedrichstraße 2a, 7808 Waldkirch-Kollnau
D'Wälder Drachenflieger
Friedrich-Ebert-Platz 6, 7820 Titisee-Neustadt
Delta Club Condor
Letzbergstraße 6, 7869 Schönau
Deutscher Hängegleiterclub Ulm/Neu-Ulm
Erlenstraße 1, 7900 Ulm-Söflingen
TSV Seissen
Höringer Steig 3, 7902 Blaubeuren-Seissen
d'schwoba schwäbische Drachenflieger
Graf-Zeppelin-Straße 22, 7904 Erbach
DHC Sektion Heidenheim
Wiederholdstraße 6, 7920 Heidenheim
Drachenfliegerclub Kampenwand
Holzstraße 35, 8000 München 5
MBB-Sportfachgruppe Sparte Hängegleiten
Plettstraße 59, 8000 München 83
Albatros Wartenberg
Leipziger Straße 7b, 8052 Moosburg
Drachenfliegerclub Ingolstadt
Römerring 10, 8072 Manching/Oberstimm
WDCW Garmisch-Partenkirchen
Postfach 341, 8100 Garmisch-Partenkirchen
Drachenfliegerclub Mittenwald
Im Gries 50, 8102 Mittenwald
Drachenfliegerclub Bayrischzell
Großseeham 35, 8153 Weyarn
Drachenfliegerclub Isarwinkel
Dorfstraße 30, 8170 Wackersberg
Drachenfliegerclub Tegernseer Tal
Prinz-Carl-Allee 4, 8180 Tegernsee

Verband Deutscher Drachenfluglehrer
Südliche Hauptstraße 12, 8183 Rottach-Egern
Bergdohlen – DFC Brannenburg
Wirtstraße 34, 8200 Rosenheim-Pang
Drachenfliegerclub Hochries-Samerberg
Samerstraße 4, 8201 Samerberg
Drachenfliegerclub Achental
Greimelstraße 3a, 8212 Übersee
Squadra Delta Inzell
Bichlstraße 43, 8221 Inzell
Allg. Sicherungs- u. Funkstaffel Traunstein
Post Weibhausen, 8221 Selberting 3
Delta Club Bavaria Ruhpolding
Hochfellnstraße 6, 8227 Siegsdorf
Drachenfliegerclub Bayerwald
Gasthof Peter Raith, 8351 Kerschbaum
DFC Dreiländereck
Kollersberger Straße 44, 8395 Germannsdorf
1. Oberpfälzer Drachenflieger-Club
Marienstraße 5, 8400 Regensburg
Drachenfliegerclub Regental
Birkenstraße 5, 8441 Wiesenfelden
Schleppdrachen- u. HG-Verein Oberpfalz
Max-Reger-Straße 8, 8480 Weiden
Fränkische Drachenflieger Nürnberg
Waldstraße 18, 8560 Lauf/Pegnitz
Drachenfliegerclub Hammelburg
Dalbergstraße 9, 8783 Hammelburg
Augsburger Drachenflieger-Club
Marderweg 52a, 8900 Augsburg
Drachenflieger Bayer. Rigi Hohenpeißenberg
Gartenstraße 19, 8922 Peiting
1. Delta-Club Memmingen
Benninger Straße 2, 8941 Hawangen

Drachenflugvereine im Deutschen Aero Club

Drachenfliegerclub Berlin
Ulricistraße 27, 1000 Berlin 39
Drachenfliegerclub Mauersegler Berlin
Wartstraße 50, 1000 Berlin 44
Drachenfliegerclub Hochsauerland Willingen
Meesmannstraße 47, 5810 Witten-Herbede
Erster Odenwälder Drachenflieger-Club
Steinbruchstraße 3, 6149 Fürth-Erlenbach
Hessischer Drachenfliegerclub Main – Taunus
Erlesring 35, 6234 Hattersheim 3
Erster Drachenfliegerclub Wasserkuppe
Postfach 1027, 6400 Fulda
Deltaflug Rhön
Obernhausen 4, 6412 Gersfeld
Lilienthal-Gleiter Unterfranken
Weinbergstraße 34, 6981 Hasloch
Club für Drachenflugsport Hardheim
Frankenstraße 30, 6987 Keilsheim
Hängegleiterclub Einkorn
Bismarckstraße 5, 7160 Gaildorf
Drachenfliegerverein Schwarzwald-Schwäbisch Alb
Lachstraße 16, 7208 Spaichingen
DDC c/o LVB
Postfach 647, 8000 München 33
Berchtesgadener Drachenflieger
Storchenstraße 32, 8240 Schönau
Münchner Alpine Drachenflieger
Storchenstraße 32, 8240 Schönau
Drachenflugclub Rottal/Inn
Gabelsbergerstr. 30, 8330 Eggenfelden
Delta-Flug Bayern-Ost
Wiesenstraße 6, 8341 Hulbach-Hitzenau 10
1. Oberpfälzer Drachenflieger-Club
Marienstraße 5, 8400 Regensburg

Drachenflugclub Miltenberg
Hauptstraße 27, 8761 Eichenbühl
D'Allgäuer Drachenflieger
Enzianweg 34, 8964 Nesselwang

Ausbildungs- und Prüfungsordnung für Hängegleiterpiloten

auf Grund des Abschnitts IV Nr. 1.1 der Allgemeinverfügung vom 15. 05. 1982 des Bundesministers für Verkehr für den Betrieb von bemannten, nichtzulassungspflichtigen Luftfahrzeugen in der Bundesrepublik Deutschland.

Abschnitt I: Allgemeines

1. Begriffe

1.1 »Fluglehrer« im Sinne dieser Ausbildungs- und Prüfungsordnung sind DHV- oder DAeC-geprüfte Drachenfluglehrer und Drachenfluglehrerassistenten gemäß der Ausbildungs- und Prüfungsordnung des DHV und des DAeC für Drachenfluglehrer.

1.2 »Aufsicht« heißt, daß der Aufsichtführende den Flugschüler am Startplatz zu betreuen hat.

1.3 »Schulungsgelände« ist für die Anfängerausbildung geeignetes Hängegleiterfluggelände bis zu 100 m Höhenunterschied zwischen Start- und Landeplatz. Anfängerausbildung bis zum Erwerb des Lernausweises darf nur im Schulungsgelände erfolgen.

1.4 »Ausbildungsstätten« sind von DHV oder DAeC anerkannte Drachenflugschulen und von DHV oder DAeC für die Ausbildung anerkannte Drachenflugvereine. Die Anerkennung ist insbesondere in der Anerkennungsordnung des DHV und des DAeC für Drachenflugausbildungsstätten geregelt.

1.5 »Ausbildungszeugnis« oder »Ausbildungsnachweis« ist der Nachweis über die erfolgreich abgeschlossene Ausbildung für den jeweiligen theoretischen oder praktischen Ausbildungsabschnitt, ausgenommen Lernausweisausbildung. Das Ausbildungszeugnis gemäß Formblatt ist Prüfungsvoraussetzung und muß vom Ausbildungsleiter eigenhändig unterschrieben werden.

1.6 »Befähigungsnachweise« sind der Befähigungsnachweis A, der Befähigungsnachweis B, die Schleppstartberechtigung und die Windenfahrerberechtigung. Der Lernausweis gilt als Befähigungsnachweis. Bei Anfängern ohne Lernausweis wird dieser ersetzt durch die Lehrberechtigung des Fluglehrers, wenn die Ausbildung im Schulungsgelände unter Aufsicht eines Fluglehrers erfolgt.

2. Ausbildung

2.1 Die Ausbildung wird von den Ausbildungsstätten gemäß dieser Ausbildungs- und Prüfungsordnung und gemäß dem DHV/DAeC-Lehrplan durchgeführt, die Windenfahrerausbildung von DHV und DAeC. Zu beachten sind insbesondere die Allgemeinverfügung des Bundesministers für Verkehr, die Ausbildungs- und Prüfungsordnung für Drachenfluglehrer, die Hängegleiterbetriebsordnung und die gerätetechnischen Bestimmungen des DHV und des DAeC sowie eventuelle Geländeauflagen der zuständigen Luftfahrtbehörde.

2.2 Verantwortlich für den gesamten Ausbildungsbetrieb ist der Ausbildungsleiter der Ausbildungsstätte. Er darf Ausbildungsaufgaben nur an Fluglehrer und Referenten gemäß Ausbildungs- und Prüfungsordnung des DHV und des DAeC für Drachenfluglehrer delegieren.

2.3 Als Mindestflüge gelten nur solche Flüge, die ordnungsgemäß durchgeführt und bestätigt sind. Die in einem Ausbildungsabschnitt absolvierten Mindestflüge können nicht auf die Mindestflugzahl eines späteren Ausbildungsabschnittes angerechnet werden.

3. Prüfungen

3.1 Die Prüfungen für den Lernausweis werden von den Ausbildungsstätten durchgeführt, alle anderen Prüfungen von DHV oder DAeC.

3.2 Jeder Prüfer muß DHV- oder DAeC-geprüfter Drachenfluglehrer sein. Der Prüfungsleiter darf nicht Fluglehrer an der Ausbildungsstätte sein, wo der Bewerber ausgebildet wurde.

3.3 Prüfungen werden von mindestens zwei Prüfern abgenommen. Den Prüfungsleiter bestimmt die prüfende Stelle. Die weiteren Prüfer werden vom Prüfungsleiter beigezogen, soweit nicht die prüfende Stelle diese weiteren Prüfer bestimmt.

3.4 Die Prüfungen bestehen aus theoretischem und praktischem Teil. Das Bestehen des theoretischen Teils ist Prüfungsvoraussetzung für den praktischen Teil.

3.5 Zwischen den Prüfungen für die einzelnen Befähigungsnachweise muß ein zeitlicher Mindestabstand von einer Woche liegen. Dies gilt auch für die Prüfungswiederholung im Falle des Nichtbestehens. Bei Prüfungswiederholung ist der gesamte theoretische oder praktische Teil erneut abzulegen.

3.6 Einzelheiten zum Prüfverfahren sind in den Ausführungsbestimmungen geregelt, insbesondere in der DHV/DAeC-Prüferanweisung. Im übrigen gelten die Richtlinien des Bundesministers für Verkehr für die Ausbildung und Prüfung des Luftfahrtpersonals entsprechend.

Abschnitt II: Lernausweis

1. Fachliche Voraussetzungen

1.1 Die theoretische Ausbildung erstreckt sich auf die Grundkenntnisse in den Sachgebieten

a) Gerätekunde
b) Aerodynamik
c) Flugtechnik
d) Gefahreneinweisung
e) Wetterkunde
f) Sicherheitsvorkehrungen
g) Luftrecht

1.2 Die praktische Ausbildung umfaßt

a) mindestens 50 Allein-Fuß-Starts/Landungen im Schulungsgelände, davon mindestens 20 mit 40 bis 100 m Höhenunterschied, sämtlich beaufsichtigt und bestätigt von einem Fluglehrer;
b) Geradeaus- und Kurvenflug;
c) Umstellung auf Liegendposition.

2. Prüfung

2.1 Die theoretische Prüfung erstreckt sich auf die in 1.1 genannten Sachgebiete.

2.2 Die praktische Prüfung besteht aus einem Prüfungsflug mit Fußstart, S-Kurve und sturzfreier Landung in einem Zielkreis von 100 m Durchmesser bei mindestens 40 m Höhenunterschied.

3. Berechtigung

Der Lernausweis berechtigt zu Flügen mit Hängegleitern

a) im Schulungsgelände, wenn ein Fluglehrer einen geländebezogenen Flugauftrag erteilt hat;
b) in Geländen mit mehr als 100 m Höhenunterschied unter Aufsicht eines Fluglehrers;
c) doppelsitzig zusammen mit einem Fachlehrer für Doppelsitzer.

Abschnitt III: Befähigungsnachweis A

1. Fachliche Voraussetzungen

1.1 Es dürfen nur Inhaber des Lernausweises ausgebildet werden.

1.2 Die theoretische Ausbildung erstreckt sich auf die weitere Vervollständigung und Vertiefung der in Abschnitt II, 1.1 genannten Sachgebiete. Die Mindestdauer beträgt 20 Unterrichtsstunden zu je 45 Minuten.

1.3 Die praktische Ausbildung umfaßt

a) mindestens 30 von einem Fluglehrer beaufsichtigte und bestätigte Alleinflüge mit mehr als 100 m Höhenunterschied und mehr als 100 m Bodenabstand in mindestens 3 verschiedenen Geländen, davon zunächst mindestens 10 Flüge mit weniger als 400 m Höhenunterschied und danach mindestens 10 Flüge mit mehr als 400 m Höhenunterschied;

b) Kehren;

c) Vollkreis- und Achterfiguren;

d) Flug- und Landeeinteilung

1.4 Vor Beginn der Prüfung hat der Bewerber einen Nachweis über die erfolgreiche Teilnahme an einem Kurs des Deutschen Roten Kreuzes über Sofortmaßnahmen am Unfallort oder einen von DHV bzw. DAeC als gleichwertig anerkannten Nachweis vorzulegen.

2. Prüfung

2.1 Die theoretische Prüfung erfolgt grundsätzlich schriftlich nach dem multiple choice system und erstreckt sich auf die in 1.2 genannten Sachgebiete, jedoch ohne Beschränkung auf die Grundzüge.

2.2 Die praktische Prüfung besteht aus einem Prüfungsflug in Liegendposition mit Fußstart, Vollkreis, Achter, Landeeinteilung und sicherer Landung in einem Zielkreis von 80 m Durchmesser.

3. Berechtigung

Der Befähigungsnachweis A berechtigt zum Freien Fliegen ohne Überlandflug.

Abschnitt IV: Befähigungsnachweis B

1. Fachliche Voraussetzungen

1.1 Den Befähigungsnachweis B können nur Inhaber des Befähigungsnachweises A erwerben.

1.2 Die theoretische Ausbildung erstreckt sich ergänzend auf die Sachgebiete

a) Luftrecht

b) Wetterkunde

c) Navigation.

Die Mindestdauer beträgt 20 Unterrichtsstunden zu je 45 Minuten.

1.3 Die praktische Ausbildung umfaßt

a) mindestens 10 von einem Fluglehrer bestätigte Alleinflüge mit mehr als 30 Minuten Flugdauer in mindestens drei verschiedenen Geländen, davon höchstens fünf mit Schleppstart;

b) Langsamflug;

c) Schnellflug;

d) enge Kehren

e) enge Vollkreis- und Achterfiguren;

f) Flug- und Landeeinteilung.

2. Prüfung
2.1 Die theoretische Prüfung erfolgt grundsätzlich schriftlich nach dem multiple choice system und erstreckt sich auf die in 1.2 genannten Sachgebiete.
2.2 Die praktische Prüfung besteht aus einem Prüfungsflug in Liegend- oder Supineposition mit Kehre, Vollkreis rechts und links, Achter, sämtlich mit mindestens 45 Grad Querneigung, sowie Landeeinteilung und sicherer Landung in einem Zielkreis von 60 m Durchmesser.

3. Anrechnung
Inhaber eines gültigen deutschen Luftfahrerscheins oder UL-Befähigungsnachweises sind von der theoretischen Ausbildung und Prüfung befreit. Inhaber eines abgelaufenen deutschen Luftfahrerscheins oder UL-Befähigungsnachweises sind von der theoretischen Ausbildung befreit, nicht von der theoretischen Prüfung. Die übrigen Voraussetzungen bleiben unberührt.

4. Erteilungsfrist
Bei Erteilung des Befähigungsnachweises B muß ein Jahr seit Erteilung des Befähigungsnachweises A abgelaufen sein, bei Inhabern eines gültigen PPL Beiblatt B oder C sechs Monate.

5. Berechtigung
Der Befähigungsnachweis B berechtigt zum Freien Fliegen mit Überlandflug.

Abschnitt V: Schleppstartberechtigung
1. Fachliche Voraussetzungen
1.1 Die Schleppstartberechtigung können nur Inhaber des Befähigungsnachweises A erwerben.
1.2 Die theoretische Ausbildung erstreckt sich ergänzend auf die Sachgebiete
a) Luftrecht
b) Gerätekunde
c) Flugtechnik
d) Gefahreneinweisung
e) betriebliche Regeln.
1.3 Die praktische Ausbildung umfaßt mindestens 30 Schleppstarts als Pilot und 10 als Flugleiter, sämtlich beaufsichtigt und bestätigt von einem Fachlehrer für Hängegleiterschlepp.
2. Ausbildungsbetrieb
2.1 Der Windenfahrer muß die Windenfahrerberechtigung gemäß Abschnitt VI besitzen.
2.2 Jeder Schleppvorgang ist von einem Fachlehrer für Hängegleiterschlepp persönlich zu leiten.
3. Prüfung
3.1 Die theoretische Prüfung erfolgt grundsätzlich schriftlich nach dem multiple choice system und erstreckt sich auf die in 1.2 genannten Sachgebiete.
3.2 Die praktische Prüfung besteht aus je einem Schleppstart als Pilot und als Flugleiter.
4. Berechtigung
Die Schleppstartberechtigung berechtigt zu Schleppstarts als Pilot und als Flugleiter.

Abschnitt VI: Windenfahrerberechtigung

1. Fachliche Voraussetzungen

1.1 Die Windenfahrerberechtigung können grundsätzlich nur Inhaber der Schleppstartberechtigung erwerben. DHV und DAeC können Ausnahmen zulassen. Die Zulassung kann mit Auflagen und Bedingungen verbunden sein.

1.2 Die theoretische Ausbildung erstreckt sich ergänzend auf die in Abschnitt V, 1.2 genannten Sachgebiete mit besonderem Bezug auf die Tätigkeit des Windenfahrers.

1.3 Die praktische Ausbildung umfaßt mindestens 60 Windenfahrten.

2. Prüfung

2.1 Die theoretische Prüfung erstreckt sich auf die in 1.2 genannten Sachgebiete.

2.2 Die praktische Prüfung besteht aus mindestens einem Schleppvorgang als Windenfahrer.

3. Berechtigung

Die Windenfahrerberechtigung berechtigt zur Bedienung von Hängegleiterschleppwinden, für die ein Mustervermerk in den Befähigungsnachweis eingetragen ist.

4. Mustereinweisung und Mustervermerk

4.1 Die Mustereinweisung umfaßt alle technischen und betrieblichen Bedingungen des Windentypmusters, die von den beim Piloten bereits erkannten Bedingungen abweichen.

4.2 Die Einweisung wird von der einweisungsberechtigten Person im Befähigungsnachweis vermerkt (Mustervermerk).

4.3 Die Berechtigung zur Mustereinweisung ist in gesonderten Bestimmungen geregelt, insbesondere in der Ausbildungs- und Prüfungsordnung für Drachenfluglehrer.

Abschnitt VII: Entzug und Bindungswirkung

1. Der Befähigungsnachweis kann von der erteilenden Stelle auf Zeit oder Dauer entzogen werden, wenn der Inhaber sich durch sein Verhalten als nicht geeignet erweist oder wenn er aus gesundheitlichen Gründen fluguntauglich wird. Aus denselben Gründen kann die prüfende Stelle die Erteilung des Befähigungsnachweises verweigern. Die Stelle kann die Entscheidung über den Entzug oder die Verweigerung von speziellen Unterlagen und Gutachten abhängig machen. Dem Betroffenen ist die Möglichkeit zu vorheriger Stellungnahme zu geben.

2. Die Entscheidungen der einen zuständigen Stelle binden die andere.

Abschnitt VIII: Schlußbestimmungen

1. Es gelten

a) der Lernausweis (alt) als Lernausweis (neu);

b) der Befähigungsnachweis A (alt) im früheren Umfang weiter;

c) die theoretische A-Prüfung (alt) als theoretische A-Prüfung (neu);

d) der Befähigungsnachweis B (alt) als Befähigungsnachweis A (neu);

e) die Überlandberechtigung (alt) als Befähigungsnachweis B (neu);

f) die Überlandprüfung (alt) als theoretische und praktische B-Prüfung (neu);

g) die Schleppberechtigung (alt) als Schleppstartberechtigung (neu) und als Windenfahrerberechtigung (neu).

2. Diese Ausbildungs- und Prüfungsordnung löst die frühere Ausbildungs- und Prüfungsordnung des DHV und des DAeC ab. Sie tritt am 01. 04. 1984 in Kraft.

Gmund am Tegernsee/Frankfurt – Dezember 1983 – DHV/DAeC

Allgemeinverfügung für den Betrieb von bemannten, nichtzulassungspflichtigen Luftfahrzeugen in der Bundesrepublik Deutschland

Bonn, den 15. 05. 82
L 15/L 17/60.89.07

Aufgrund des § 29 Abs. 1 und Abs. 2 des Luftverkehrsgesetzes (LuftVG) in der Fassung vom 14. Januar 1981 (BGBl. I, S. 61) wird zur Abwehr von Gefahren für die Sicherheit des Luftverkehrs sowie für die öffentliche Sicherheit oder Ordnung durch die Luftfahrt verfügt:

I. Grundregeln

1. Der Betrieb der in Abschnitt II aufgeführten, bemannten, nichtzulassungspflichtigen Luftfahrzeuge bedarf der Erlaubnis des Bundesministers für Verkehr. Luftfahrzeugführer haben bei dem Betrieb dieser Luftfahrzeuge einen Befähigungsnachweis und einen Betriebstüchtigkeitsnachweis für das Gerät mitzuführen. Eine Erlaubnis nach § 20 Luftverkehrs-Zulassungs-Ordnung (LuftVZO) für Luftfahrer zum Führen oder Bedienen des Gerätes ist nicht vorgeschrieben.
2. Der Bundesminister für Verkehr kann eine von ihm anerkannte Stelle mit der Erteilung von Befähigungs- und Betriebstüchtigkeitsnachweis und mit der Überwachung der Sicherheit des Betriebes der bemannten, nichtzulassungspflichtigen Luftfahrzeuge beauftragen oder sich anderer geeigneter Personen als Hilfsorgane bedienen.
3. Die Erlaubnis nach Nr. 1 und die Anerkennung oder Beauftragung nach Nr. 2 können allgemein oder im Einzelfall erteilt werden. Sie können mit Auflagen verbunden und befristet werden. Der Bundesminister für Verkehr kann die Befugnis für die Erteilung der Erlaubnis auf andere Personen oder Stellen übertragen.
4. Auf den Betrieb der bemannten, nichtzulassungspflichtigen Luftfahrzeuge finden die Vorschriften der Luftverkehrs-Ordnung (LuftVO) Anwendung, soweit sich nicht aus den Besonderheiten dieser Luftfahrzeuge, insbesondere der Freistellung von der Verkehrszulassung, der besonderen Betriebsform oder der nachstehenden Regelungen etwas anderes ergibt.

II. Begriffsbestimmungen

1. Zu den bemannten, nichtzulassungspflichtigen Luftfahrzeugen gehören Hängegleiter, Gleitflugzeuge und Ultraleichtflugzeuge.
2. Hängegleiter sind motorlose Luftfahrzeuge, die ausschließlich oder teilweise durch Gewichtsverlagerung des Piloten gesteuert werden und deren Rüstmasse einschließlich Gurtzeug, Rettungssystem und Instrumente 45 kg, bei doppelsitzigen Hängegleitern 60 kg, nicht überschreitet, bei doppelsitzigen Gleitflugzeugen 85 kg. (Neue Definition durch Fußstart- und Fußlandefähigkeit bei Drucklegung in Vorbereitung).
3. Gleitflugzeuge sind motorlose Luftfahrzeuge, die aerodynamisch mittels Steuerruder um alle drei Achsen gesteuert werden und deren Rüstmasse einschließlich Gurtzeug, Rettungssystem und Instrumente 70 kg, bei doppelsitzigen Ultraleichtflugzeugen 150 kg, nicht überschreitet.
4. Ultraleichtflugzeuge sind motorisierte Luftfahrzeuge, die durch Gewichtsverlagerung und/oder mittels Steuerruder aerodynamisch gesteuert werden und deren Rüst-

masse, einschließlich Gurtzeug, Rettungssystem, Instrumente und leeren Kraftstofftank, 115 kg, bei doppelsitzigen Ultraleichtflugzeugen 150 kg, nicht überschreitet.

III. Technische Voraussetzungen

1. Allgemeine Voraussetzungen

1.1 Das Gerät einschließlich Gurtzeug und Rettungssystem muß so beschaffen sein, daß es den zu erwartenden Beanspruchungen im Flugbetrieb ohne Beeinträchtigung der Betriebstüchtigkeit genügt. Die vom Bundesminister für Verkehr anerkannte Stelle legt die technischen Betriebstüchtigkeitsforderungen und die Prüfverfahren fest und erteilt bei Erfüllung der Forderungen den Betriebstüchtigkeitsnachweis. Bei Seriengeräten erfolgt eine Typprüfung und der Hersteller hat die Übereinstimmung mit dem geprüften Muster zu gewährleisten. Änderungen dürfen nur mit Genehmigung der anerkannten Stelle durchgeführt werden.
Flüge mit ungeprüftem Gerät sind nur zum Zwecke der Prüfung oder der Erprobung mit Genehmigung der anerkannten Stelle zulässig.
Die anerkannte Stelle kann gleichwertige ausländische Gerätezertifikate als Betriebstüchtigkeitsnachweis anerkennen. Sie kann bei einem Halter mit ständigem Wohnsitz außerhalb der Bundesrepublik Deutschland fehlende Betriebstüchtigkeitsnachweise ausländischer Geräte durch vereinfachte Prüfverfahren ersetzen.

1.2 Die Insassenzahl ist auf eine Person beschränkt. Zu Ausbildungszwecken kann ein Fluglehrer am Doppelsteuer mitfliegen.

1.3 Das Gerät muß an sichtbarer Stelle mit einer deutlich lesbaren dauerhaften Aufschrift in deutscher Sprache versehen sein, die aussagt, daß das Gerät nicht der Prüf- und Zulassungspflicht gemäß Prüfordnung für Luftfahrtgerät oder LuftVO unterliegt und daß seine Benutzung auf eigene Gefahr erfolgt.

1.4 Vom Hersteller ist eine Betriebsanweisung in deutscher Sprache zu erstellen. In ihr müssen Angaben über die Betriebsgrenzen und evtl. gefährliche Flugmanöver sowie Hinweise für den Zusammenbau, den Betrieb und die Wartung enthalten sein.

1.5 Schleppbetrieb für Gleitflugzeuge und Hängegleiter setzt voraus, daß die anerkannte Stelle für Luftfahrzeug, Schleppgerät und Verbindungselemente einen besonderen Betriebstüchtigkeitsnachweis erteilt hat. An Luftfahrzeug und Schleppgerät müssen in jeder Betriebsphase bedienbare Ausklink- oder Kappvorrichtungen vorhanden sein. Die Position der Aufhängung am Luftfahrzeug muß festgelegt sein.

1.6 Ultraleichtflugzeuge, Gleitflugzeuge und Hängegleiter sind entsprechend §§ 18a und 19 LuftVZO in Verbindung mit Anlage 1 zu § 14 Abs. 1 LuftVZO in Anlehnung an die Kennzeichnung von Segelflugzeugen zu kennzeichnen und von einer vom Bundesminister für Verkehr anerkannten Stelle in ein Verzeichnis einzutragen. Sprechfunkanlagen, die vom Luftfahrtbundesamt oder von der Bundesanstalt für Flugsicherung zugelassen sind, dürfen in bemannten, nichtzulassungspflichtigen Luftfahrzeugen nur dann betrieben werden, wenn diesem ein Kennzeichen zugeteilt worden ist.

2. Zusätzliche technische Voraussetzungen für Ultraleichtflugzeuge

2.1 Die Flügelfläche muß eine Größe von mindestens 10 m^2 haben.

2.2 Die Mindeststeiggeschwindigkeit bei höchstzulässiger Gesamtmasse muß 1 m/s betragen.

2.3 Bei einer Mindestfluggeschwindigkeit von höchstens 45 km/h muß volle Steuerbarkeit eingehalten werden können.

2.4 Das höchstzulässige Fassungsvermögen des Treibstofftanks darf 20 l nicht überschreiten.

2.5 Die Mindestinstrumentierung muß aus einem Fahrtmesser, Höhenmesser und Kompaß bestehen.

2.6 Der Lärmgrenzwert darf bis zum 31. 12. 1985 60dB(A) und danach 55 dB(A) bei maximaler Motorleistung, gemessen in Anlehnung an die Lärmschutzforderungen für Luftfahrzeuge (Bundesanzeiger Nr. 119 vom 03. 07. 1981) in 150 m GND nicht überschreiten. Anstelle des Überflugmeßverfahrens kann ein Bodenmeßverfahren Anwendung finden, sofern nachgewiesen wird, daß gleichwertige Ergebnisse erzielt werden.

IV. Betriebliche Forderungen

1. Allgemeine Forderungen

1.1 Die vom Bundesminister für Verkehr anerkannte Stelle legt Anforderungen an die Ausbildung und Prüfung der Luftfahrzeugführer und der Ausbilder sowie an die Durchführung des Betriebs fest. Die Ausbildung von Luftfahrzeugführern darf nur von Personen vorgenommen werden, die Inhaber eines von der vom Bundesminister für Verkehr anerkannten Stelle ausgestellten Befähigungsnachweises zum Ausbilden von Ultraleichtflugzeug-, Gleitflugzeug- oder Hängegleitführern sind. Der Nachweis ist bei der Ausbildungstätigkeit mitzuführen.
Die anerkannte Stelle kann einen ausländischen Befähigungsnachweis einer Person mit ständigem Wohnsitz außerhalb der Bundesrepublik Deutschland als Befähigungsnachweis anerkennen. Sie kann fehlende ausländische Befähigungsnachweise durch vereinfachte Überprüfungen ersetzen.

1.2 Die Luftfahrzeugführer und die Ausbilder haben den Befähigungsnachweis und den Betriebstüchtigkeitsnachweis den behördlichen Ordnungsorganen oder Personen, die durch eine vom Bundesminister für Verkehr anerkannte Stelle mit der Überwachung der Sicherheit des Flugbetriebs beauftragt worden sind oder deren sich der Bundesminister für Verkehr als Hilfsorgane bedient, auf Verlangen vorzulegen.

1.3 Der Führer eines Ultraleichtflugzeuges darf nicht jünger als 18 Jahre, der Führer eines Gleitflugzeuges oder Hängegleiters nicht jünger als 16 Jahre sein. Bei Minderjährigen muß die Zustimmungserklärung der Eltern oder des bestellten gesetzlichen Vertreters vorliegen.

1.4 Der Führer eines Ultraleichtflugzeuges, Gleitflugzeuges oder Hängegleiters muß einen geeigneten Schutzhelm tragen. Er hat ein Rettungssystem mitzuführen, es sei denn, die anerkannte Stelle läßt eine Ausnahme zu.

1.5 Gleitflugzeuge und Hängegleiter gelten bei Anwendung der Regeln über die Sicherheitsmindesthöhe nach § 6 Abs. 1 Satz 3 LuftVO als Segelflugzeuge. Die Flughöhe soll nicht mehr als 150 m über Grund betragen.

1.6 Die Durchführung von Flügen über oder in unmittelbarer Nähe von Wohngebieten oder Menschenansammlungen ist nicht gestattet. Ausnahmen sind nur bei Überlandflügen unter Beachtung von § 6 LuftVO zulässig.

1.7 Das Einfliegen in kontrollierte Lufträume, in Luftsperr- und Flugbeschränkungsgebiete ist nicht zulässig. Ausnahmen bedürfen der Zustimmung der zuständigen Flugsicherungsstelle. Militärische Tieffluggebiete sind zu meiden.

1.8 Das Abwerfen von Gegenständen, Schlepp- und Reklameflüge, Kunst- und Nachtflüge sind nicht erlaubt.

1.9 Bei Anwendung der Ausweichregeln nach § 13 LuftVO gelten Ultraleichtflugzeuge als Motorsegler, Gleitflugzeuge und Hängegleiter als Segelflugzeuge.

1.10 Überlandflüge mit Gleitflugzeugen oder Hängegleitern bedürfen einer besonderen Erlaubnis der vom Bundesminister für Verkehr anerkannten Stelle. Luftfahrzeugführer und Ausbilder müssen Inhaber besonderer Befähigungsnachweise sein. Die Erlaubnis für Außenlandungen auf einem Überlandflug gilt als erteilt. Ein geeignetes Höhenmeßgerät ist mitzuführen.

1.11 Das Schleppen von Gleitflugzeugen oder Hängegleitern durch Schleppgeräte ist zulässig. Luftfahrzeugführer, Schleppgerätefahrer und die Ausbilder müssen Inhaber besonderer Befähigungsnachweise einer vom Bundesminister für Verkehr anerkannten Stelle sein.

2. Zusätzliche betriebliche Forderungen für Ultraleichtflugzeuge

2.1 Ultraleichtflugzeugführer müssen in einer fliegerärztlichen Erstuntersuchung und ab 45 Jahren regelmäßig alle 3 Jahre nach den Richtlinien für die Feststellung der Tauglichkeit des Luftfahrtpersonals des Bundesministers für Verkehr ihre Tauglichkeit nach Klasse II nachweisen.

2.2 Der Führer eines Ultraleichtflugzeuges darf bei einem Überlandflug die Sicherheitsmindesthöhe von 150 m über Grund bis zu einer Höhe bis zu 50 m über Grund unterschreiten, soweit die zuständige Luftfahrtbehörde des Landes eine Ausnahme nach § 6 Abs. 3 LuftVO zugelassen hat. Die Flughöhe soll nicht mehr als 150 m über Grund betragen.

3. Benutzung von Flugplätzen

3.1 Starts und Landungen von Ultraleichtflugzeugen, Gleitflugzeugen und Hängegleitern sind nur auf einem hierfür nach § 6 LuftVG zugelassenen Flugplatz oder einem Gelände zulässig, für das die zuständige Luftfahrtbehörde des Landes nach § 25 LuftVG eine Außenstart- und -landeerlaubnis erteilt hat. Einer Genehmigung zur Anlage und zum Betrieb des Flugplatzes nach § 6 LuftVG in Verbindung mit §§ 49–53 LuftVZO bedarf es regelmäßig, wenn ein Gelände – nicht nur vorübergehend – fortgesetzt und ausschließlich oder hauptsächlich für den Betrieb der Ultraleichtflugzeuge, Gleitflugzeuge und Hängegleiter benutzt werden soll.

3.2 Die Erlaubnis nach § 25 LuftVG für Starts und Landungen von Gleitflugzeugen und Hängegleitern in einer Entfernung von mehr als 3 km von der Begrenzung eines Flugplatzes oder außerhalb von einem Wohngebiet gilt als erteilt, wenn die technischen Voraussetzungen und betrieblichen Forderungen der Abschnitte III und IV Nr. 1, Nr. 3.4 und Nr. 3.5 dieser Allgemeinverfügung und die betrieblichen Festlegungen der vom Bundesminister für Verkehr anerkannten Stelle erfüllt sind. Die Zustimmungspflicht des Grundstückeigentümers nach § 25 Abs. 1 LuftVG bleibt unberührt.

3.3 Auf einem Flugplatz und in seiner Umgebung dürfen Ultraleichtflugzeuge, Gleitflugzeuge und Hängegleiter nur betrieben werden, wenn der übrige Flugbetrieb nicht behindert oder gefährdet wird und die zuständige Luftaufsichtsstelle oder Flugleitung ihre Zustimmung erteilt hat.

3.4 Starts dürfen nur durchgeführt werden, wenn ein Flugleiter am Startplatz anwesend ist, der die Abwicklung des Flugbetriebs leitet und in der Lage ist, bei Unfällen Sofortmaßnahmen einzuleiten. Der Flugleiter muß Inhaber eines Befähigungsnachweises nach Abschnitt I Nr. 1 sein. Einzelheiten und Ausnahmen regelt die vom Bundesminister für Verkehr anerkannte Stelle in den betrieblichen Festlegungen.

3.5 An Start- und Landestelle sind geeignete Windrichtungsanzeiger anzubringen und Erste-Hilfe-Ausstattungen bereitzuhalten.

V. Haftpflicht

Der Halter eines Ultraleichtflugzeuges, Gleitflugzeuges oder Hängegleiters hat eine den Vorschriften des § 43 LuftVG in Verbindung mit §§ 102–104 LuftVZO genügende Haftpflichtversicherung abzuschließen.

VI. Straf- und Bußgeldvorschriften

Verstöße gegen diese Allgemeinverfügung können nach § 58 Abs. 1 Nr. 1 LuftVG mit einer Geldbuße bis zu zehntausend Deutsche Mark geahndet werden. Wer als Führer eines Luftfahrzeuges oder als sonst für die Sicherheit Verantwortlicher durch grob pflichtwidriges Verhalten gegen eine im Rahmen der Luftaufsicht erlassene Verfügung

(§ 29 LuftVG) verstößt und dadurch Leib und Leben eines anderen oder fremde Sachen von bedeutendem Wert gefährdet, kann mit einer Freiheitsstrafe bis zu fünf Jahren oder mit Geldstrafe bestraft werden.

VII. Kosten

Die vom Bundesminister für Verkehr anerkannte oder beauftragte Stelle kann für Handlungen nach dieser Allgemeinverfügung angemessene Kosten erheben.

VIII. Schlußvorschriften

Diese Allgemeinverfügung tritt zum 15. Mai 1982 in Kraft. Für den Nachweis der Betriebstüchtigkeit der Ultraleichtflugzeuge kann die vom Bundesminister für Verkehr anerkannte Stelle allgemein oder im Einzelfall eine Übergangsfrist längstens bis zum 31. Dezember 1982 einräumen.

Die Richtlinien für den Betrieb von Hängegleitern und Gleitflugzeugen in der Bundesrepublik Deutschland vom 01. 12. 1977 (NFL II – 112/77) und die Ergänzende Regelung zu den Richtlinien für den Betrieb von Hängegleitern und Gleitflugzeugen in der Bundesrepublik Deutschland vom 09. 03. 1978 (NFL II – 40/78) sind ab diesem Zeitpunkt nicht mehr anzuwenden.

Der Bundesminister für Verkehr
Im Auftrag
Huck

Luftverkehrsgesetz (LuftVG)

– Auszug –

§ 1 [Freiheit des Luftraums; Begriff des Luftfahrzeugs] (1) Die Benutzung des Luftraums durch Luftfahrzeuge ist frei, soweit sie nicht durch dieses Gesetz, das Gesetz über die Bundesanstalt für Flugsicherung und durch die zur Durchführung dieser Gesetze erlassenen Rechtsvorschriften beschränkt wird.

(2) Luftfahrzeuge sind Flugzeuge, Drehflügler, Luftschiffe, Segelflugzeuge, Motorsegler, Frei- und Fesselballone, Drachen, Fallschirme, Flugmodelle und sonstige für die Benutzung des Luftraums bestimmte Geräte, insbesondere Raumfahrzeuge, Raketen und ähnliche Flugkörper.

§ 2 [Verkehrszulassung; Luftfahrzeugrolle] (1) [1]Deutsche Luftfahrzeuge dürfen nur verkehren, wenn sie zum Luftverkehr zugelassen (Verkehrszulassung) und – soweit es durch Rechtsverordnung vorgeschrieben ist – in das Verzeichnis der deutschen Luftfahrzeuge (Luftfahrzeugrolle) eingetragen sind. [2]Ein Luftfahrzeug wird zum Verkehr nur zugelassen, wenn

1. das Muster des Luftfahrzeugs zugelassen ist (Musterzulassung),
2. der Nachweis der Verkehrssicherheit nach der Prüfordnung für Luftfahrtgerät geführt ist,
3. der Halter des Luftfahrzeugs nach den Vorschriften dieses Gesetzes versichert ist oder durch Hinterlegung von Geld oder Wertpapieren Sicherheit geleistet hat und
4. die technische Ausrüstung des Luftfahrzeugs so gestaltet ist, daß das durch seinen Betrieb entstehende Geräusch das nach dem jeweiligen Stand der Technik unvermeidbare Maß nicht übersteigt.

(2) Der Musterzulassung nach Absatz 1 Nr. 1 bedarf auch das sonstige Luftfahrtgerät.

(3) Auf Startgeräte ausgenommen Startwinden für Segelflugzeuge sind die Vorschriften des Absatzes 1 über die Verkehrszulassung sinngemäß anzuwenden.

(4) Die Zulassung ist zu widerrufen, wenn die Voraussetzungen nach Absatz 1 nicht mehr vorliegen.

(5) Deutsche Luftfahrzeuge haben das Staatszugehörigkeitszeichen und eine besondere Kennzeichnung zu führen.

(6) Deutsche Luftfahrzeuge dürfen den Geltungsbereich dieses Gesetzes nur mit Erlaubnis verlassen.

(7) [1]Luftfahrzeuge, die nicht im Geltungsbereich dieses Gesetzes eingetragen und zugelassen sind, dürfen nur mit Erlaubnis in den Geltungsbereich dieses Gesetzes einfliegen oder auf andere Weise dorthin verbracht werden, um dort zu verkehren. [2]Der Erlaubnis bedarf es nicht, soweit ein Abkommen zwischen dem Heimatstaat und der Bundesrepublik Deutschland oder ein für beide Staaten verbindliches Übereinkommen etwas anderes bestimmt.

(8) Die Erlaubnis nach den Absätzen 6 und 7 kann allgemein oder für den Einzelfall erteilt, mit Auflagen verbunden und befristet werden.

§ 4 [Erlaubnis für Luftfahrer] (1) [1]Wer ein Luftfahrzeug führt oder bedient (Luftfahrer) bedarf der Erlaubnis. [2]Die Erlaubnis wird nur erteilt, wenn

1. Der Bewerber das vorgeschriebene Mindestalter besitzt,
2. der Bewerber seine Tauglichkeit nachgewiesen hat,
3. keine Tatsachen vorliegen, die den Bewerber als unzuverlässig erscheinen lassen,

ein Luftfahrzeug zu führen oder zu bedienen,
4. der Bewerber eine Prüfung nach der Verordnung über Luftfahrtpersonal bestanden hat.
(2) Die Vorschriften des Absatzes 1 sind auf sonstiges Luftfahrtpersonal sinngemäß anzuwenden, soweit seine Tätigkeit auf Grund einer Rechtsverordnung nach § 32 Abs. 1 Nr. 4 erlaubnispflichtig ist.
(3) Die Erlaubnis ist zu widerrufen, wenn die Voraussetzungen nach Absatz 1 nicht mehr vorliegen.
(4) [1]Bei Übungs- und Prüfungsflügen in Begleitung von Fluglehrern (§ 5 Abs. 3) gelten die Fluglehrer als diejenigen, die das Luftfahrzeug führen oder bedienen. [2]Das gleiche gilt auch für Prüfungsratsmitglieder bei Prüfungsflügen und für Luftfahrer, die andere Luftfahrer in ein Luftfahrzeugmuster einweisen oder mit diesem vertraut machen, es sei denn, daß ein anderer als verantwortlicher Luftfahrzeugführer bestimmt ist. [3]Bei Übungs- und Prüfungsflügen ohne Begleitung von Fluglehrern oder Prüfungsratsmitgliedern bedürfen Luftfahrer keiner Erlaubnis, wenn es sich um Flüge handelt, die von Fluglehrern oder Prüfungsratsmitgliedern angeordnet und beaufsichtigt werden.

§ 6 [Genehmigung] (1) [1]Flugplätze (Flughäfen, Landeplätze und Segelfluggelände) dürfen nur mit Genehmigung angelegt oder betrieben werden. [2]Die Genehmigung kann mit Auflagen verbunden und befristet werden.
(2) [1]Vor Erteilung der Genehmigung ist besonders zu prüfen, ob die geplante Maßnahme den Erfordernissen der Raumordnung und Landesplanung entspricht und ob die Erfordernisse des Naturschutzes und der Landschaftspflege sowie des Städtebaus und der Schutz vor Fluglärm angemessen berücksichtigt sind. [2]Ist das in Aussicht genommene Gelände ungeeignet oder rechtfertigen Tatsachen die Annahme, daß die öffentliche Sicherheit oder Ordnung gefährdet wird, ist die Genehmigung zu versagen. [3]Ergeben sich später solche Tatsachen, so kann die Genehmigung widerrufen werden.
(3) Die Genehmigung eines Flughafens, der dem allgemeinen Verkehr dienen soll, ist außerdem zu versagen, wenn durch die Anlegung und den Betrieb des beantragten Flughafens die öffentlichen Interessen in unangemessener Weise beeinträchtigt werden.
(4) [1]Die Genehmigung ist zu ergänzen oder zu ändern, wenn dies nach dem Ergebnis des Planfeststellungsverfahrens (§§ 8 bis 10) notwendig ist. [2]Eine Änderung der Genehmigung ist auch erforderlich, wenn die Anlage oder der Betrieb des Flugplatzes wesentlich erweitert oder geändert werden soll.

§ 25 [Start und Landung] (1) [1]Luftfahrzeuge dürfen außerhalb der für sie genehmigten Flugplätze nur starten und landen, wenn der Grundstückseigentümer oder sonst Berechtigte zugestimmt und die Luftfahrtbehörde eine Erlaubnis erteilt hat. [2]Sie dürfen außerdem auf Flugplätzen
1. außerhalb der in der Flugplatzgenehmigung festgelegten Start- oder Landebahnen oder
2. außerhalb der Betriebsstunden des Flugplatzes oder
3. innerhalb von Betriebsbeschränkungszeiten für den Flugplatz nur starten und landen, wenn der Flugplatzunternehmer zugestimmt und die Genehmigungsbehörde eine Erlaubnis erteilt hat. [3]Die Erlaubnis nach Satz 1 oder 2 kann allgemein oder im Einzelfall erteilt, mit Auflagen verbunden und befristet werden.
(2) [1]Absatz 1 gilt nicht, wenn
1. der Ort der Landung infolge der Eigenschaften des Luftfahrzeugs nicht vorausbestimmbar ist oder

2. die Landung aus Gründen der Sicherheit oder zur Hilfeleistung bei einer Gefahr für Leib oder Leben einer Person erforderlich ist. [2]Das gleiche gilt für den Wiederstart nach einer solchen Landung mit Ausnahme des Wiederstarts nach einer Notlandung. [3]In diesem Falle ist die Besatzung des Luftfahrzeugs verpflichtet, dem Berechtigten über Namen und Wohnsitz des Halters, des Luftfahrzeugführers sowie des Versicherers Auskunft zu geben; bei einem unbemannten Luftfahrzeug ist sein Halter zu entsprechender Auskunft verpflichtet. [4]Nach Erteilung der Auskunft darf der Berechtigte den Abflug oder die Abbeförderung des Luftfahrzeugs nicht verhindern.

(3) Der Berechtigte kann Ersatz des ihm durch den Start oder die Landung entstandenen Schadens nach den sinngemäß anzuwendenden §§ 33 bis 43 beanspruchen.

§ 29 [Luftaufsicht] (1) [1]Die Abwehr von Gefahren für die Sicherheit des Luftverkehrs sowie für die öffentliche Sicherheit oder Ordnung durch die Luftfahrt (Luftaufsicht) ist Aufgabe der Luftfahrtbehörden. [2]Sie können in Ausübung der Luftaufsicht Verfügungen erlassen. [3]Maßnahmen zur Abwehr von Gefahren, erheblichen Nachteilen oder erheblichen Belästigungen durch Fluglärm oder durch Luftverunreinigung durch Luftfahrzeuge in der Umgebung von Flugplätzen dürfen nur im Benehmen mit den für den Immissionsschutz zuständigen Landesbehörden getroffen werden.

(2) Die Luftfahrtbehörden können diese Aufgaben auf andere Stellen übertragen oder sich anderer geeigneter Personen als Hilfsorgane für bestimmte Fälle bei der Wahrnehmung der Luftaufsicht bedienen.

(3) [1]Der verantwortliche Luftfahrzeugführer hat während des Flugs oder bei Start und Landung die geeigneten Maßnahmen zur Aufrechterhaltung der Sicherheit und Ordnung an Bord zu treffen. [2]Alle an Bord befindlichen Personen haben den hierzu notwendigen Anordnungen Folge zu leisten.

§ 33 [Ersatzpflicht des Halters; Schwarzflug] (1) [1]Wird beim Betrieb eines Luftfahrzeugs durch Unfall jemand getötet, sein Körper oder seine Gesundheit verletzt oder eine Sache beschädigt, so ist der Halter des Luftfahrzeugs verpflichtet, den Schaden zu ersetzen. [2]Für die Haftung aus dem Beförderungsvertrag sowie für die Haftung des Halters militärischer Luftfahrzeuge gelten die besonderen Vorschriften der §§ 44 bis 54. [3]Wer Personen zu Luftfahrern ausbildet, haftet diesen Personen gegenüber nur nach den allgemeinen gesetzlichen Vorschriften.

(2) [1]Benutzt jemand das Luftfahrzeug ohne Wissen und Willen des Halters, so ist er an Stelle des Halters zum Ersatz des Schadens verpflichtet. [2]Daneben bleibt der Halter zum Ersatz des Schadens verpflichtet, wenn die Benutzung des Luftfahrzeugs durch sein Verschulden ermöglicht worden ist. [3]Ist jedoch der Benutzer vom Halter für den Betrieb des Luftfahrzeugs angestellt oder ist ihm das Luftfahrzeug vom Halter überlassen worden, so ist der Halter zum Ersatz des Schadens verpflichtet; die Haftung des Benutzers nach den allgemeinen gesetzlichen Vorschriften bleibt unberührt.

§ 34 [Mitverschulden des Verletzten] Hat bei der Entstehung des Schadens ein Verschulden des Verletzten mitgewirkt, so gilt § 254 des Bürgerlichen Gesetzbuchs; bei Beschädigung einer Sache steht das Verschulden desjenigen, der die tatsächliche Gewalt darüber ausübt, dem Verschulden des Verletzten gleich.

§ 37 [Haftungshöchstbeiträge] (1) [1]Der Ersatzpflichtige haftet für die Schäden aus einem Unfall

a) bei Luftfahrzeugen bis 1000 Kilogramm Gewicht bis zu 850000 Deutsche Mark,
b) bei Luftfahrzeugen mit mehr als 1000 Kilogramm bis 2000 Kilogramm Gewicht bis

zu 850000 Deutsche Mark zuzüglich 650 Deutsche Mark je Kilogramm des 1000 Kilogramm übersteigenden Gewichts,
c) bei Luftfahrzeugen mit mehr als 2000 Kilogramm Gewicht bis zu 1500000 Deutsche Mark zuzüglich 200 Deutsche Mark je Kilogramm des 2000 Kilogramm übersteigenden Gewichts.
[2]Gewicht ist das für den Abflug zugelassene Höchstgewicht des Luftfahrzeugs.
(2) [1]Die Höchstsumme des Schadensersatzes für jede verletzte Person beträgt 500000 Deutsche Mark. [2]Das gilt auch für den Kapitalwert einer als Entschädigung festgesetzten Rente.
(3) Übersteigen die Entschädigungen, die mehreren auf Grund desselben Ereignisses zustehen, die Höchstbeiträge nach Absatz 1, so verringern sich die einzelnen Entschädigungen vorbehaltlich des Absatzes 4 in dem Verhältnis, in dem ihr Gesamtbetrag zum Höchstbetrag steht.
(4) [1]Beruhen die Schadensersatzansprüche sowohl auf Sachschäden als auch auf Personenschäden, so dienen zwei Drittel des nach Absatz 1 Satz 1 errechneten Betrages vorzugsweise für den Ersatz von Personenschäden. [2]Reicht dieser Betrag nicht aus, so ist er anteilmäßig auf die Ansprüche zu verteilen. [3]Der übrige Teil des nach Absatz 1 Satz 1 errechneten Betrages ist anteilmäßig für den Ersatz von Sachschäden und für die noch ungedeckten Ansprüche aus Personenschäden zu verwenden.

§ 43 [Haftpflichtversicherung oder Sicherheitsleistung] (1) [1]Zur Sicherung der in diesem Unterabschnitt genannten Schadensersatzforderungen ist der Halter des Luftfahrzeugs verpfichtet, in einer durch Rechtsverordnung zu bestimmenden Höhe eine Haftpflichtversicherung abzuschließen oder durch Hinterlegung von Geld oder Wertpapieren Sicherheit zu leisten. [2]Das gilt nicht, wenn der Bund oder ein Land Halter ist. [3]Wird zur Sicherung eine Haftpflichtversicherung abgeschlossen, so gelten für diese die besonderen Vorschriften des Gesetzes über den Versicherungsvertrag für die Pflichtversicherung.
(2) Ist die Sicherheit durch Befriedigung von Schadensersatzforderungen verringert oder erschöpft, so ist sie innerhalb eines Monats nach Aufforderung wieder auf den ursprünglichen Betrag zu bringen.
(3) [1]Die Rückgabe der Sicherheit kann erst verlangt werden, wenn derjenige, der die Sicherheit geleistet hat, nicht mehr Halter ist und seitdem vier Monate verstrichen sind. [2]Der Anspruch beschränkt sich auf den Rest nach Deckung der Schadensersatzforderungen. [3]Schon vor Ablauf der Frist kann die Rückgabe verlangt werden, wenn glaubhaft gemacht wird, daß keine Schadensersatzforderungen bestehen.
(4) Durch Rechtsverordnung können Ausnahmen von Absatz 1 Satz 1 für Luftfahrzeuge vorgesehen werden, die nicht zulassungspflichtig sind und für deren Aufstieg es auch einer Erlaubnis nicht bedarf.

§ 58 [Ordnungswidrigkeiten] (1) Ordnungwidrig handelt, wer vorsätzlich oder fahrlässig
1. den im Rahmen der Luftaufsicht (§ 29) erlassenenen Verfügungen zuwiderhandelt,

§ 59 [Luftverkehrsgefährdung] (1) Wer als Führer eines Luftfahrzeugs oder als sonst für die Sicherheit Verantwortlicher durch grob pflichtwidriges Verhalten gegen eine im Rahmen der Luftaufsicht erlassene Verfügung (§ 29) verstößt und dadurch Leib oder Leben eines anderen oder fremde Sachen von bedeutendem Wert gefährdet, wird mit Freiheitsstrafe bis zu fünf Jahren oder mit Geldstrafe bestraft.
(2) Wer die Tat fahrlässig begeht, wird mit Freiheitsstrafe bis zu zwei Jahren oder mit Geldstrafe bestraft.

§ 60 [Weitere Straftatbestände] (1) Wer

1. ein Luftfahrzeug führt, das nicht zum Luftverkehr zugelassen ist, oder als Halter einem Dritten das Führen eines solchen Luftfahrzeugs gestattet,

2. ein Luftfahrzeug ohne die Erlaubnis nach § 4 Abs. 1 führt oder bedient oder als Halter eines Luftfahrzeugs die Führung oder das Bedienen Dritten, denen diese Erlaubnis nicht erteilt ist, gestattet,

3. praktische Flugausbildung ohne eine Lehrberechtigung nach § 5 Abs. 3 erteilt,

4. als Führer eines Luftfahrzeugs entgegen § 25 Abs. 1 Satz 1 oder Satz 2 Nr. 1 startet oder landet,

5. entgegen § 27 Abs. 1 Satz 1 Nr. 1, 2 oder 3 dort bezeichnete Gegenstände mitführt,

5a. entgegen § 27 Abs. 1 Satz 3 Funkgeräte ohne Erlaubnis mitführt, wird mit Freiheitsstrafe bis zu zwei Jahren oder mit Geldstrafe bestraft.

(2) Wer die Tat fahrlässig begeht, wird mit Freiheitsstrafe bis zu sechs Monaten oder mit Geldstrafe bis zu einhundertachtzig Tagessätzen bestraft.

Luftverkehrsordnung (LuftVO)

– Auszug –

§ 1 Grundregeln für das Verhalten im Luftverkehr (1) Jeder Teilnehmer am Luftverkehr hat sich so zu verhalten, daß Sicherheit und Ordnung im Luftverkehr gewährleistet sind und kein anderer gefährdet, geschädigt oder mehr als nach den Umständen unvermeidbar behindert oder belästigt wird.
(2) Der Lärm, der bei dem Betrieb eines Luftfahrzeugs verursacht wird, darf nicht stärker sein, als es die ordnungsgemäße Führung oder Bedienung unvermeidbar erfordert.
(3) Wer infolge des Genusses alkoholischer Getränke oder anderer berauschender Mittel oder infolge geistiger oder körperlicher Mängel in der Wahrnehmung der Aufgaben als Führer eines Luftfahrzeugs oder sonst als Mitglied der Besatzung behindert ist, darf kein Luftfahrzeug führen und nicht als anderes Besatzungsmitglied tätig sein.

§ 5 Anzeige von Flugunfällen und sonstigen Störungen (1) Störungen bei dem Betrieb eines Luftfahrzeugs hat der Halter des Luftfahrzeugs dem Luftfahrt-Bundesamt innerhalb von drei Tagen schriftlich anzuzeigen. Das Luftfahrt-Bundesamt kann Ausnahmen zulassen.
(2) Störungen bei dem Betrieb eines Luftfahrzeugs, bei denen eine Person getötet oder schwer verletzt worden ist oder ein Luftfahrzeug einen schweren Schaden erlitten oder verursacht hat, hat der Luftfahrzeugführer, bei dessen Behinderung ein anderes Besatzungsmitglied oder, sofern keine dieser Personen dazu in der Lage ist, der Halter des Luftfahrzeugs unbeschadet der Anzeigepflicht nach Absatz 1 unverzüglich der nächst erreichbaren Polizeidienststelle zur Weiterleitung an die Luftfahrtbehörde des Landes, das Luftfahrt-Bundesamt und die nächste Flugsicherungsdienststelle anzuzeigen. Hat sich eine Störung im Sinne des Satzes 1 auf einem Flugplatz oder in der unmittelbaren Nähe eines Flugplatzes ereignet, so kann die Anzeige auch bei der Luftaufsichtsstelle erstattet werden, die sie an die Polizei weiterleitet.
(3) Absatz 2 findet auch auf Störungen Anwendung, die sich bei dem Betrieb eines deutschen Luftfahrzeugs außerhalb des Geltungsbereichs dieser Verordnung ereignet haben; die Anzeige ist jedoch unmittelbar an das Luftfahrt-Bundesamt zu erstatten. Die Anzeigepflicht nach Absatz 1 bleibt unberührt.
(4) Die Anzeigen nach den Absätzen 1 bis 3 sollen enthalten:
a) Namen und derzeitigen Aufenthalt des Anzeigenden,
b) Ort und Zeit der Störung,
c) Art, Muster und Kenn- und Rufzeichen des Luftfahrzeugs,
d) Namen des Halters des Luftfahrzeugs,
e) Zweck des Flugs, Start- und Zielflugplatz,
f) Namen des Luftfahrzeugführers,
g) Anzahl der Besatzungsmitglieder und Fluggäste,
h) Umfang des Personen- und Sachschadens,
i) Darstellung des Störungsablaufes.

§ 6 Sicherheitsmindesthöhe (1) Die Sicherheitsmindesthöhe darf nur unterschritten werden, soweit es bei Start und Landung notwendig ist. Sicherheitsmindesthöhe ist die Höhe, bei der weder eine unnötige Lärmbelästigung im Sinne des § 1 Abs. 2 noch im

Falle einer Notlandung eine unnötige Gefährdung von Personen und Sachen zu befürchten ist, mindestens jedoch über Städten, anderen dichtbesiedelten Gebieten und Menschenansammlungen eine Höhe von 300 m (1000 Fuß) über dem höchsten Hindernis in einem Umkreis von 600 m in allen übrigen Fällen eine Höhe von 150 m (500 Fuß) über Grund oder Wasser. Segelflugzeuge und Ballone können die Höhe von 150 m auch unterschreiten, wenn die Art ihres Betriebes dies notwendig macht und eine Gefahr für Personen und Sachen nicht zu befürchten ist.
(2) Brücken und ähnliche Bauten sowie Freileitungen und Antennen dürfen nicht unterflogen werden.
(3) Für Flüge zu besonderen Zwecken kann die örtlich zuständige Luftfahrtbehörde des Landes Ausnahmen zulassen.
(4) Für Flüge nach Instrumentenflugregeln gilt § 36.
§ 10 Luftraumordnung (1) Zur Durchführung des Fluginformationsdienstes und des Flugalarmdienstes legt der Bundesminister für Verkehr Fluginformationsgebiete fest und gibt sie in dem Bundesanzeiger und in den Nachrichten für Luftfahrer bekannt.
(2) Zur Durchführung der Flugverkehrskontrolle legt der Bundesminister für Verkehr innerhalb der Fluginformationsgebiete den kontrollierten Luftraum einschließlich der Kontrollzonen fest und gibt ihn in dem Bundesanzeiger und in den Nachrichten für Luftfahrer bekannt.
(3) Im kontrollierten Luftraum können Flüge nach Sichtflugregeln ganz oder teilweise in einem räumlich und zeitlich begrenzten Umfang von der Bundesanstalt für Flugsicherung untersagt werden, wenn es der Grad der Inanspruchnahme durch den der Flugverkehrskontrolle unterliegenden Luftverkehr zwingend erfordert.
(4) Flüge nach Sichtflugregeln unterliegen in bestimmten Teilen des kontrollierten Luftraums einer Flugverkehrskontrolle. Die Bundesanstalt für Flugsicherung wird ermächtigt, zur Sicherung des Luftverkehrs diese Teile des kontrollierten Luftraums festzulegen und in dem Bundesanzeiger sowie in den Nachrichten für Luftfahrer bekanntzumachen.

§ 11 Luftsperrgebiete und Flugbeschränkungen (1) Der Bundesminister für Verkehr legt Luftsperrgebiete und Gebiete mit Flugbeschränkungen fest, wenn dies zur Abwehr von Gefahren für die öffentliche Sicherheit oder Ordnung, insbesondere für die Sicherheit des Luftverkehrs, erforderlich ist. Er gibt die Gebiete in dem Bundesanzeiger und in den Nachrichten für Luftfahrer bekannt.
(2) Luftsperrgebiete dürfen nicht durchflogen werden. Gebiete mit Flugbeschränkungen dürfen durchflogen werden, soweit die Beschränkungen dies zulassen oder die Bundesanstalt für Flugsicherung allgemein oder die zuständige Flugverkehrskontrollstelle im Einzelfall den Durchflug genehmigt hat.
(3) Der Bundesminister für Verkehr kann zulassen, daß in Luftsperrgebieten und Gebieten mit Flugbeschränkungen von den Vorschriften dieser Verordnung abgewichen wird.

§ 12 Vermeidung von Zusammenstößen (1) Der Luftfahrzeugführer hat zur Vermeidung von Zusammenstößen zu Luftfahrzeugen sowie anderen Fahrzeugen und sonstigen Hindernissen einen ausreichenden Abstand einzuhalten. Im Fluge, ausgenommen bei Start und Landung, ist zu einzelnen Bauwerken oder anderen Hindernissen ein Mindestabstand von 150 m einzuhalten; § 6 Abs. 1 bleibt unberührt. Satz 2 gilt nicht für Segelflugzeuge und bemannte Freiballone; für sonstige Luftfahrzeuge kann die zuständige Luftfahrtbehörde des Landes im Einzelfall Ausnahmen zulassen. Die Verpflichtung nach Satz 1 und 2 wird auch dann, wenn eine Flugverkehrskontrollstelle tätig ist, nicht berührt.

(2) Luftfahrzeuge dürfen im Verband nur nach vorangegangener Vereinbarung der Luftfahrzeugführer geflogen werden.

§ 13 Ausweichregeln (1) Luftfahrzeuge, die sich im Gegenflug einander nähern, haben, wenn die Gefahr eines Zusammenstoßes besteht, nach rechts auszuweichen.
(2) Kreuzen sich die Flugrichtungen zweier Luftfahrzeuge in nahezu gleicher Höhe, so hat das Luftfahrzeug, das von links kommt, auszuweichen. Jedoch haben stets auszuweichen:
1. motorgetriebene Luftfahrzeuge, die schwerer als Luft sind, den Luftschiffen, Segelflugzeugen und Ballonen;
2. Luftschiffe den Segelflugzeugen und Ballonen;
3. Segelflugzeuge den Ballonen;
4. motorgetriebene Luftfahrzeuge den Luftfahrzeugen, die andere Luftfahrzeuge oder Gegenstände erkennbar schleppen.

Motorsegler, deren Motor nicht in Betrieb ist, gelten bei Anwendung der Ausweichregeln als Segelflugzeuge.
(3) Überholt ein Luftfahrzeug ein anderes, so hat das überholende Luftfahrzeug, auch wenn es steigt oder sinkt, den Flugweg des anderen zu meiden und seinen Kurs nach rechts zu ändern. Ein Luftfahrzeug überholt ein anderes, wenn es sich dem anderen von rückwärts in einer Flugrichtung nähert, die einen Winkel von weniger als 70 Grad zu der Flugrichtung des anderen bildet. Bei Nacht ist dieses Verhältnis der Flugrichtungen zueinander anzunehmen, wenn die vorgeschriebenen roten und grünen Positionslichter (Anlage 1 § 2 Abs. 1 Buchstaben a und b) des Luftfahrzeugs nicht gesehen werden können.
(4) Luftfahrzeugen im Endteil des Landeanflugs und landenden Luftfahrzeugen ist auszuweichen.
(5) Von mehreren einen Flugplatz gleichzeitig zur Landung anfliegenden Luftfahrzeugen, die schwerer als Luft sind, hat das höher fliegende dem tiefer fliegenden Luftfahrzeug auszuweichen. Jedoch haben motorgetriebene Luftfahrzeuge, die schwerer als Luft sind, anderen Luftfahrzeugen in jedem Fall auszuweichen. Ein tiefer fliegendes Luftfahrzeug darf ein anderes Luftfahrzeug, das sich im Endteil des Landeanflugs befindet, nicht unterschneiden oder überholen.
(6) Ein Luftfahrzeug darf erst starten, wenn keine Gefahr eines Zusammenstoßes besteht.
(7) Ein Luftfahrzeug hat einem anderen Luftfahrzeug, das erkennbar in seiner Manövrierfähigkeit behindert ist, auszuweichen.
(8) Ein Luftfahrzeug, das nach den Absätzen 1 bis 5 und 7 nicht auszuweichen oder seinen Kurs zu ändern hat, muß seinen Kurs und seine Geschwindigkeit beibehalten, bis eine Zusammenstoßgefahr ausgeschlossen ist.
(9) Die Vorschriften über die Ausweichregeln entbinden die beteiligten Luftfahrzeugführer nicht von ihrer Verpflichtung, so zu handeln, daß ein Zusammenstoß vermieden wird. Ein Luftfahrzeug, das nach den Absätzen 2 bis 5 und 7 einem anderen Luftfahrzeug ausweichen oder dessen Flugweg meiden und seinen Kurs ändern muß, darf das andere Luftfahrzeug nur in einem Abstand überfliegen, unterfliegen oder vor diesem vorbeifliegen, der eine Gefährdung oder Behinderung dieses Luftfahrzeugs ausschließt.

§ 15 Außenstarts und Außenlandungen von Flugzeugen, Drehflüglern, Luftschiffen, Motorseglern, Segelflugzeugen und Fallschirmabspringern (1) Starts und Landungen von Flugzeugen, Drehflüglern, Luftschiffen, Motorseglern und Segelflugzeugen außer-

halb der für sie genehmigten Flugplätze bedürfen der Erlaubnis der örtlich zuständigen Luftfahrtbehörde des Landes. Die Erlaubnis für Außenlandungen von Motorseglern und Segelflugzeugen, die sich auf einem Überlandflug befinden, gilt als erteilt.
(2) Absatz 1 Satz 1 ist auf Außenlandungen von Fallschirmabspringern sinngemäß anzuwenden.
(3) Die Erlaubnisbehörde kann von dem Antragsteller den Nachweis der Zustimmung des Grundstückseigentümers oder der sonstigen Berechtigten verlangen.

§ 22 Flugbetrieb auf einem Flugplatz und in dessen Umgebung
(1) Wer ein Luftfahrzeug auf einem Flugplatz oder in dessen Umgebung führt, ist verpflichtet,
1. die in den Nachrichten für Luftfahrer bekanntgemachten Anordnungen der Luftfahrtbehörden für den Verkehr von Luftfahrzeugen auf dem Flugplatz oder in dessen Umgebung, insbesondere die nach § 21 a getroffenen besonderen Regelungen für die Durchführung des Flugplatzverkehrs, zu beachten,
2. die Verfügungen der Luftaufsicht und die Anweisungen des Flugplatzunternehmers zu beachten,
3. den Flugplatzverkehr zu beobachten, um Zusammenstöße zu vermeiden,
4. sich in den Verkehrsfluß einzufügen oder sich erkennbar aus ihm herauszuhalten,
5. Richtungsänderungen in der Platzrunde, beim Landeanflug und nach dem Start in Linkskurven auszuführen, sofern nicht eine andere Regelung getroffen ist,
6. gegen den Wind zu landen und zu starten, sofern nicht Sicherheitsgründe, die Rücksicht auf den Flugbetrieb, die Ausrichtung der Start und Landebahnen oder andere örtliche Gründe es ausschließen,
7. auf Mitteilungen durch Funk, auf Licht- und Bodensignale sowie auf Zeichen zu achten,
8. sich vor dem Start bei der Luftaufsichtsstelle, auf Flugplätzen ohne Luftaufsichtsstelle bei der Flugleitung zu melden,
9. beim Rollen Start- und Landebahnen möglichst rechtwinkelig und nur dann zu kreuzen, wenn sich dort kein anderes Luftfahrzeug im Landeanflug oder im Start befindet,
10. nach der Landung die Landebahn so schnell wie möglich freizumachen,
11. rechts neben dem Landezeichen aufzusetzen, sofern nicht eine andere Regelung getroffen ist,
12. nach dem Start unter Beachtung der flugtechnischen Sicherheit so schnell wie möglich Höhe zu gewinnen,
13. nach dem Durchstarten entsprechend Nummer 12 zu verfahren.
14. eine Flugplatzverkehrszone zu meiden, wenn nicht beabsichtigt ist, innerhalb der Flugplatzverkehrszone zu landen.
(2) Flugplatzverkehrszone ist ein um einen Flugplatz oder um mehrere Flugplätze gemeinsam zum Schutz des Flugplatzverkehrs festgelegter Luftraum von bestimmten Abmessungen. Der Bundesminister für Verkehr legt die Flugplatzverkehrszonen fest und gibt sie in dem Bundesanzeiger und in den Nachrichten für Luftfahrer bekannt.
(3) Abweichungen von Absatz 1 kann die Luftaufsichtsstelle, an Flugplätzen ohne Luftaufsichtsstelle die Flugleitung, im Einzelfall zulassen, wenn zwingende Gründe dies notwendig machen und dadurch eine Gefährdung der öffentlichen Sicherheit oder Ordnung, insbesondere der Sicherheit des sonstigen Luftverkehrs, nicht zu erwarten ist.
(4) Auf Flugplätzen sind aus eigener Kraft rollende Luftfahrzeuge gegenüber anderen Fahrzeugen und Fußgängern bevorrechtigt.
(5) Motoren von Luftfahrzeugen dürfen nur in Betrieb gesetzt werden, wenn sich im Führersitz sachkundige Bedienung befindet und Personen nicht gefährdet werden

können. Der Motor darf auf Stand nur laufen, wenn außerdem das Fahrwerk genügend gesichert ist. Das Abbremsen der Motoren und das Abrollen von den Hallen ist so vorzunehmen, daß Gebäude, andere Luftfahrzeuge oder andere Fahrzeuge kein stärkerer Luftstrom trifft und Personen nicht verletzt werden können. Bei laufendem Motor darf sich niemand vor dem Luftfahrzeug oder in einem für die Sicherheit nicht ausreichenden Abstand von diesem aufhalten.

§ 28 Flüge nach Sichtflugregeln im kontrollierten Luftraum oder in einer Höhe von 900 m (3000 Fuß) und mehr über Grund oder Wasser außerhalb des kontrollierten Luftraums (1) Im kontrollierten Luftraum oder in einer Höhe von 900 m (3000 Fuß) und mehr über Grund oder Wasser außerhalb des kontrollierten Luftraums sind Flüge nach Sichtflugregeln so durchzuführen, daß

1. der Luftfahrzeugführer eine Flugsicht von mindestens 8 km hat und
2. das Luftfahrzeug von den Wolken in waagrechter Richtung mindestens 1,5 km, in senkrechter Richtung mindestens 300 m (1000 Fuß) Abstand hält.

Flugsicht ist die Sicht in Flugrichtung aus dem Führerraum eines Luftfahrzeugs.

(2) In Kontrollzonen können Flüge nach Sichtflugregeln nur durchgeführt werden, wenn zusätzlich

1. eine Bodensicht von mindestens 8 km herrscht und
2. die Hauptwolkenuntergrenze in einer Höhe von mindestens 600 m (2000 Fuß) über Grund oder Wasser liegt.

Bodensicht ist die Sicht auf einem Flugplatz, wie sie von einer amtlich beauftragten Person festgestellt wird. Hauptwolkenuntergrenze ist die Untergrenze der niedrigsten Wolkenschicht über Grund oder Wasser, die mehr als die Hälfte des Himmels bedeckt und unterhalb von 6000 m (20000 Fuß) liegt.

(3) Der Bundesminister für Verkehr kann niedrigere Mindestwerte für Flugsicht und Abstand von Wolken sowie für Bodensicht und die Hauptwolkenuntergrenze festlegen, soweit die öffentliche Sicherheit oder Ordnung, insbesondere die Sicherheit des Luftverkehrs, dadurch nicht beeinträchtigt werden.

(4) Wenn die nach den Absätzen 1 bis 3 vorgeschriebenen Mindestwerte innerhalb einer Kontrollzone nicht gegeben sind, dürfen nach Sichtflugregeln betriebene Luftfahrzeuge nur dann auf einem in der Kontrollzone gelegenen Flugplatz starten, landen oder in die Kontrollzone einfliegen, wenn die zuständige Flugverkehrskontrollstelle hierzu eine Flugverkehrsfreigabe für einen Sonderflug nach Sichtflugregeln erteilt hat. Die Voraussetzung für die Erteilung der Flugverkehrsfreigabe werden von der Bundesanstalt für Flugsicherung festgelegt und in den Nachrichten für Luftfahrer bekanntgemacht.

§ 29 Flüge nach Sichtflugregeln außerhalb des kontrollierten Luftraums in Höhen von weniger als 900 m (3000 Fuß) über Grund oder Wasser (1) Flüge nach Sichtflugregeln außerhalb des kontrollierten Luftraums in Höhen von weniger als 900 m (3000 Fuß) über Grund oder Wasser sind außer von Drehflüglern, Luftschiffen und Freiballonen so durchzuführen, daß

1. der Luftfahrzeugführer Erdsicht und eine Flugsicht von mindestens 1,5 km hat und
2. das Luftfahrzeug Wolken nicht berührt.

(2) Außerhalb des kontrollierten Luftraums in Höhen von weniger als 900 m (3000 Fuß) über Grund oder Wasser sind Flüge von Drehflüglern sowie Luftschiff- und Ballonfahrten nach Sichtflugregeln so durchzuführen, daß

1. der Luftfahrzeugführer Erdsicht und eine Flugsicht von mindestens 800 m hat,
2. das Luftfahrzeug Wolken nicht berührt und
3. ein rechtzeitiges Erkennen von Hindernissen möglich ist.

(3) Der Bundesminister für Verkehr kann Ausnahmen von den in den Absätzen 1 und 2 vorgeschriebenen Werten zulassen, soweit die öffentliche Sicherheit oder Ordnung, insbesondere die Sicherheit des Luftverkehrs, dadurch nicht beeinträchtigt werden.

§ 33 Flüge nach Sichtflugregeln bei Nacht Für Flüge nach Sichtflugregeln bei Nacht gelten die §§ 28 bis 32. Als Nacht gilt der Zeitraum zwischen einer halben Stunde nach Sonnenuntergang und einer halben Stunde vor Sonnenaufgang.

§ 43 Ordnungswidrigkeiten Ordnungwidrig im Sinne des § 58 Abs. 1 Nr. 10 des Luftverkehrsgesetzes handelt, wer vorsätzlich oder fahrlässig
1. als Teilnehmer am Luftverkehr entgegen § 1 Abs. 1 sich so verhält, daß ein anderer gefährdet, geschädigt oder mehr als nach den Umständen unvermeidbar behindert oder belästigt wird;
2. entgegen § 1 Abs. 2 Lärm bei dem Betrieb eines Luftfahrzeugs verursacht, der stärker ist, als es die ordnungsgemäße Führung oder Bedienung unvermeidbar erfordert;
3. entgegen § 1 Abs. 3 ein Luftfahrzeug führt oder als anderes Besatzungsmitglied tätig wird, obwohl er infolge des Genusses alkoholischer Getränke oder anderer berauschender Mittel oder infolge geistiger oder körperlicher Mängel in der Wahrnehmung seiner Aufgabe behindert ist, wenn die Tat nicht in den §§ 315a und 316 des Strafgesetzbuchs mit Strafe bedroht ist;
4. entgegen § 2 Abs. 1 ein Luftfahrzeug während des Fluges oder am Boden führt, ohne verantwortlicher Luftfahrzeugführer zu sein;
5. einer Vorschrift des § 3 über die Pflichten des Luftfahrzeugführers zuwiderhandelt;
6. entgegen § 3a Abs. 1 oder 2 die Flugvorbereitung nicht oder nicht ordnungsgemäß durchführt;
7. einer Vorschrift des § 4 Abs. 2, § 28 Abs. 1, 2 oder 4, § 29 Abs. 1 oder 2, § 31 Abs. 1, 2 oder 4, § 32 oder § 33 über Flüge nach Sichtflugregeln zuwiderhandelt;
8. einer Vorschrift des § 4 Abs. 3, § 6 Abs. 4, § 36, § 37 Abs. 1 bis 4, § 40 oder § 42 über Flüge nach Instrumentenflugregeln zuwiderhandelt;
9. die nach § 4 Abs. 4 festgelegte Höchstgeschwindigkeit überschreitet;
10. als Halter, Führer oder anderes Besatzungsmitglied entgegen § 5 Abs. 1, 2 oder 3 Störungen bei dem Betrieb eines Luftfahrzeugs nicht, nicht rechtzeitig oder nicht ordnungsgemäß anzeigt;
11. entgegen § 6 Abs. 1 die Sicherheitsmindesthöhe unterschreitet oder entgegen § 6 Abs. 2 Brücken oder ähnliche Bauten, Freileitungen oder Antennen unterfliegt;
12. entgegen § 7 Abs. 1 Gegenstände oder sonstige Stoffe abwirft oder abläßt;
13. entgegen § 8 Kunstflüge ausführt;
14. entgegen § 9 Abs. 1, 2 oder 5 Schlepp- oder Reklameflüge ausführt;
15. gegen die Auflage einer Erlaubnis nach § 9 Abs. 3 Satz 1 oder § 14 verstößt;
16. entgegen § 9a Abs. 1 die Mittlere Greenwich-Zeit oder die vorgeschriebenen Maßeinheiten nicht anwendet;
17. entgegen § 10 Abs. 3 einen untersagten Flug nach Sichtflugregeln ausführt;
17a. als Führer eines Luftfahrzeugs entgegen § 11a Flüge mit Überschallgeschwindigkeit ausführt oder als Halter anordnet oder zuläßt;
17b. als Halter oder Führer eines Luftfahrzeugs einer vollziehbaren Auflage nach § 11b Abs. 2 Satz 1 zuwiderhandelt;
18. einer Vorschrift des § 12 oder § 19 Abs. 1 zur Vermeidung von Zusammenstößen zuwiderhandelt;
19. eine Ausweichregel des § 13 nicht befolgt;
20. einer Vorschrift des § 16 Abs. 1 bis 6 über den Aufstieg von Ballonen, Drachen, Flugmodellen oder Flugkörpern mit Eigenantrieb zuwiderhandelt;

21. der Vorschrift des § 16a über die Flugverkehrsfreigabe bei besonderer Benutzung des kontrollierten Luftraums zuwiderhandelt;
22. einer Vorschrift des § 17 oder § 19 Abs. 2 über die Lichterführung zuwiderhandelt;
23. einer Vorschrift des § 18 über Übungsflüge unter angenommenen Instrumentenflugbedingungen zuwiderhandelt;
24. entgegen § 20 Satz 1 eine Beobachtung über eine Gefahr für den Luftverkehr nicht, nicht unverzüglich oder nicht ordnungsgemäß meldet;
25. einer Vorschrift des § 22 Abs. 1 oder § 23 Abs. 1 oder 4 über den Flugbetrieb auf einem Flugplatz oder in dessen Umgebung oder des § 23 Abs. 3 über den Verkehr auf dem Rollfeld eines Flugplatzes zuwiderhandelt;
26a. entgegen § 22a Abs. 1 auf einem Flugplatz startet oder landet;
27. einer Vorschrift des § 25 Abs. 1 über die Flugplanabgabe oder des § 26 Abs. 1 oder 4 über die Flugverkehrsfreigabe zuwiderhandelt;
28. einer Vorschrift des § 26a Abs. 1 oder 2 über den Funkverkehr zuwiderhandelt;
29. entgegen § 26b Abs. 1, § 26c, § 26d Abs. 1 oder § 27 Abs. 1 eine dort vorgeschriebene Meldung nicht, nicht unverzüglich oder nicht ordnungsgemäß erstattet oder
30. entgegen § 27a Abs. 1 die vorgeschriebenen Flugverfahren nicht befolgt.

Hängegleiterbetriebsordnung (HBO)

In der Hängegleiterbetriebsordnung (HBO) sind die Anforderungen an die Durchführung des Betriebes von Ultraleichtflugzeugen, Gleitflugzeugen und Hängegleitern auf Grund der Allgemeinverfügung des Bundesministers für Verkehr von 15. 5. 82 mit dessen Zustimmung festgelegt. Die Hängegleiterbetriebsordnung ist für jeden Führer eines Ultraleichtflugzeuges, Gleitflugzeuges oder Hängegleiters in der Bundesrepublik Deutschland verbindlich. Die gesetzlichen Vorschriften, die behördlichen Regelungen sowie die Bestimmungen des Deutschen Hängegleiterverbandes e.V. (DHV) und des Deutschen Aero Club e.V. (DAeC) bleiben unberührt und sind einzuhalten.

Abschnitt I: Flugvorbereitung 1. Vor jedem Flug ist eine Flugvorbereitung durchzuführen.

2. Der Flug ist unter Beachtung der Witterungs-, Wind- und Geländeverhältnisse und unter besonderer Berücksichtigung von Hindernissen, Landeplätzen und Notlandeflächen zu planen, bei Überlandflügen an Hand der neuesten ICAO-Luftkarte 1:500000.

3. Der Pilot hat vor jedem Start zu überprüfen
- die Montage seines Gerätes
- die Funktionstüchtigkeit des notwendigen Zubehörs und gegebenenfalls zusätzlich
- das Schleppgeschirr
- den Tankinhalt
- die Befestigung von Motor, Luftschraube und anderen zugehörigen Teilen
- die mitzuführenden Nachweise und Ausweise.

4. Unmittelbar vor dem Start hat der Pilot zu überprüfen
- Vollständigkeit und Sitz der Ausrüstung
- Verbindung Gurtzeug/Fluggerät/Rettungssystem
- Windrichtung, Windstärke, Sichtverhältnisse
- Startstrecke und Luftraum und gegebenenfalls zusätzlich
- Einstellung des Höhenmessers
- Einstellung der Trimmung
- Freigängigkeit der Ruder
- Verbindung Fluggerät/Schleppseil
- Schleppseilauslegung
- Motorleistung.

5. Bei Flügen mit einem ständigen Abstand von weniger als 50 m über Grund braucht ein Rettungsgerät nicht mitgeführt zu werden.

6. Der Start darf nur erfolgen, wenn Windrichtung und Windstärke einen gefahrlosen Flug zulassen.

Die Windverhältnisse müssen erwarten lassen, daß der Pilot den nächstgelegenen ordnungsgemäßen Landeplatz (nicht Notlandefläche) zuverlässig erreicht. Dabei sind die Geländeverhältnisse, das Fluggerät und das Leistungsvermögen des Piloten zu berücksichtigen.

Bei stark turbulenten Windverhältnissen darf nicht gestartet werden. Je höher die Windgeschwindigkeit ist, desto turbulenzfreier muß die Flugstrecke sein.

7. Während des gesamten Fluges müssen die Sichtflugregeln der Luftverkehrsordnung eingehalten werden können.

Abschnitt II: Flugleiter 1. Der Flugleiter wird vom Flugplatzhalter (Geländehalter) bestellt.

2. Der Flugleiter muß den Befähigungsnachweis für die jeweilige Luftfahrzeugart besitzen, bei Schleppstart die Schleppberechtigung. Hiervon kann abgesehen werden, wenn an jeder Startstelle vom Flugleiter ein Startleiter gemäß Nr. 3 eingesetzt ist, der diese Voraussetzungen erfüllt.
3. Der Flugleiter kann zu seiner Unterstützung Startleiter mit Befähigungsnachweis gemäß Nr. 2 einsetzen und die ihm obliegenden Aufgaben und Befugnisse auf den/die Startleiter übertragen.
4. Der Flugleiter ist für das gesamte Fluggebiet zuständig, also auch für verschiedene Startstellen am gleichen Flugplatz (Fluggelände). Seine Entscheidungen sind vorrangig.
5. Wenn ein Flugleiter anwesend ist, so darf nur nach ausdrücklicher Startfreigabe durch den Flugleiter oder mit Zustimmung des Flugleiters durch den eingesetzten Startleiter gestartet werden.
Wenn ein Flugleiter oder eingesetzter Startleiter nicht anwesend ist und mindestens zwei Piloten am Startplatz sind, so darf nur gestartet werden, wenn ein Pilot – z. B. der nachfolgende – als Startleiter den Start ausdrücklich freigibt.
Wenn ein Flugleiter oder eingesetzter Startleiter nicht anwesend ist und nur ein einzelner Pilot sich am Startplatz befindet, so kann dieser Pilot ohne Flugleiter oder Startleiter starten. Dies gilt nicht für Schleppstart, bei dem stets ein Flugleiter oder eingesetzter Startleiter zusätzlich zum Windenfahrer anwesend sein muß.
6. Erläßt der Flugleiter oder eingesetzte Startleiter ein generelles Startverbot, so darf auch bei seiner Abwesenheit niemand starten, solange der Grund für das Startverbot fortbesteht.
7. Der Flugleiter oder Startleiter **soll** unmittelbar vor dem Start
– Pilotenaufhängung kontrollieren
– Vollständigkeit der Grundausrüstung feststellen (Helm, Rettungsschirm), Windrichtung, Windstärke und Sichtverhältnisse prüfen
– kontrollieren, ob Startstrecke und Luftraum frei sind und gegebenenfalls zusätzlich
– das Schleppseil einklinken
– die Schleppseilauslegung überprüfen.
8. Der Flugleiter oder Startleiter **kann** zusätzlich prüfen
– Aufbau des Fluggeräts
– Betriebstüchtigkeitsnachweis und Zustand von Fluggerät und Ausrüstung
– Befähigungsnachweis
– Versicherungsnachweis
– Flugvorbereitung
– geländebezogene Voraussetzungen, z. B. Einweisungsfluß gemäß örtlicher Regelungen.
9. Wenn vor oder beim Start mit anderen Personen Sprech- oder Zeichenverbindung zu bestehen hat, so hält der Flugleiter oder Startleiter diese Verbindung für den Piloten aufrecht.
10. Die Startfreigabe durch den Flugleiter oder Startleiter entbindet den Piloten auf eigene Gefahr und in eigener Verantwortung.
11. Weitergehende Auflage von Behörden und Geländehalter sind vorrangig.

Abschnitt III: Allgemeine Flugregeln 1. Überlandflüge sind Flüge, die über die Umgebung des Flugplatzes (Fluggeländes) hinausgehen.
2. Ultraleichtflugzeuge sollen nicht über Naturschutz- und Erholungsgebiete fliegen.
3. Als senkrechter und waagrechter Sicherheitsmindestabstand ist einzuhalten
– 100 m zu Autobahnen;
– 50 m zu allen anderen Straßen mit Fahrverkehr und zu Eisenbahnlinien
– 50 m zu Skipisten, Liften und Bergbahnanlagen, sofern diese in Betrieb sind.

Diese Mindestabstände gelten auch für die Landung. Weitergehende Abstandsvorschriften sind vorrangig.

4. Kunstflug ist nicht erlaubt. Kunstflug beginnt bei einer Neigung um die Querachse mit mehr als 30° und um die Längsachse mit mehr als 60°.

5. Reklameflüge sind nicht erlaubt. Reklameflüge sind nur solche Flüge, bei denen die Werbung den Hauptzweck darstellt. Dies ist nicht der Fall bei bloßer Werbeaufschrift auf dem Segel.

6. 180°-Kehren im Hangbereich erfolgen stets vom Hang weg. Vor der Einleitung der Kehre ist besonders darauf zu achten, daß keine anderen Luftfahrzeuge auf demselben Kurs und in derselben Höhe nachfolgen.

7. Bei einer Begegnung am Hang ist der Pilot, der den Hang zur rechten Seite hat, vorflugberechtigt.

8. Anfliegende, abfliegende oder kreuzende Fluggeräte weichen den Fluggeräten aus, die sich im Hangaufwind oder im Thermikkreis befinden.

9. Die Drehrichtung in der Thermik wird von dem Fluggerät bestimmt, das sich zuerst in der Thermik befindet.

10. Das langsamer steigende Fluggerät weicht dem schneller steigenden aus.

11. Der Landeanflug setzt sich zusammen aus Gegenanflug, Queranflug und Endanflug, eingeordnet in den übrigen Flugbetrieb.

12. Vorbestimmbare Landungen auf Flugplätzen mit Mischbetrieb sind dort anzumelden und der Pilot hat sich über die dortigen Regelungen des Flugplatzverkehrs zu informieren.

13. Gelände- und flugplatzbezogene spezielle Flugregeln sind zu beachten.

Abschnitt IV: Schleppbetrieb 1. Der Windenfahrer muß vor Beginn des Schleppbetriebes überprüfen

- den betriebssicheren Zustand der Startwinde einschließlich Schleppseil
- die Funktionstüchtigkeit der Kappvorrichtung
- die Erdung der Startwinde
- die Hindernisfreiheit der Schleppstrecke
- die Sprech- und Sichtverbindung zur Startstelle
- bei Publikumsverkehr die Absperrung und vor jedem einzelnen Start
- die Auslegung des Schleppseils
- die Schleppstrecke und den Luftraum.

2. Zwischen Startstelle und Startwinde müssen Sichtverbindung und betriebssichere Sprechverbindung bestehen.

3. Sind mehrere Startstellen in Betrieb, so muß eine eindeutige Verständigung möglich sein, insbesondere über die Startreihenfolge. Parallele Startvorgänge zu gleicher Zeit sind unzulässig.

4. Ein Fahrtmesser ist am Fluggerät mitzuführen.

5. Das Schleppseil ist geradlinig, hindernisfrei und ohne Schlaufenbildungen und Seilüberlagerungen auszulegen.

6. Das Schleppseil darf erst eingeklinkt werden, wenn das Fluggerät startklar, der Pilot startbereit und die Schleppstrecke frei sind.

7. Der Windenfahrer darf den Startvorgang nur in einer Gefahrensituation unterbrechen. Ein unterbrochener Startvorgang darf nicht wiederaufgenommen werden.

8. Die größtmögliche Steigfluglage darf nur allmählich eingenommen werden. Im Steigflug ist die vom Hersteller des Fluggerätes angegebene Schleppgeschwindigkeit einzuhalten.

9. Durchsagen von der Startstelle an den Windenfahrer | Antworten des Windenfahrers an die Startstelle

Gerätemuster Pilot Sonstige Informationen	Jeweils Wiederholung der Durchsagen
10. Kommandos von der Startstelle an den Windenfahrer	Antworten des Windenfahrers an die Startstelle
1. »Pilot und Gerät startklar«	»Startwinde startklar«
2. »Pilot eingehängt«	»Pilot eingehängt«
3. »Seil anziehen«	»Seil straff«
4. »Start« (beim Loslaufen)	»Start«
5. »Frei« (beim Abheben)	Bestätigung nicht erforderlich
Startunterbrechung »Halt, Stop« (mehrmals)	»Halt, Stop«

11. Zeichen des Piloten an den Windenfahrer
Grätschen der Beine (anhaltend) soll heißen »langsamer«
Radfahrbewegung (mehrmals) soll heißen »schneller«
Grätschen der Beine (mehrmals) soll heißen »Gas weg zum Ausklinken«

12. Erfolgt der Schleppbetrieb einschließlich Schleppausbildung auf einem auch für andere bemannte Luftfahrzeugarten zugelassenen Flugplatz, so muß der Pilot des geschleppten Fluggerätes die theoretische Prüfung zum Befähigungsnachweis für Überlandflug abgelegt haben.

13. Bei Verwendung mobiler Schleppgeräte gelten die Nrn. 1–12 entsprechend.

Abschnitt V: Ordnungsmaßnahmen und Schlußbestimmungen

1. Mißachtung der Hängegleiterbetriebsordnung sowie bei anderen Verstößen gegen Vorschriften, Regelungen und Bestimmungen, die der Sicherheit des Flugbetriebes dienen, können – entsprechend dem Schweregrad – der Geländehalter dem Piloten auf Zeit oder Dauer örtliches Flugverbot erteilen und/oder der DHV bzw. DAeC den Befähigungsnachweis auf Zeit oder Dauer für ungültig erklären. Dem Betroffenen ist die Möglichkeit zur vorherigen Stellungnahme zu geben. Die Maßnahmen erfolgen unabhängig von behördlichen Maßnahmen.
2. Diese Hängegleiterbetriebsordnung tritt sofort in Kraft und löst die entsprechenden früheren Bestimmungen des DHV und DAeC ab.

Tegernsee/Frankfurt 9. 8. 1982 DHV/DAeC

Register